Herramientas de Inteligencia Artificial

Aprendizaje profundo y redes neuronales convolucionales

Ejemplos con MATLAB

César Pérez López

Instituto de Estudios Fiscales (IEF)
Universidad Complutense de Madrid

Herramientas de Inteligencia Artificial

Aprendizaje profundo y redes neuronales convolucionales

Ejemplos con MATLAB

grupo editorial

Herramientas de Inteligencia Artificial. Aprendizaje profundo y redes neuronales convolucionales

César Pérez López

ISBN: 978-84-1903-464-9
IBERGARCETA PUBLICACIONES, S.L., Madrid 2024

Edición: 1.ª
Impresión: 1.ª
N.º de páginas: 334
Formato: 17 x 24 cm

Thema: UYQ Inteligencia artificial

Herramientas de Inteligencia Artificial. Aprendizaje profundo y redes neuronales convolucionales

César Pérez López

1.ª edición, 1.ª impresión
OI: 0267/2025
ISBN: 978-84-1903-464-9

Deposito Legal: M-18312-2024
Imagen de cubierta: cortesía de Isabel Capella

Impresión: Imprenta Valle del Tiétar, S.L.

IMPRESO EN ESPAÑA - PRINTED IN SPAIN

CONTENIDO

Capítulo 1

INTRODUCCIÓN AL APRENDIZAJE PROFUNDO Y REDES NEURONALES CON MATLAB

1.1 INTRODUCCIÓN A LA INTELIGENCIA ARTIFICIAL

MATLAB permite el diseño de modelos de inteligencia artificial a través de tres pilares esenciales: Aprendizaje Automático, Aprendizaje Profundo y Ciencia de Datos.

Utilizando MATLAB, ingenieros y otros expertos han desplegado miles de aplicaciones de aprendizaje automático. MATLAB simplifica las partes más difíciles del aprendizaje automático gracias a:

- Aplicaciones "apuntar y hacer clic" para entrenar y comparar modelos
- Técnicas avanzadas de procesamiento de señales y extracción de rasgos
- Ajuste automático de hiperparámetros y selección de funcionalidades para optimizar el rendimiento de los modelos
- Capacidad de utilizar el mismo código para escalar el procesamiento para big data y clusters
- Generación automatizada de código C / C ++ para aplicaciones integradas de alto rendimiento
- Algoritmos de clasificación, regresión y agrupación utilizados habitualmente para el aprendizaje supervisado y no supervisado
- Ejecución más rápida que el código abierto en la mayoría de los cálculos estadísticos y el aprendizaje automático

El aprendizaje automático de máquinas (AutoML) genera automáticamente funcionalidades a partir de datos de entrenamiento y optimiza modelos utilizando técnicas de ajuste de hiperparámetros, como la optimización bayesiana. Utiliza técnicas especializadas de extracción de funcionalidades, como la dispersión wavelet para datos de señales o imágenes, y técnicas de selección de funcionalidades, como el análisis de componentes vecinos (NCA) o la selección secuencial de funcionalidades.

Despliega modelos estadísticos y de aprendizaje automático en sistemas embebidos generando código C o C ++ legible para todo el algoritmo de aprendizaje automático, incluidos el preprocesamiento y el postprocesamiento. Actualiza los parámetros de los modelos desplegados sin reconstruir el código de predicción C / C ++. Acelera la verificación y validación de tus simulaciones Hi-Fi con modelos de aprendizaje automático mediante bloques de función MATLAB y bloques de sistema en Simulink.

Con sólo unas pocas líneas de código MATLAB, puedes aplicar técnicas de aprendizaje profundo a tu trabajo, tanto si diseñas algoritmos como si preparas y etiquetas datos, o generas código y lo implementas en sistemas embebidos.

MATLAB

- Crea, modifica y analiza arquitecturas de aprendizaje profundo utilizando aplicaciones y herramientas de visualización.
- Preprocesa los datos y automatiza la validación (ground-truth) del etiquetado de datos de imagen, vídeo y audio mediante apps.
- Acelera algoritmos en las GPU NVIDIA, la nube y los recursos del centro de datos sin necesidad de programación especializada.
- Colabora con colegas utilizando marcos como TensorFlow, PyTorch y MxNet.
- Simula y entrena el comportamiento de sistemas dinámicos mediante el aprendizaje por refuerzo.
- Genera datos de entrenamiento y prueba basados en simulaciones a partir de modelos de sistemas físicos de MATLAB y Simulink.

MATLAB reduce significativamente el tiempo necesario para preprocesar y etiquetar conjuntos de datos con aplicaciones específicas de dominio para datos de audio, vídeo, imagen y texto. Sincroniza series temporales dispares, sustituye los valores atípicos por valores interpolados, agudiza las imágenes y filtra las señales con ruido. Utiliza aplicaciones interactivas para etiquetar, recortar e identificar características importantes, y algoritmos integrados para automatizar el proceso de etiquetado.

MATLAB permite diseñar, entrenar y evaluar modelos. Empieza con un conjunto completo de algoritmos y modelos predefinidos, y luego crea y modifica modelos de aprendizaje profundo con la aplicación Deep Network Designer. Incorpora modelos de aprendizaje profundo para problemas específicos del dominio sin tener que crear complejas arquitecturas de red desde cero.

MATLAB facilita las tareas de la ciencia de datos con herramientas para acceder a los datos y preprocesarlos, crear modelos predictivos y de aprendizaje automático, e implantar modelos en sistemas informáticos empresariales.

- Accede a datos almacenados en archivos planos, bases de datos, historiadores de datos y la nube, o conéctate a fuentes en vivo como hardware de adquisición de datos y fuentes de datos financieros
- Gestiona y maneja los datos utilizando tipos de datos y capacidades de preprocesamiento para la preparación programática e interactiva de datos, incluidas las aplicaciones para el etiquetado de verdad sobre el terreno.
- Documenta el análisis de datos con gráficos MATLAB y el entorno de cuaderno Live Editor
- Aplica técnicas de ingeniería de características específicas del dominio para datos de sensores, texto, imagen, vídeo y otros tipos
- Explora una amplia variedad de enfoques de modelado utilizando aplicaciones de aprendizaje automático y aprendizaje profundo
- Ajusta los modelos de aprendizaje automático y aprendizaje profundo con algoritmos automatizados de selección de características, selección de modelos y ajuste de hiperparámetros
- Despliega modelos de aprendizaje automático en sistemas informáticos de producción, sin tener que escribirlos en otro lenguaje
- Convierte automáticamente los modelos de aprendizaje automático en código C / C ++ independiente.

Dedica menos tiempo a preprocesar los datos. Desde datos de sensores de series temporales hasta imágenes o texto, los tipos de datos de MATLAB reducen significativamente el tiempo necesario para preprocesar los datos. Las funciones de alto nivel facilitan la sincronización de series temporales dispares, la sustitución de valores atípicos por otros interpolados, el filtrado de señales ruidosas, la separación de texto sin procesar en palabras, etc. Visualiza rápidamente los datos para comprender tendencias y detectar problemas de calidad de los datos mediante gráficos y el Editor en vivo.

Encuentra los mejores modelos de aprendizaje automático. Tanto si eres un principiante que necesita ayuda para iniciarse en el aprendizaje automático, como si eres un experto que quiere evaluar rápidamente muchos tipos diferentes de modelos, las aplicaciones de clasificación y regresión te ofrecen resultados rápidamente. Elige entre una variedad de algoritmos populares de clasificación y regresión, compara modelos basándote en métricas estándar y exporta modelos prometedores para su posterior análisis e integración. Si prefieres escribir código, puedes utilizar la optimización de hiperparámetros integrada en las funciones de entrenamiento de modelos para encontrar rápidamente los mejores parámetros con los que ajustar tu modelo. Utiliza técnicas para encontrar hiperparámetros de red óptimos y la caja de herramientas de cálculo paralelo de alto rendimiento y las GPU NVIDIA para acelerar estos algoritmos de alta carga computacional. Utiliza las herramientas y técnicas de visualización de MATLAB como Grad-CAM y la sensibilidad a la oclusión para comprender mejor tu modelo.

1.2 APRENDIZAJE PROFUNDO

El aprendizaje profundo es un subconjunto del aprendizaje automático basado en redes neuronales artificiales. El proceso de este aprendizaje se denomina profundo porque la estructura de esta red consiste en tener múltiples entradas, salidas y capas ocultas.

Cada capa contiene unidades que transforman los datos de entrada en información y, de este modo, la capa siguiente puede utilizarla para una determinada tarea predictiva. De este modo, una máquina puede aprender a través de su propio procesamiento de datos. Si quieres saber más sobre el Aprendizaje Profundo y sobre cómo una máquina ha sido capaz de vencer y ganar al mejor jugador de ajedrez del mundo, te invitamos a ver Alpha Go en Netflix.

La teoría es necesaria, pero cuando somos capaces de imaginar casos hipotéticos aplicados a casos reales es cuando mejor entendemos un concepto, así que a continuación enumeramos algunas posibles aplicaciones del Aprendizaje Profundo:

- La identificación de imágenes para buscar productos en un sitio web de comercio electrónico o incluso la identificación de logotipos y marcas en fotografías publicadas en redes sociales.

- El aprendizaje profundo también puede ayudarnos a identificar clientes potenciales, estudiando sus comportamientos y monitorizando sus reacciones en canales online en tiempo real en relación con nuestra marca o nuevos productos.

- Podemos orientar los anuncios en función de las preferencias de los clientes.

- Como hemos dicho anteriormente, el aprendizaje profundo permite identificar fotografías, vídeos, la voz u otras características. Este reconocimiento puede aplicarse, por ejemplo, a la identificación de dolencias en radiografías o resonancias magnéticas.

- Detección automática de fraudes o ataques de ciberseguridad, monitorizando el seguimiento de patrones ya repetidos anteriormente en otras acciones fraudulentas.

- Escucha Social, capaz de identificar sentimientos positivos o negativos en textos y palabras clave.

1.3 APRENDIZAJE PROFUNDO CON MATLAB: CAJA DE HERRAMIENTAS DE REDES NEURONALES (CAJA DE HERRAMIENTAS DE APRENDIZAJE PROFUNDO)

MATLAB dispone de la herramienta Neural Network Toolbox (Deep Leraning toolbox a partir de la versión 18) que proporciona algoritmos, funciones y aplicaciones para crear, entrenar, visualizar y simular redes neuronales. Puedes realizar tareas de clasificación, regresión, agrupación, reducción de la dimensionalidad, previsión de series temporales y modelado y control de sistemas dinámicos.

La caja de herramientas incluye algoritmos de aprendizaje profundo de redes neuronales convolucionales y autocodificadores para tareas de clasificación de imágenes y aprendizaje de características. Para acelerar el entrenamiento de grandes conjuntos de datos, puedes distribuir los cálculos y los datos entre procesadores multinúcleo, GPU y clústeres informáticos mediante la Caja de herramientas de cálculo paralelo.

1.4 UTILIZAR LA CAJA DE HERRAMIENTAS DEEP LEARNING

Hay cuatro formas de utilizar el software Caja de Herramientas de Redes Neuronales.

- La primera forma es a través de sus herramientas. Puedes abrir cualquiera de estas herramientas desde una herramienta maestra iniciada mediante el comando *nnstart*. Estas herramientas proporcionan una forma cómoda de acceder a las capacidades de la caja de herramientas para las siguientes tareas:

    o   Ajuste de funciones (*nftool*)

    o   Reconocimiento de patrones (*nprtool*)

    o   Agrupación de datos (*nctool*)

    o   Análisis de series temporales (*ntstool*)

- La segunda forma de utilizar la caja de herramientas es mediante operaciones básicas de línea de comandos. Las operaciones de la línea de comandos ofrecen más flexibilidad que las herramientas, pero con cierta complejidad añadida. Si ésta es tu primera experiencia con la caja de herramientas, las herramientas proporcionan la mejor introducción. Además, las herramientas pueden generar scripts de código MATLAB documentado para proporcionarte plantillas para crear tus propias funciones personalizadas de línea de comandos. El proceso de utilizar primero las herramientas y, a continuación, generar y modificar los scripts de MATLAB, es una forma excelente de conocer la funcionalidad de la caja de herramientas.

- La tercera forma de utilizar la caja de herramientas es mediante la personalización. Esta capacidad avanzada te permite crear tus propias redes neuronales personalizadas, sin dejar de tener acceso a toda la funcionalidad de la caja de herramientas. Puedes crear redes con conexiones arbitrarias y seguir entrenándolas con las funciones de entrenamiento existentes en la caja de herramientas (siempre que los componentes de la red sean diferenciables).

- La cuarta forma de utilizar la caja de herramientas es mediante la posibilidad de modificar cualquiera de las funciones que contiene. Cada componente computacional está escrito en código MATLAB y es totalmente accesible.

Estos cuatro niveles de uso de la caja de herramientas abarcan desde el principiante hasta el experto: las herramientas sencillas guían al nuevo usuario a través de aplicaciones específicas, y la personalización de la red permite a los investigadores probar arquitecturas novedosas con el mínimo esfuerzo. Sea cual sea tu nivel de conocimientos sobre redes neuronales y MATLAB, hay funciones de la caja de herramientas que se adaptan a tus necesidades.

1.5 GENERACIÓN AUTOMÁTICA DE GUIONES

Las propias herramientas constituyen una parte importante del proceso de aprendizaje del software Neural Network Toolbox. Te guían a través del proceso de diseño de redes neuronales para resolver problemas en cuatro importantes áreas de aplicación, sin requerir conocimientos previos sobre redes neuronales ni sofisticación en el uso de MATLAB. Además, las herramientas pueden generar automáticamente scripts de MATLAB, tanto sencillos como avanzados, que pueden reproducir los pasos realizados por la herramienta, pero con la opción de anular la configuración predeterminada. Estos scripts pueden proporcionarte plantillas para crear código personalizado, y pueden ayudarte a familiarizarte con la funcionalidad de la línea de comandos de la caja de herramientas. Es muy recomendable que utilices la función de generación automática de guiones de estas herramientas.

1.6 APLICACIONES DE LA CAJA DE HERRAMIENTAS DEEP LEARNING

Sería imposible abarcar toda la gama de aplicaciones para las que las redes neuronales han proporcionado soluciones sobresalientes. Las secciones restantes de este tema describen sólo algunas de las aplicaciones en ajuste de funciones, reconocimiento de patrones, agrupación y análisis de series temporales. La tabla siguiente da una idea de la diversidad de aplicaciones para las que las redes neuronales proporcionan soluciones punteras.

Industria	Aplicaciones empresariales
Aeroespacial	Piloto automático de aeronaves de alto rendimiento, simulación de trayectorias de vuelo, sistemas de control de aeronaves, mejoras del piloto automático, simulación de componentes de aeronaves y detección de fallos de componentes de aeronaves.
Automóvil	Sistema de guiado automático de automóviles y análisis de la actividad de garantía
Banca	Lectura de cheques y otros documentos y evaluación de solicitudes de crédito
Defensa	Dirección de armas, seguimiento de objetivos, discriminación de objetos, reconocimiento facial, nuevos tipos de sensores, sonar, radar y procesamiento de señales de imagen, incluyendo compresión de datos, extracción de características y supresión de ruido, e identificación de señales/imágenes.
Electrónica	Predicción de secuencias de código, diseño de chips de circuitos integrados, control de procesos, análisis de fallos de chips, visión artificial, síntesis de voz y modelado no lineal.
Entretenimiento	Animación, efectos especiales y previsión de mercado
Financiera	Tasación inmobiliaria, asesoramiento sobre préstamos, selección de hipotecas, calificación de bonos corporativos, análisis del uso de líneas de crédito, seguimiento de la actividad de las tarjetas de crédito, programa de negociación de carteras, análisis financiero corporativo y predicción del precio de las divisas.
Industrial	Predicción de procesos industriales, como los gases de salida de los hornos, sustituyendo a los complejos y costosos equipos utilizados para este fin en el pasado.
Seguros	Evaluación de la aplicación de políticas y optimización de productos
Fabricación	Control de procesos de fabricación, diseño y análisis de productos, diagnóstico de procesos y máquinas, identificación de partículas en tiempo real, sistemas de inspección visual de la calidad, pruebas de la cerveza, análisis de la calidad de la soldadura, predicción de la calidad del papel, análisis de la calidad de los chips informáticos, análisis de las operaciones de molienda, análisis del diseño de productos químicos, análisis del mantenimiento de máquinas, licitación, planificación y gestión de proyectos, y modelización dinámica del sistema de procesos químicos.
Médico	Análisis de células de cáncer de mama, análisis de EEG y ECG, diseño de prótesis, optimización de los tiempos de trasplante, reducción del gasto hospitalario, mejora de la calidad hospitalaria y asesoramiento sobre pruebas en urgencias.
Petróleo y gas	Exploración

Industria	Aplicaciones empresariales
Robótica	Control de trayectoria, robot de carretilla elevadora, controladores de manipulador y sistemas de visión
Valores	Sistemas de análisis de mercado, de calificación automática de bonos y de asesoramiento bursátil
Discurso	Reconocimiento del habla, compresión del habla, clasificación de vocales y síntesis de texto a habla
Telecomunicaciones	Compresión de imágenes y datos, servicios de información automatizados, traducción en tiempo real de la lengua hablada y sistemas de procesamiento de pagos de clientes.
Transporte	Sistemas de diagnóstico de frenos de camiones, programación de vehículos y sistemas de rutas

Capítulo 2

APRENDIZAJE PROFUNDO Y REDES NEURONALES CONVOLUCIONALES: FUNCIONES DE MATLAB

2.1 CLASIFICACIÓN, EXTRACCIÓN DE CARACTERÍSTICAS Y APRENDIZAJE POR TRANSFERENCIA MEDIANTE REDES NEURONALES CONVOLUCIONALES

Las redes neuronales de convolución (CNN o ConvNets) son herramientas esenciales para el aprendizaje profundo, y son especialmente adecuadas para el reconocimiento de imágenes. Puedes construir una arquitectura CNN, entrenar una red y utilizar la red entrenada para predecir etiquetas de clase. También puedes extraer características de una red preentrenada y utilizarlas para entrenar un clasificador lineal. Neural Network Toolbox también te permite realizar aprendizaje por transferencia, es decir, volver a entrenar la última capa totalmente conectada de una CNN existente con nuevos datos.

2.2 CONSTRUIR UNA ARQUITECTURA DE RED. FUNCIONES

MATLAB dispone de las siguientes funciones:

imageInputLayer	Image input layer
convolution2dLayer	Convolutional layer
reluLayer	Rectified Linear Unit (ReLU) layer
crossChannelNormalizationLayer	Channel-wise local response normalization layer
averagePooling2dLayer	Average pooling layer object
maxPooling2dLayer	Max pooling layer
fullyConnectedLayer	Fully connected layer
dropoutLayer	Dropout layer
softmaxLayer	Softmax layer
classificationLayer	Create a classification output layer

2.2.1 Crear una capa de entrada de imagen: imageInputLayer

Sintaxis

- `inputlayer = imageInputLayer(inputSize)`
- `inputlayer = imageInputLayer(inputSize,Name,Value)`

Descripción

`inputlayer = imageInputLayer(inputSize)` devuelve una capa de entrada de imagen.

`inputlayer = imageInputLayer(inputSize,Name,Value)` devuelve una capa de entrada de imagen, con opciones adicionales especificadas por uno o más argumentos del par `Nombre,Valor`. Por ejemplo, puedes especificar un nombre para la capa.

Ejemplos: Crear capa de entrada de imagen

Crea una capa de entrada para imágenes en color de 28 por 28. Especifica que el software voltee las imágenes de izquierda a derecha en el momento del entrenamiento con una probabilidad de 0,5.

```
inputlayer = imageInputLayer([28 28
3],'DataAugmentation','randfliplr')

inputlayer =

   ImageInputLayer with properties:

              Name: ''
         InputSize: [28 28 3]
   DataAugmentation: 'randfliplr'
     Normalization: 'zerocenter'
```

2.2.2 Crear capa convolucional 2D: convolution2dLayer

Sintaxis

- `convlayer = convolution2dLayer(filterSize,numFilters)`
- `convlayer = convolution2dLayer(filterSize,numFilters,Name,Value)`

Descripción

`convlayer = convolution2dLayer(filterSize,numFilters)` devuelve una capa para la convolución 2D.

`convlayer = convolution2dLayer(filterSize,numFilters,Name,Value)` devuelve la capa convolucional, con opciones adicionales especificadas por uno o más argumentos del par `Nombre,Valor`.

Ejemplos:

Crear capa convolucional

Crea una capa convolucional con 96 filtros, cada uno con una altura y anchura de 11. Utiliza un stride (tamaño de paso) de 4 en las direcciones horizontal y vertical.

```
convlayer = convolution2dLayer(11,96,'Stride',4);
```

Especificar el peso inicial y los sesgos en la capa convolucional

Crea una capa convolucional con 32 filtros, cada uno con una altura y anchura de 5. Rellena la imagen de entrada con 2 píxeles a lo largo de su borde. Establece el factor de tasa de aprendizaje para el sesgo en 2. Inicializa manualmente los pesos a partir de una distribución gaussiana con una desviación típica de 0,0001.

```
layer = convolution2dLayer(5,32,'Padding',2,'BiasLearnRateFactor',2);
```

Supón que la entrada tiene imágenes en color. Inicializa manualmente los pesos a partir de una distribución gaussiana con desviación típica de 0,0001.

```
layer.Weights = randn([5 5 3 32])*0.0001;;
```

El tamaño de las regiones locales de la capa es de 5 por 5. El número de canales de color de cada región es 3. El número de mapas de características es 32 (el número de filtros). Por lo tanto, hay 5*5*3*32 pesos en la capa.

`randn([5 5 3 32])`devuelve una matriz de 5 por 5 por 3 por 32 valores de una distribución gaussiana con una media de 0 y una desviación típica de 1. Si multiplicas los valores por 0,0001, la desviación típica de la distribución gaussiana será igual a 0,0001.

Del mismo modo, inicializa los sesgos a partir de una distribución gaussiana con una media de 1 y una desviación típica de 0,00001.

```
layer.Bias = randn([1 1 32])*0.00001+1;
```

Hay 32 mapas de características y, por tanto, 32 sesgos. `randn([1 1 32])` devuelve una matriz de 1 por 1 por 32 de valores de una distribución gaussiana con una media de 0 y una desviación típica de 1. Multiplicar los valores por 0,00001 hace que la desviación típica de los valores sea igual a 0,00001, y añadir 1 hace que la media de la distribución gaussiana sea igual a 1.

Convolución que cubre totalmente la imagen de entrada

Supón que el tamaño de la imagen de entrada es de 28 por 28-1. Crea una capa convolucional con 16 filtros que tengan una altura de 6 y una anchura de 4, que recorra la imagen con un paso de 4 tanto horizontal como verticalmente. Asegúrate de que la convolución cubre completamente las imágenes.

Para que la convolución cubra completamente la imagen de entrada, tanto la dimensión de salida horizontal como la vertical deben ser números enteros. Para que la dimensión de salida horizontal sea un número entero, se necesita una fila de relleno cero en la parte superior e inferior de la imagen: (28 - 6+ 2*1)/4 + 1 = 7. Para que la dimensión de salida vertical sea un número entero, no se necesita relleno cero: (28 - 4+ 2*0)/4 + 1 = 7. Construye la capa convolucional como sigue:

```
convlayer = convolution2dLayer([6 4],16,'Stride',4,'Padding',[1 0]);
```

Capa convolucional

Una capa convolucional está formada por neuronas que se conectan a pequeñas regiones de la entrada o de la capa anterior. Estas regiones se denominan *filtros*. Puedes especificar el tamaño de estas regiones utilizando el parámetro tamañoDeLosFiltros como argumento de entrada.

Para cada región, el programa calcula un producto punto de los pesos y la entrada, y luego añade un término de sesgo. A continuación, el filtro se desplaza a lo largo de la entrada vertical y horizontalmente, repitiendo el mismo cálculo para cada región, es decir, convolviendo la entrada. El tamaño del paso con el que se mueve se denomina *paso*. Puedes especificar este tamaño de paso con el argumento Par nombre-valor de la zancada. Estas regiones locales a las que se conectan las neuronas pueden solaparse en función del TamañoFiltro y de la Zancada.

El número de pesos utilizados para un filtro es $h*w*c$, donde h es la altura y w la anchura del tamaño del filtro, y c es el número de canales de la entrada (por ejemplo, si la entrada es una imagen en color, el número de canales es tres). A medida que un filtro se desplaza por la entrada, utiliza el mismo conjunto de pesos y sesgos para la convolución, formando un mapa de características. La capa de convolución suele tener varios mapas de características, cada uno con un conjunto diferente de pesos y un sesgo. El número de mapas de características viene determinado por el número de filtros.

El número total de parámetros de una capa convolucional es $((h*w*c + 1)*$Número *de filtros*$)$, donde 1 es para el sesgo.

La altura y anchura de salida de la capa convolucional es (*Tamaño de entrada - Tamaño del filtro + 2*Cuadrado)/Cuadrado* + 1. Este valor debe ser un número entero para que toda la imagen quede totalmente cubierta. Si la combinación de estos parámetros no hace que la imagen quede totalmente cubierta, el software ignora por defecto la parte restante de la imagen a lo largo del borde derecho e inferior en la convolución.

El número total de neuronas de un mapa de características, digamos Tamaño del *mapa*, es el producto de la altura y la anchura de la salida. Por tanto, el número total de neuronas (tamaño de salida) de una capa convolucional es Tamaño del mapa*Número *de filtros*.

Por ejemplo, supongamos que la imagen de entrada es una imagen en color de 28 por 28 por 3. Para una capa convolucional con 16 filtros, y un tamaño de filtro de 8 por 8, el número de pesos por filtro es $8*8*3 = 192$, y el número total de parámetros de la capa es $(192+1) * 16 = 3088$. Suponiendo que el paso es de 4 en cada dirección, el número total de neuronas en cada mapa de características es de 6 por 6 $((28 - 8+0)/4 + 1 = 6)$. Entonces, el número total de neuronas de la capa es $6*6*16 = 256$. Normalmente, los resultados de estas neuronas pasan por alguna forma de no linealidad, como las unidades lineales rectificadas (ReLU).

2.2.3 Crea una capa de Unidad Lineal Rectificada (ReLU): reluLayer

Sintaxis

- `layer = reluLayer()`
- `layer = reluLayer(Name,Value)`

Descripción

`layer = reluLayer()` devuelve una capa de unidad lineal rectificada (ReLU). Realiza una operación de umbral a cada elemento, en la que cualquier valor de entrada menor que cero se pone a cero, es decir,

$$f(x) = \begin{cases} x, & x \geq 0 \\ 0, & x < 0 \end{cases}.$$

La capa ReLU no cambia el tamaño de su entrada.

`layer = reluLayer(Name,Value)` devuelve una capa ReLU, con la opción adicional especificada por el argumento par `Nombre,Valor`.

Ejemplos

Crea una capa de unidad lineal rectificada con el nombre `relu1`.

```
layer = reluLayer('Name','relu1');
```

2.2.4 Crear una capa de normalización de respuesta local: crossChannelNormalizationLayer

Sintaxis

- `localnormlayer = crossChannelNormalizationLayer(windowChannelSize)`
- `localnormlayer = crossChannelNormalizationLayer(windowChannelSize,Name,Value)`

Descripción

`localnormlayer = crossChannelNormalizationLayer(windowChannelSize)` devuelve una capa de normalización de respuesta local, que lleva a cabo la normalización por canales [1].

`localnormlayer = crossChannelNormalizationLayer(windowChannelSize,Name,Value)` devuelve una capa de normalización de respuesta local, con opciones adicionales especificadas por uno o más argumentos del par `Nombre,Valor`.

Ejemplos

Crea una capa de normalización de respuesta local para la normalización por canales, en la que se utilizará una ventana de cinco canales para normalizar cada elemento, y la constante aditiva del normalizador (*K*) es 1.

```
localnormlayer = crossChannelNormalizationLayer(5,'K',1);
```

2.2.5 Crear una capa de agrupación de promedios: capa2d de agrupación de promedios

Sintaxis

- `avgpoollayer = averagePooling2dLayer(poolSize)`
- `avgpoollayer = averagePooling2dLayer(poolSize,Name,Value)`

Descripción

`avgpoollayer = averagePooling2dLayer(poolSize)` devuelve una capa que realiza una agrupación de medias, dividiendo la entrada en regiones rectangulares y calculando la media de cada región. `poolSize` especifica las dimensiones de la región rectangular.

`avgpoollayer = averagePooling2dLayer(poolSize,Name,Value)` devuelve la capa de agrupación media, con opciones adicionales especificadas por uno o más argumentos del par `Name,Value` .

Ejemplos:

Capa de agrupación media con regiones de agrupación no superpuestas

Crea una capa de agrupación media con regiones de agrupación no solapadas, que reduzca la muestra en un factor 2.

```
avgpoollayer = averagePooling2dLayer(2,'Stride',2);
```

Tanto la altura como la anchura de la región rectangular (tamaño del pool) son 2. Esta capa crea regiones de pool de tamaño [2,2] y toma la media de los cuatro elementos de cada región. Como el stride (tamaño del paso para moverse a lo largo de las imágenes vertical y horizontalmente) también es [2,2], las regiones de agrupación no se solapan.

Capa de agrupación media con regiones de agrupación superpuestas

Crea una capa de agrupación media con regiones de agrupación superpuestas. Añade también relleno para la parte superior e inferior de la entrada.

```
avgpoollayer = averagePooling2dLayer([3,2],'Stride',2,'Padding',[1 0]);
```

La altura y la anchura de la región rectangular (tamaño de la agrupación) son 3 y 2. Esta capa crea regiones de agrupación de tamaño [3,2] y toma la media de los seis elementos de cada región. Como el paso es [2,2], las regiones de agrupación se solapan.

Un valor de 1 para el par nombre-valor `Relleno` indica que el software también añade una fila de ceros a la parte superior e inferior de los datos de entrada. 0 indica que no se añade ningún relleno a la derecha y a la izquierda de los datos de entrada.

2.2.6 Crear capa de agrupación máxima: capa2d de agrupación máxima

Sintaxis

* `maxpoollayer = maxPooling2dLayer(poolSize)`
* `maxpoollayer = maxPooling2dLayer(poolSize,Name,Value)`

Descripción

`maxpoollayer = maxPooling2dLayer(poolSize)` devuelve una capa que realiza una agrupación <u>máxima</u>, dividiendo la entrada en regiones rectangulares y devolviendo el valor máximo de cada región. `poolSize` especifica las dimensiones de una región de agrupación.

`maxpoollayer = maxPooling2dLayer(poolSize,Name,Value)` devuelve la capa de agrupación máxima, con opciones adicionales especificadas por uno o más argumentos del par `Name,Value` .

Ejemplos:

Capa de agrupación máxima con regiones de agrupación no superpuestas

Crea una capa de agrupación máxima con regiones de agrupación no solapadas, que reduzca la muestra en un factor 2.

```
maxpoollayer = maxPooling2dLayer(2,'Stride',2);
```

Tanto la altura como la anchura de la región rectangular (tamaño de la agrupación) son 2. Esta capa crea regiones de agrupación de tamaño [2,2] y devuelve el máximo de los cuatro elementos de cada región. Como el stride (tamaño del paso para moverse por las imágenes vertical y horizontalmente) también es [2,2], las regiones de agrupación no se solapan.

Capa de agrupación máxima con regiones de agrupación superpuestas

Crea una capa de agrupación máxima con regiones de agrupación superpuestas. Añade también relleno para la parte superior e inferior de la entrada.

```
maxpoollayer = maxPooling2dLayer([3,2],'Stride',2,'Padding',[1 0]);
```

La altura y la anchura de la región rectangular (tamaño de la agrupación) son 3 y 2. Esta capa crea regiones de agrupación de tamaño [3,2] y devuelve el máximo de los seis elementos de cada región. Como el stride (tamaño del paso para moverse por las imágenes vertical y horizontalmente) es [2,2], las regiones de agrupación se solapan.

El valor 1 para el par nombre-valor Relleno indica que el software añade una fila de ceros a la parte superior e inferior de los datos de entrada. 0 indica que no se añade ningún relleno a la derecha y a la izquierda de los datos de entrada.

2.2.7 Crear capa totalmente conectada: capa totalmente conectada

Sintaxis

- `fullconnectlayer = fullyConnectedLayer(outputSize)`
- `fullconnectlayer = fullyConnectedLayer(outputSize,Name,Value)`

Descripción

`fullconnectlayer = fullyConnectedLayer(outputSize)` devuelve una capa totalmente conectada, en la que el software multiplica la entrada por una matriz de pesos y luego añade un vector de sesgo.

`fullconnectlayer = fullyConnectedLayer(outputSize,Name,Value)` devuelve una capa totalmente conectada con opciones adicionales especificadas por uno o más argumentos del par Nombre,Valor.

Ejemplos:

Crear capa totalmente conectada

Crea una capa totalmente conectada con un tamaño de salida de 10.

```
fullconnectlayer = fullyConnectedLayer(10);
```

El software determina el tamaño de la entrada en el momento del entrenamiento.

Especificar el peso inicial y los sesgos en la capa totalmente conectada

Crea una capa totalmente conectada con un tamaño de salida de 10. Establece el factor de velocidad de aprendizaje para el sesgo en 2. Inicializa manualmente los pesos a partir de una distribución gaussiana con una desviación típica de 0,0001.

```
layers = [imageInputLayer([28 28 1],'Normalization','none');
          convolution2dLayer(5,20,'NumChannels',1);
          reluLayer();
          maxPooling2dLayer(2,'Stride',2);
          fullyConnectedLayer(10);
          softmaxLayer();
          classificationLayer()];
```

Para inicializar los pesos de la capa totalmente conectada, debes conocer el tamaño de entrada de la capa. El tamaño de entrada es igual al tamaño de salida de la capa de agrupación máxima anterior, que, a su vez, depende del tamaño de salida de la capa convolucional.

Para una dirección en un canal (mapa de características) de la capa convolucional, la salida es $((28 - 5 + 2*0)/1) +1 = 24$. La capa de agrupación máxima tiene regiones que no se solapan, por lo que reduce la muestra en 2 en cada dirección, es decir, $24/2 = 12$. Para un canal de la capa convolucional, la salida de la capa de agrupación máxima es $12 * 12 = 144$. Hay 20 canales en la capa convolucional, por lo que la salida de la capa de agrupación máxima es $144 * 20 = 2880$. Este es el tamaño de la entrada de la capa totalmente conectada.

La fórmula para las regiones solapadas da el mismo resultado: Para una dirección de un canal, la salida es $(((24 - 2 +0)/2) + 1 = 12$. Para un canal, la salida es 144, y para los 20 canales de la capa convolucional, la salida de la capa de agrupación máxima es 2880.

Inicializa los pesos de la capa totalmente conectada a partir de una distribución gaussiana con una media de 0 y una desviación típica de 0,0001.

```
layers(5).Weights = randn([10 2880])*0.0001;
```

`randn([10 2880])` devuelve una matriz de 10 por 2880 valores de una distribución gaussiana con media 0 y desviación típica 1. Si multiplicas los valores por 0,0001, la desviación típica de la distribución gaussiana será igual a 0,0001.

Del mismo modo, inicializa los sesgos a partir de una distribución gaussiana con una media de 1 y una desviación típica de 0,0001.

```
layers(5).Bias = randn([10 1])*0.0001+1;
```

El tamaño del vector de sesgo es igual al tamaño de la salida de la capa totalmente conectada, que es 10. `randn([10 1])` devuelve un vector de 10 por 1 de valores de una distribución gaussiana con una media de 0 y una desviación típica de 1. Multiplicar los valores por 0,00001 establece la desviación típica de los valores igual a 0,00001, y añadir 1 establece la media de la distribución gaussiana igual a 1.

2.2.8 Crear una capa de abandono: dropoutLayer

Sintaxis

- `droplayer = dropoutLayer()`
- `droplayer = dropoutLayer(probability)`
- `droplayer = dropoutLayer(___,Name,Value)`

Descripción

`droplayer = dropoutLayer()` devuelve una capa de abandono, que aleatoriamente pone a cero los elementos de entrada con una probabilidad de 0,5. La capa de abandono sólo funciona en tiempo de entrenamiento.

`droplayer = dropoutLayer(probability)` devuelve una capa de abandono, que aleatoriamente pone a cero los elementos de entrada con una probabilidad especificada por probabilidad.

`droplayer = dropoutLayer(__,Name,Value)` devuelve la capa de abandono, con la opción adicional especificada por el argumento par Nombre,Valor.

Ejemplos

Crea una capa de abandono, que aleatoriamente ponga a cero aproximadamente el 40% de la entrada. Asigna a la capa el nombre de abandono1.

`droplayer = dropoutLayer(0.4,'Name','dropout1');`

2.2.9 Crea una capa softmax softmaxLayer

Sintaxis

- `smlayer = softmaxLayer()`
- `smlayer = softmaxLayer(Name,Value)`

Descripción

`smlayer = softmaxLayer()` devuelve una capa softmax para problemas de clasificación. La capa softmax utiliza la función de activación softmax.

`smlayer = softmaxLayer(Name,Value)` devuelve una capa softmax, con la opción adicional especificada por el argumento par Nombre,Valor.

Ejemplos

Crear capa Softmax con nombre especificado

Crea una capa softmax con el nombre `sml1`.

```
smlayer = softmaxLayer('Name','sml1');
```

2.2.10 Crear una capa de salida de clasificación: classificationLayer

Sintaxis

- `coutputlayer = classificationLayer()`
- `coutputlayer = classificationLayer(Name,Value)`

Descripción

`coutputlayer = classificationLayer()` devuelve una capa de salida de clasificación para una red neuronal. La capa de salida de clasificación contiene el nombre de la función de pérdida que el programa utiliza para entrenar la red de clasificación multiclase, el tamaño de la salida y las etiquetas de clase.

`coutputlayer = classificationLayer(Name,Value)` devuelve la capa de salida de la clasificación, con la opción adicional especificada por el argumento par `Nombre,Valor`.

Ejemplos

Crea una capa de salida de clasificación con el nombre `'coutput'`.

```
coutputlayer = classificationLayer('Name','coutput')
coutputlayer =

  ClassificationOutputLayer with properties:

    OutputSize: 'auto'
  LossFunction: 'crossentropyex'
    ClassNames: {}
          Name: 'coutput'
```

El programa determina automáticamente la capa de salida durante el entrenamiento. La función de pérdida por defecto para la clasificación es la entropía cruzada para *k* clases mutuamente excluyentes.

2.3 ENTRENAMIENTO DE RED. FUNCIONES

MATLAB dispone de las siguientes funciones:

trainingOptions	Options for training neural network
trainNetwork	Train a network

2.3.1 Entrenamiento de red: trainedNet

Sintaxis

- `trainedNet = trainNetwork(imds,layers,options)`
- `trainedNet = trainNetwork(X,Y,layers,options)`
- `[trainedNet,traininfo] = trainNetwork(__)`

Descripción

NOTA: trainNetwork requiere Parallel Computing Toolbox y la GPU NVIDIA® con capacidad de cálculo 3.0 o superior.

`trainedNet = trainNetwork(imds,layers,options)` devuelve una red entrenada definida por la arquitectura de la red neuronal convolucional (ConvNet), `capas`, para los datos de imagen de entrada, `imds`, utilizando las opciones de entrenamiento, opciones.

`trainedNet = trainNetwork(X,Y,layers,options)` devuelve una red entrenada para los predictores en X y las respuestas en Y.

`[trainedNet,traininfo] = trainNetwork(__)` también devuelve información sobre el entrenamiento para cualquiera de los argumentos de entrada anteriores.

Ejemplos:

Entrenar una red neuronal convolucional utilizando datos de ImageDatastore

Carga los datos de la muestra como un objeto `ImageDatastore`.

```
digitDatasetPath =
fullfile(matlabroot,'toolbox','nnet','nndemos',...
     'nndatasets','DigitDataset');
digitData = imageDatastore(digitDatasetPath,...
        'IncludeSubfolders',true,'LabelSource','foldernames');
```

El almacén de datos contiene 10000 imágenes sintéticas de los dígitos 0-9. Las imágenes se generan aplicando transformaciones aleatorias a imágenes de dígitos creadas con distintos tipos de letra. Cada imagen de dígitos tiene 28 por 28 píxeles.

Muestra algunas de las imágenes del almacén de datos.

```
for i = 1:20
    subplot(4,5,i);
    imshow(digitData.Files{i});
end
```

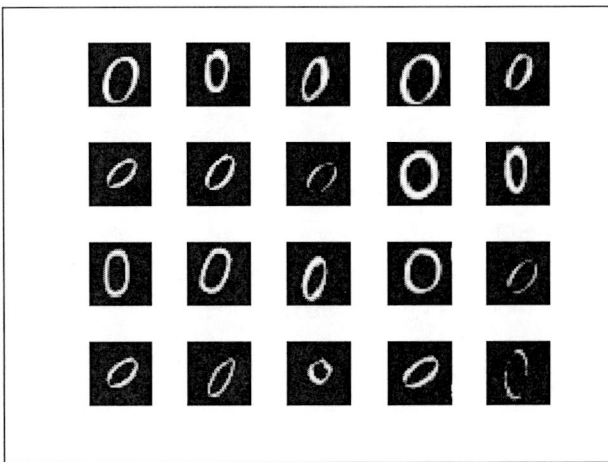

Comprueba el número de imágenes de cada categoría de dígitos.

```
digitData.countEachLabel
ans =
```

Label	Count
0	988
1	1026
2	1003
3	993
4	991
5	1017
6	992
7	999
8	1003
9	988

Los datos contienen un número desigual de imágenes por categoría.

Para equilibrar el número de imágenes de cada dígito en el conjunto de entrenamiento, encuentra primero el número mínimo de imágenes de una categoría.

```
minSetCount = min(digitData.countEachLabel{:,2})
minSetCount =

    988
```

Divide el conjunto de datos de modo que cada categoría del conjunto de entrenamiento tenga 494 imágenes y el conjunto de pruebas tenga las imágenes restantes de cada etiqueta.

```
trainingNumFiles = round(minSetCount/2);
rng(1) % For reproducibility
[trainDigitData,testDigitData] = splitEachLabel(digitData,...
                              trainingNumFiles,'randomize');
```
splitEachLabel splits the image files in digitData into two new datastores, trainDigitData and testDigitData.

Define la arquitectura de la red neuronal convolucional.

```
layers = [imageInputLayer([28 28 1]);
          convolution2dLayer(5,20);
          reluLayer();
          maxPooling2dLayer(2,'Stride',2);
          fullyConnectedLayer(10);
          softmaxLayer();
          classificationLayer()];
```

Ajusta las opciones a los valores por defecto para el descenso por gradiente estocástico con impulso. Establece el número máximo de épocas en 20, y comienza el entrenamiento con una tasa de aprendizaje inicial de 0,001.

```
options = trainingOptions('sgdm','MaxEpochs',20,...
          'InitialLearnRate',0.001);
```

Entrena la red.

```
convnet = trainNetwork(trainDigitData,layers,options);
```

Epoch	Iteration	Time Elapsed (seconds)	Mini-batch Loss	Mini-batch Accuracy	Base Learning Rate
2	50	0.72	0.2232	92.97%	0.001000
3	100	1.37	0.0182	99.22%	0.001000
4	150	1.99	0.0141	100.00%	0.001000
6	200	2.64	0.0023	100.00%	0.001000
7	250	3.27	0.0004	100.00%	0.001000
8	300	3.91	0.0001	100.00%	0.001000
10	350	4.56	0.0002	100.00%	0.001000
11	400	5.19	0.0003	100.00%	0.001000
12	450	5.82	0.0001	100.00%	0.001000
14	500	6.46	0.0001	100.00%	0.001000
15	550	7.09	0.0001	100.00%	0.001000
16	600	7.72	0.0001	100.00%	0.001000
18	650	8.37	0.0001	100.00%	0.001000
19	700	9.00	0.0001	100.00%	0.001000
20	750	9.62	0.0001	100.00%	0.001000

Ejecuta la red entrenada en el conjunto de prueba que no se utilizó para entrenar la red y predice las etiquetas de las imágenes (dígitos).

```
YTest = classify(convnet,testDigitData);
TTest = testDigitData.Labels;
```

Calcula la precisión.

```
accuracy = sum(YTest == TTest)/numel(TTest)
accuracy =

     0.9984
```

La precisión es la relación entre el número de etiquetas verdaderas de los datos de prueba que coinciden con las clasificaciones de clasificar, y el número de imágenes de los datos de prueba. En este caso, aproximadamente el 99,8% de las estimaciones de dígitos coinciden con los valores de dígitos verdaderos del conjunto de prueba.

Construir y entrenar una red neuronal convolucional

Carga los datos de la muestra.

```
load lettersTrainSet
```

XTrain contiene 1500 imágenes en escala de grises de 28 por 28 de las letras A, B y C en una matriz 4-D. Hay el mismo número de cada letra en el conjunto de datos. TTrain contiene la matriz categórica de las etiquetas de las letras.

Muestra algunas de las imágenes de las letras.

```
figure;
for j = 1:20
    subplot(4,5,j);
    selectImage = datasample(XTrain,1,4);
    imshow(selectImage,[]);
end
```

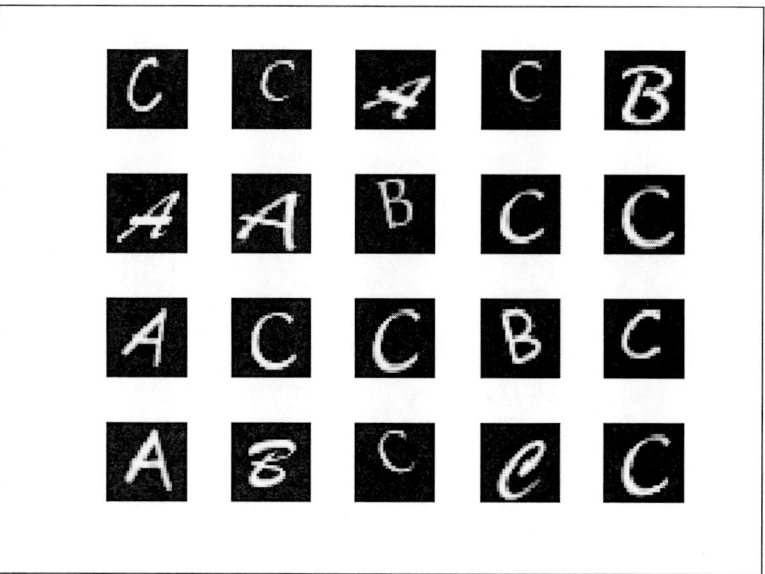

Define la arquitectura de la red neuronal convolucional.

```
layers = [imageInputLayer([28 28 1]);
          convolution2dLayer(5,16);
          reluLayer();
          maxPooling2dLayer(2,'Stride',2);
          fullyConnectedLayer(3);
          softmaxLayer();
          classificationLayer()];
```

Establece las opciones por defecto para el descenso estocástico del gradiente con impulso.

```
options = trainingOptions('sgdm');
```
Train the network.

```
rng('default') % For reproducibility
net = trainNetwork(XTrain,TTrain,layers,options);
```

Epoch	Iteration	Time Elapsed (seconds)	Mini-batch Loss	Mini-batch Accuracy	Base Learning Rate
5	50	0.50	0.2175	98.44%	0.010000
10	100	1.01	0.0238	100.00%	0.010000
14	150	1.52	0.0108	100.00%	0.010000
19	200	2.03	0.0088	100.00%	0.010000
23	250	2.53	0.0048	100.00%	0.010000
28	300	3.04	0.0035	100.00%	0.010000

Ejecuta la red entrenada en un conjunto de prueba que no se utilizó para entrenar la red y predice las etiquetas de las imágenes (letras).

```
load lettersTestSet;
```

XTest contiene 1500 imágenes en escala de grises de 28 por 28 de las letras A, B y C en una matriz 4-D. De nuevo hay el mismo número de cada letra en el conjunto de datos. TTest contiene la matriz categórica de las etiquetas de las letras.

```
YTest = classify(net,XTest);
```

Calcula la matriz de confusión.

```
targets(:,1)=(TTest=='A');
targets(:,2)=(TTest=='B');
targets(:,3)=(TTest=='C');
outputs(:,1)=(YTest=='A');
outputs(:,2)=(YTest=='B');
outputs(:,3)=(YTest=='C');

plotconfusion(double(targets'),double(outputs'))
```

2.3.2 Opciones para el entrenamiento de la red neuronal. trainingOptions

Sintaxis

- `options = trainingOptions(solverName)`
- `options = trainingOptions(solverName,Name,Value)`

Descripción

`options = trainingOptions(solverName)`   devuelve un conjunto de opciones de entrenamiento para el solucionador especificado por `solverName`.

`options = trainingOptions(solverName,Name,Value)`   devuelve un conjunto de opciones de entrenamiento, con opciones adicionales especificadas por uno o más argumentos del par `Nombre,Valor`.

Ejemplos

Crea un conjunto de opciones para entrenar una red utilizando el descenso en gradiente estocástico con impulso. Reduce la tasa de aprendizaje en un factor de 0,2 cada 5 épocas. Establece el número máximo de épocas de entrenamiento en 20, y utiliza un minilote con 300 observaciones en cada iteración. Especifica una ruta para guardar las redes de puntos de control después de cada época.

```
options = trainingOptions('sgdm',...
      'LearnRateSchedule','piecewise',...
      'LearnRateDropFactor',0.2,...
      'LearnRateDropPeriod',5,...
      'MaxEpochs',20,...
      'MiniBatchSize',300,...
      'CheckpointPath','C:\TEMP\checkpoint');
```

2.4 EXTRAER CARACTERÍSTICAS Y PREDECIR RESULTADOS. FUNCIONES

MATLAB dispone de las siguientes funciones:

activations	Compute network layer activations
predict	Predict responses using a trained network
classify	Classify data using a trained network

2.4.1 Activaciones de las capas de la red: activations

Sintaxis

- `features = activations(net,X,layer)`
- `features = activations(net,X,layer,Name,Value)`

Descripción

`features = activations(net,X,layer)` devuelve las activaciones de la red para una capa concreta utilizando la red entrenada y los datos de X.

`features = activations(net,X,layer,Name,Value)` devuelve las activaciones de red de una capa concreta con opciones adicionales especificadas por uno o más argumentos del par Nombre,Valor.

Por ejemplo, puedes especificar el formato de las Features entrenadas de salida.

Ejemplo: Extraer características de una red neuronal convolucional entrenada

NOTA: El entrenamiento de una red neuronal convolucional requiere Parallel Computing Toolbox™ y una GPU NVIDIA® habilitada para CUDA® con capacidad de cálculo 3.0 o superior.

Carga los datos de la muestra.

`[XTrain,TTrain] = digitTrain4DArrayData;`

digitTrain4DArrayData carga el conjunto de entrenamiento de dígitos como datos de matriz 4-D. XTrain es una matriz de 28 por 28 por 1 por 4940, donde 28 es la altura y 28 la anchura de las imágenes. 1 es el número de canales y 4940 es el número de imágenes sintéticas de dígitos manuscritos. TTrain es un vector categórico que contiene las etiquetas de cada observación.

Construye la arquitectura de la red neuronal convolucional.

```
layers = [imageInputLayer([28 28 1]);
          convolution2dLayer(5,20);
          reluLayer();
          maxPooling2dLayer(2,'Stride',2);
          fullyConnectedLayer(10);
          softmaxLayer();
          classificationLayer()];
```

Establece las opciones por defecto para el descenso estocástico del gradiente con impulso.

```
options = trainingOptions('sgdm');
```

Entrena la red.

```
rng('default')
net = trainNetwork(XTrain,TTrain,layers,options);
```

Epoch	Iteration	Time Elapsed (seconds)	Mini-batch Loss	Mini-batch Accuracy	Base Learning Rate
2	50	0.45	2.2301	47.66%	0.010000
3	100	0.88	0.9880	75.00%	0.010000
4	150	1.31	0.5558	82.03%	0.010000
6	200	1.75	0.4022	89.06%	0.010000
7	250	2.17	0.3750	88.28%	0.010000
8	300	2.61	0.3368	91.41%	0.010000
10	350	3.04	0.2589	96.09%	0.010000
11	400	3.47	0.1396	98.44%	0.010000
12	450	3.90	0.1802	96.09%	0.010000
14	500	4.33	0.0892	99.22%	0.010000
15	550	4.76	0.1221	96.88%	0.010000
16	600	5.19	0.0961	98.44%	0.010000
18	650	5.62	0.0856	99.22%	0.010000
19	700	6.05	0.0651	100.00%	0.010000
20	750	6.49	0.0582	98.44%	0.010000
22	800	6.92	0.0808	98.44%	0.010000
23	850	7.35	0.0521	99.22%	0.010000
24	900	7.77	0.0248	100.00%	0.010000
25	950	8.20	0.0241	100.00%	0.010000
27	1000	8.63	0.0253	100.00%	0.010000
28	1050	9.07	0.0260	100.00%	0.010000
29	1100	9.49	0.0246	100.00%	0.010000

Haz predicciones, pero en lugar de tomar la salida de la última capa, especifica la segunda capa ReLU (la sexta capa) como capa de salida.

```
trainFeatures = activations(net,XTrain,6);
```

Estas predicciones de una capa interna se conocen como *activaciones* o *características* . El método de activaciones, por defecto, utiliza una GPU habilitada para CUDA con capacidad de cálculo 3.0, cuando está disponible. También puedes elegir ejecutar las activaciones en una CPU utilizando el argumento de par nombre-valor 'ExecutionEnvironment','cpu'.

Puedes utilizar las características devueltas para entrenar una máquina de vectores soporte utilizando la función Estadística y Aprendizaje Automático Toolbox™. `fitcecoc`.

```
svm = fitcecoc(trainFeatures,TTrain);
```

Carga los datos de la prueba.

```
[XTest,TTest]= digitTest4DArrayData;
```

Extrae las características de la misma capa ReLU (la sexta capa) para los datos de prueba y utiliza las características devueltas para entrenar una máquina de vectores soporte.

```
testFeatures = activations(net,XTest,6);
testPredictions = predict(svm.testFeatures);
```

Traza la matriz de confusión. Convierte los datos al formato plotconfusion acepta

```
ttest = dummyvar(double(TTest))'; % dummyvar requires Statistics
and Machine Learning Toolbox
tpredictions = dummyvar(double(testPredictions))';
plotconfusion(ttest,tpredictions);
```

Confusion Matrix

Output Class	1	2	3	4	5	6	7	8	9	10	
1	493	2	0	0	0	0	0	0	0	0	99.6%
	9.7%	0.0%	0.0%	0.0%	0.0%	0.0%	0.0%	0.0%	0.0%	0.0%	0.4%
2	0	529	0	0	0	0	1	2	0	0	99.4%
	0.0%	10.5%	0.0%	0.0%	0.0%	0.0%	0.0%	0.0%	0.0%	0.0%	0.6%
3	1	0	508	0	0	0	0	0	0	0	99.8%
	0.0%	0.0%	10.0%	0.0%	0.0%	0.0%	0.0%	0.0%	0.0%	0.0%	0.2%
4	0	1	1	495	0	9	0	0	0	0	97.8%
	0.0%	0.0%	0.0%	9.8%	0.0%	0.2%	0.0%	0.0%	0.0%	0.0%	2.2%
5	0	0	0	0	496	0	1	0	0	0	99.8%
	0.0%	0.0%	0.0%	0.0%	9.8%	0.0%	0.0%	0.0%	0.0%	0.0%	0.2%
6	0	0	0	3	0	514	0	1	4	0	98.5%
	0.0%	0.0%	0.0%	0.1%	0.0%	10.2%	0.0%	0.0%	0.1%	0.0%	1.5%
7	0	0	0	0	0	0	496	0	0	1	99.8%
	0.0%	0.0%	0.0%	0.0%	0.0%	0.0%	9.8%	0.0%	0.0%	0.0%	0.2%
8	0	0	0	0	0	0	0	502	1	0	99.8%
	0.0%	0.0%	0.0%	0.0%	0.0%	0.0%	0.0%	9.9%	0.0%	0.0%	0.2%
9	0	0	0	1	1	0	0	0	504	2	99.2%
	0.0%	0.0%	0.0%	0.0%	0.0%	0.0%	0.0%	0.0%	10.0%	0.0%	0.8%
10	0	0	0	0	0	0	0	0	0	491	100%
	0.0%	0.0%	0.0%	0.0%	0.0%	0.0%	0.0%	0.0%	0.0%	9.7%	0.0%
	99.8%	99.4%	99.8%	99.2%	99.8%	98.3%	99.6%	99.4%	99.0%	99.4%	99.4%
	0.2%	0.6%	0.2%	0.8%	0.2%	1.7%	0.4%	0.6%	1.0%	0.6%	0.6%

Target Class

La precisión global de los datos de prueba con la red entrenada es del 99,4%. Calcula manualmente la precisión global.

```
accuracy = sum(TTest == testPredictions)/numel(TTest)

accuracy =

    0.9937
```

2.4.2 Predecir respuestas utilizando una red entrenada: predict

Sintaxis

```
YPred = predict(net,X)
YPred = predict(net,X,Name,Value)
```

Descripción

`YPred = predict(net,X)` predice las respuestas para los datos en X utilizando la red entrenada.

`YPred = predict(net,X,Name,Value)` predice respuestas con la opción adicional especificada por el argumento del par Nombre,Valor.

Ejemplos: Predecir puntuaciones de salida utilizando una ConvNet entrenada

NOTA: El entrenamiento de una red neuronal convolucional requiere Parallel Computing Toolbox y una GPU NVIDIA® habilitada para CUDA® con capacidad de cálculo 3.0 o superior.

Carga los datos de la muestra.

```
[XTrain,TTrain] = digitTrain4DArrayData;
```

`digitTrain4DArrayData` carga el conjunto de entrenamiento de dígitos como datos de matriz 4-D `XTrain` es una matriz de 28 por 28 por 1 por 4940, donde 28 es la altura y 28 la anchura de las imágenes. 1 es el número de canales y 4940 es el número de imágenes sintéticas de dígitos manuscritos. `TTrain` es un vector categórico que contiene las etiquetas de cada observación.

Construye la arquitectura de la red neuronal convolucional.

```
layers = [imageInputLayer([28 28 1]);
          convolution2dLayer(5,20);
          reluLayer();
          maxPooling2dLayer(2,'Stride',2);
          fullyConnectedLayer(10);
          softmaxLayer();
          classificationLayer()];
```

Establece las opciones por defecto para el descenso estocástico del gradiente con impulso.

```
options = trainingOptions('sgdm');
```

Entrena la red.

```
rng(1)
net = trainNetwork(XTrain,TTrain,layers,options);
```

Epoch	Iteration	Time Elapsed (seconds)	Mini-batch Loss	Mini-batch Accuracy	Base Learning Rate
2	50	0.42	2.2315	51.56%	0.010000
3	100	0.83	1.0606	68.75%	0.010000
4	150	1.25	0.6321	82.03%	0.010000
6	200	1.67	0.3873	85.16%	0.010000
7	250	2.09	0.4310	89.84%	0.010000
8	300	2.52	0.3524	90.63%	0.010000
10	350	2.94	0.2313	96.88%	0.010000
11	400	3.36	0.2115	94.53%	0.010000
12	450	3.78	0.1681	96.88%	0.010000
14	500	4.21	0.1171	100.00%	0.010000
15	550	4.64	0.0920	99.22%	0.010000
16	600	5.06	0.1015	99.22%	0.010000
18	650	5.49	0.0682	98.44%	0.010000
19	700	5.92	0.0927	99.22%	0.010000
20	750	6.35	0.0685	98.44%	0.010000
22	800	6.77	0.0496	99.22%	0.010000
23	850	7.20	0.0483	99.22%	0.010000
24	900	7.64	0.0492	99.22%	0.010000
25	950	8.06	0.0390	100.00%	0.010000
27	1000	8.49	0.0315	100.00%	0.010000
28	1050	8.92	0.0187	100.00%	0.010000
29	1100	9.35	0.0338	100.00%	0.010000

Ejecuta la red entrenada en un conjunto de pruebas y predice las puntuaciones.

```
[XTest,TTest]= digitTest4DArrayData;
YTestPred = predict(net,XTest);
```

predict, por defecto, utiliza una GPU habilitada para CUDA con ccapabilidad de cálculo 3.0, cuando está disponible. También puedes elegir ejecutar predict en una CPU utilizando el argumento par nombre-valor 'EntornoDeEjecución','cpu'.

Visualiza las 10 primeras imágenes de los datos de prueba y compáralas con las predicciones de predecir.

```
TTest(1:10,:)

ans =

    0
    0
    0
    0
    0
    0
    0
    0
    0
    0


YTestPred(1:10,:)

ans =

  10x10 single matrix

  Columns 1 through 7

    1.0000    0.0000    0.0000    0.0000    0.0000    0.0000    0.0000
    1.0000    0.0000    0.0000    0.0000    0.0000    0.0000    0.0000
    0.9998    0.0000    0.0000    0.0000    0.0001    0.0000    0.0000
    0.9981    0.0000    0.0005    0.0000    0.0000    0.0000    0.0000
    0.9898    0.0032    0.0037    0.0000    0.0000    0.0000    0.0002
    0.9987    0.0000    0.0013    0.0000    0.0000    0.0000    0.0000
    1.0000    0.0000    0.0000    0.0000    0.0000    0.0000    0.0000
    0.9922    0.0000    0.0000    0.0000    0.0000    0.0000    0.0000
    0.9930    0.0000    0.0000    0.0000    0.0000    0.0000    0.0000
    0.9846    0.0000    0.0000    0.0000    0.0000    0.0000    0.0000

  Columns 8 through 10

    0.0000    0.0000    0.0000
    0.0000    0.0000    0.0000
    0.0000    0.0000    0.0001
    0.0000    0.0011    0.0004
    0.0015    0.0014    0.0001
    0.0000    0.0000    0.0000
    0.0000    0.0000    0.0000
    0.0000    0.0000    0.0078
    0.0000    0.0000    0.0070
    0.0000    0.0000    0.0073
```

TTest contiene los dígitos correspondientes a las imágenes de XTest . Las columnas de YTestPred contienen la estimación predictiva de la probabilidad de que una imagen contenga un dígito concreto. Es decir, la primera columna contiene la estimación de la probabilidad de que la imagen dada sea el dígito 0, la segunda columna contiene la estimación de la probabilidad de que la imagen sea el dígito 1, la tercera columna contiene la estimación de la probabilidad de que la imagen sea el dígito 2, y así sucesivamente. Puedes ver que la estimación de probabilidades de `predecir` para los dígitos correctos es casi 1 y la probabilidad para cualquier otro dígito es casi 0. `predecir` estima correctamente las 10 primeras observaciones como el dígito 0.

2.4.3 Clasificar datos mediante una red entrenada: classify

Sintaxis

```
[Ypred,scores] = classify(net,X)
[Ypred,scores] = classify(net,X,Name,Value)
```

Descripción

`[Ypred,scores] = classify(net,X)` estima las clases para los datos en X utilizando la red entrenada, `net`.

`[Ypred,scores] = classify(net,X,Name,Value)` estima las clases con la opción adicional especificada por el argumento par `Nombre,Valor`.

Ejemplos: Clasificar imágenes utilizando ConvNet entrenada

NOTA: El entrenamiento de una red neuronal convolucional requiere Parallel Computing Toolbox™ y una GPU NVIDIA® habilitada para CUDA® con capacidad de cálculo 3.0 o superior.

Carga los datos de la muestra.

```
[XTrain,TTrain] = digitTrain4DArrayData;
```

`digitTrain4DArrayData` carga el conjunto de entrenamiento de dígitos como datos de matriz 4-D. XTrain es una matriz de 28 por 28 por 1 por 4940, donde 28 es la altura y 28 la anchura de las imágenes. 1 es el número de canales y 4940 es el número de imágenes sintéticas de dígitos manuscritos. TTrain es un vector categórico que contiene las etiquetas de cada observación.

Construye la arquitectura de la red neuronal convolucional.

```
layers = [imageInputLayer([28 28 1]);
          convolution2dLayer(5,20);
          reluLayer();
          maxPooling2dLayer(2,'Stride',2);
          fullyConnectedLayer(10);
          softmaxLayer();
          classificationLayer()];
```

Configura las opciones por defecto para el descenso estocástico del gradiente con impulso.

```
options = trainingOptions('sgdm');
```

Entrena la red.

```
rng('default')
net = trainNetwork(XTrain,TTrain,layers,options);
```

Epoch	Iteration	Time Elapsed (seconds)	Mini-batch Loss	Mini-batch Accuracy	Base Learning Rate
2	50	0.42	2.2301	47.66%	0.010000
3	100	0.83	0.9880	75.00%	0.010000
4	150	1.24	0.5558	82.03%	0.010000
6	200	1.66	0.4023	89.06%	0.010000
7	250	2.08	0.3750	88.28%	0.010000
8	300	2.50	0.3368	91.41%	0.010000
10	350	2.93	0.2589	96.09%	0.010000
11	400	3.35	0.1396	98.44%	0.010000
12	450	3.77	0.1802	96.09%	0.010000
14	500	4.19	0.0892	99.22%	0.010000
15	550	4.62	0.1221	96.88%	0.010000
16	600	5.05	0.0961	98.44%	0.010000
18	650	5.48	0.0857	99.22%	0.010000
19	700	5.90	0.0651	100.00%	0.010000
20	750	6.33	0.0582	98.44%	0.010000
22	800	6.76	0.0808	98.44%	0.010000
23	850	7.19	0.0521	99.22%	0.010000
24	900	7.61	0.0248	100.00%	0.010000
25	950	8.03	0.0241	100.00%	0.010000
27	1000	8.46	0.0253	100.00%	0.010000
28	1050	8.88	0.0260	100.00%	0.010000
29	1100	9.31	0.0246	100.00%	0.010000

Ejecuta la red entrenada en un conjunto de prueba.

```
[XTest,TTest]= digitTest4DArrayData;
YTestPred = classify(net,XTest);
Display the first 10 images in the test data and compare to the classification
from classify.
[TTest(1:10,:) YTestPred(1:10,:)]
ans =

        0        0
        0        0
        0        0
        0        0
        0        0
        0        0
        0        0
        0        0
        0        0
        0        0
```

Los resultados de clasificar coinciden con los dígitos verdaderos de las diez primeras imágenes.

Calcula la precisión sobre todos los datos de la prueba.

```
accuracy = sum(YTestPred == TTest)/numel(TTest)
accuracy =

    0.9929
```

APRENDIZAJE PROFUNDO Y REDES NEURONALES CONVOLUCIONALES CON MATLAB. CLASES

3.1 INTRODUCCIÓN

Las redes neuronales de convolución (CNN o ConvNets) son herramientas esenciales para el aprendizaje profundo, y son especialmente adecuadas para el reconocimiento de imágenes. Puedes construir una arquitectura CNN, entrenar una red y utilizar la red entrenada para predecir etiquetas de clase. También puedes extraer características de una red preentrenada y utilizarlas para entrenar un clasificador lineal. Neural Network Toolbox también te permite realizar aprendizaje por transferencia, es decir, volver a entrenar la última capa totalmente conectada de una CNN existente con nuevos datos.

3.2 CONSTRUYE UNA ARQUITECTURA DE RED. CLASES

MATLAB tiene las siguientes clases:

Layer	Network layer

3.2.1 Capa de red: layer

Descripción

Clase de capa de la red que contiene la información de la capa. Cada capa de la arquitectura de una red neuronal convolucional es de clase Capa.

Construcción

Para definir la arquitectura de una red neuronal convolucional, crea directamente un vector de capas.

Semántica de la copia

Valor. Para saber cómo afectan las clases de valor a las operaciones de copia, consulta los párrafos siguientes:

Dos comportamientos de copia

Hay dos tipos fundamentales de objetos MATLAB® : los manejadores y los valores.

Los objetos *valor* se comportan como los tipos fundamentales de MATLAB respecto a las operaciones de copia. Las copias son valores independientes. Las operaciones que realices sobre un objeto no afectan a las copias de ese objeto.

Los objetos "asa" se referencian mediante su variable "asa". Las copias de la variable "handle" hacen referencia al mismo objeto. Las operaciones que realices sobre un objeto manejador son visibles desde todas las variables manejador que hagan referencia a ese objeto.

Comportamiento de la copia de objetos de valor

Las variables numéricas de MATLAB son objetos de valor. Por ejemplo, cuando copias a en la variable b, ambas variables son independientes entre sí. Cambiar el valor de a no cambia el valor de b:

```
a = 8;
b = a;
```

Ahora reasigna a. b no cambia:

```
a = 6;
b
b =
      8
```

Borrar a no afecta a b:

```
clear a
b
b =
      8
```

Propiedades del Objeto Valor

El comportamiento de copia de los valores almacenados como propiedades en objetos valor es el mismo que el de las variables numéricas. Por ejemplo, supongamos que vobj1 es un objeto valor con la propiedad a:

```
vobj1.a = 8;
```

Si copias vobj1 a vobj2, y luego cambias el valor de la propiedad a de vobj1, el valor de la propiedad del objeto copiado, vobj2.a, no se ve afectado:

```
vobj2 =vobj1;
vobj1.a = 5;
vobj2.a
ans =
    8
```

Manejar el comportamiento de copia de objetos

Aquí tienes una clase manejador llamada HdClass que define una propiedad llamada Datos.

```
classdef HdClass < handle
    properties
        Data
    end
    methods
        function obj = HdClass(val)
            if nargin > 0
                obj.Data = val;
            end
        end
    end
end
```

Crea un objeto de esta clase:

```
hobj1 = HdClass(8)
```

Como esta sentencia no termina con punto y coma, MATLAB muestra información sobre el objeto:

```
hobj1 =

  HdClass with properties:

    Data: 8
```

La variable `hobj1` es un manejador que hace referencia al objeto creado. Copiando `hobj1` en `hobj2` se obtiene otro manejador que hace referencia al mismo objeto:

```
hobj2 = hobj1
hobj2 =

    HdClass with properties:

    Data: 8
```

Como los manejadores hacen referencia al objeto, al copiar un manejador se copia el manejador a un nuevo nombre de variable, pero el manejador sigue haciendo referencia al mismo objeto. Por ejemplo, dado que `hobj1` es un objeto manejador con la propiedad `Datos`:

```
hobj1.Data
ans =

    8
```

Cambia el valor de la propiedad `Datos` de `hobj1` y también cambiará el valor de la propiedad `Datos` del objeto copiado:

```
hobj1.Data = 5;
hobj2.Data
ans =

    5
```

Como `hobj2` y `hobj1` son manejadores del mismo objeto, al cambiar la copia, `hobj2,` también cambian los datos a los que accedes a través del manejador `hobj1`:

```
hobj2.Data = 17;
hobj1.Data
ans =

    17
```

Reasignación de variables

Reasignar una variable manejador produce el mismo resultado que reasignar cualquier variable MATLAB. Cuando creas un objeto y lo asignas a `hobj1`:

```
hobj1 = HdClass(3.14);
```

`hobj1`hace referencia al nuevo objeto, no al mismo objeto referenciado anteriormente (y al que sigue haciendo referencia`hobj2`) .

Borrar variables

Cuando borras un manejador del espacio de trabajo, MATLAB elimina la variable, pero no elimina el objeto al que hace referencia el otro manejador. Sin embargo, si no hay referencias a un objeto, MATLAB destruye el objeto.

Dados `hobj1` y `hobj2` , que hacen referencia al mismo objeto, puedes borrar cualquiera de los dos manejadores sin afectar al objeto:

```
hobj1.Data = 2^8;

clear hobj1

hobj2

hobj2 =

  HdClass with properties:

  Data: 256
```

Si borras tanto `hobj1` como `hobj2,` ya no hay referencias al objeto. MATLAB destruye el objeto y libera la memoria utilizada por ese objeto.

Borrar objetos

Para eliminar un objeto referenciado por cualquier número de manejadores, utiliza borrar. Dados `hobj1` y `hobj2`, que hacen referencia al mismo objeto, borra cualquiera de los dos manejadores. MATLAB borra el objeto:

```
hobj1 = HdClass(8);

hobj2 = hobj1;

delete(hobj1)

hobj2

hobj2 =

  handle to deleted HdClass
```

Utiliza `clear` para eliminar la variable del área de trabajo.

Modificar objetos

Cuando pasas un objeto a una función, MATLAB pasa una copia del objeto al espacio de trabajo de la función. Si la función modifica el objeto, MATLAB sólo modifica la copia del objeto que está en el espacio de trabajo de la función. Las diferencias en el comportamiento de copia entre las clases manejador y valor son importantes en estos casos:

- Value object. La función debe devolver la copia modificada del objeto. Para modificar el objeto en el espacio de trabajo de quien llama, asigna la salida de la función a una variable del mismo nombre

- Handle object - La copia en el área de trabajo de la función se refiere al mismo objeto. Por tanto, la función no tiene que devolver la copia modificada.

Comprobación de la clase de asa o valor

Para determinar si un objeto es un objeto asa, utiliza la función `isa`. Si `obj` es un objeto de alguna clase, esta sentencia determina si `obj` es un asa:

```
isa(obj,'handle')
```

Por ejemplo, la clase `containers.Map` crea un objeto asa:

```
hobj = containers.Map({'Red Sox','Yankees'},{'Boston','New York'});
isa(hobj,'handle')
ans =

    1
```

`hobj` también es un objeto `containers.Map` :

```
    isa(hobj,'containers.Map')

ans =

    1
```

La consulta de la clase de `hobj` muestra que es un objeto `containers.Map`:

```
class(hobj)
ans =

containers.Map
```

La función `clase` devuelve la clase concreta de un objeto.

Indexación

Puedes acceder a las propiedades de una capa en la arquitectura de la red indexando en el vector de capas y utilizando la notación de puntos. Por ejemplo, una capa de entrada de imagen es la primera capa de una red neuronal convolucional. Para acceder a la propiedad `InputSize` de la capa de entrada de imagen, utiliza `layers(1).InputSize`.

Ejemplos:

Construir una arquitectura de red

Define una arquitectura de red neuronal convolucional para clasificación, con una sola capa convolucional, una capa ReLU y una capa totalmente conectada.

```
cnnarch = [
        imageInputLayer([28 28 3])
        convolution2dLayer([5 5],10)
        reluLayer()
        fullyConnectedLayer(10)
        softmaxLayer()
        classificationLayer()
                ];
```

También puedes crear las capas individualmente y luego concatenarlas.

```
input = imageInputLayer([28 28 3]);
conv = convolution2dLayer([5 5],10);
relu = reluLayer();
fcl = fullyConnectedLayer(10);
sml = softmaxLayer();
col = classificationLayer();
cnnarch = [input;conv;relu;fcl;sml;col];
```

cnnarch es un vector de capas de 6 por 1.

Muestra la clase de este vector de capas.

```
class (cnnarch)

nnet.cnn.layer.Layer
```

cnnarch is a Layer object.

Acceder a capas y propiedades en una matriz de capas

Define una arquitectura de red neuronal convolucional para clasificación, con una sola capa convolucional, una capa ReLU y una capa totalmente conectada.

```
layers = [imageInputLayer([28 28 3])
        convolution2dLayer([5 5],10)
        reluLayer()
        fullyConnectedLayer(10)
        softmaxLayer()
        classificationLayer()];
```

Muestra la capa de entrada de la imagen.

```
layers(1)

ans =

  ImageInputLayer with properties:

               Name: ''
          InputSize: [28 28 3]
   DataAugmentation: 'none'
      Normalization: 'zerocenter'
```

Extrae el tamaño de entrada.

```
layers(1).InputSize

ans =

    28    28     3
```

Muestra el paso de la capa convolucional.

```
layers(2).Stride

ans =

     1     1
```

Accede al factor de velocidad de aprendizaje del sesgo para la capa totalmente conectada.

```
layers(4).BiasLearnRateFactor

ans =

     1
```

Crear una arquitectura de red neuronal convolucional típica

Crea una red neuronal convolucional de clasificación con dos capas convolucionales y dos capas totalmente conectadas. Disminuye la muestra de las capas convolucionales utilizando la agrupación máxima con regiones de agrupación no solapadas de 2 en 2. Utiliza una unidad lineal rectificada como función de activación no lineal para las capas convolucionales y la capa totalmente conectada. Utiliza la normalización de respuesta local para las dos primeras capas convolucionales. La primera capa convolucional tiene 12 filtros de 4 por 3 y la segunda capa convolucional tiene 16 filtros de 5 por 5. La primera capa totalmente conectada tiene 100 neuronas. Supongamos que los datos de entrada son imágenes grises de tamaño 28 por 28, y que hay 10 clases. Asigna un nombre a cada capa.

```
layers = [imageInputLayer([28 28
1],'Normalization','none','Name','input1')
        convolution2dLayer([4
3],12,'NumChannels',1,'Name','conv1')
        reluLayer('Name','relu1')
        crossChannelNormalizationLayer(4,'Name','cross1')
        maxPooling2dLayer(2,'Stride',2,'Name','max1')
        convolution2dLayer(5,16,'NumChannels',12,'Name','conv2')
        reluLayer('Name','relu2');
        crossChannelNormalizationLayer(4,'Name','cross2')
        maxPooling2dLayer(2,'Stride',2,'Name','max2')
        fullyConnectedLayer(256,'Name','full1')
        reluLayer('Name','relu4')
        fullyConnectedLayer(10,'Name','full2')
        softmaxLayer('Name','softm')
        classificationLayer('Name','out')];
```

3.3 ENTRENAMIENTO DE REDES. CLASES

MATLAB tiene las siguientes clases:

SeriesNetwork	Series network class
TrainingOptionsSGDM	Training options for stochastic gradient descent with momentum

3.3.1 Clase de red en serie: SeriesNetwork

Descripción

Una clase de red en serie que contiene las capas de la red entrenada. Una red en serie es una red con capas dispuestas una detrás de otra. Hay una sola entrada y una sola salida.

Construcción

`trainedNet = trainNetwork(X,Y,layers,options)` returns a trained network. `trainedNet` is a `SeriesNetwork` object.

Para más información sobre el entrenamiento de una red neuronal convolucional, consulta `trainNetwork` .

Input Arguments

X — Images: 4-D numeric array

Y — Class labels: array of categorical responses

`layers` — An array of network layers: `Layer` object

`options` — Training options object

Methods

activations	Compute network layer activations
classify	Classify data using a trained network
predict	Predict responses using a trained network

Semántica de la copia

Valor. Para saber cómo afectan las clases de valor a las operaciones de copia, consulta la clase anterior.

Ejemplos: Construir y entrenar una red neuronal convolucional

Carga los datos de la muestra.

```
[XTrain,TTrain] = digitTrain4DArrayData;
```

`digitTrain4DArrayData` carga el conjunto de entrenamiento de dígitos como datos de matriz 4-D. `XTrain` es una matriz de 28 por 28 por 1 por 4940, donde 28 es la altura y 28 la anchura de las imágenes. 1 es el número de canales y 4940 es el número de imágenes sintéticas de dígitos manuscritos. `TTrain` es un vector categórico que contiene las etiquetas de cada observación.

Construye la arquitectura de la red neuronal convolucional.

```
layers = [imageInputLayer([28 28 1]);
          convolution2dLayer(5,20);
          reluLayer();
          maxPooling2dLayer(2,'Stride',2);
          fullyConnectedLayer(10);
          softmaxLayer();
          classificationLayer()];
```

Establece las opciones por defecto para el descenso estocástico del gradiente con impulso.

```
options = trainingOptions('sgdm');
```

Entrena la red.

```
net = trainNetwork(XTrain,TTrain,layers,options);
```

Epoch	Iteration	Time Elapsed (seconds)	Mini-batch Loss	Mini-batch Accuracy	Base Learning Rate
2	50	0.42	2.2301	47.66%	0.010000
3	100	0.83	0.9880	75.00%	0.010000
4	150	1.26	0.5558	82.03%	0.010000
6	200	1.68	0.4023	89.06%	0.010000
7	250	2.10	0.3750	88.28%	0.010000
8	300	2.53	0.3368	91.41%	0.010000
10	350	2.95	0.2589	96.09%	0.010000
11	400	3.38	0.1396	98.44%	0.010000
12	450	3.80	0.1802	96.09%	0.010000
14	500	4.22	0.0892	99.22%	0.010000
15	550	4.66	0.1221	96.88%	0.010000
16	600	5.08	0.0961	98.44%	0.010000
18	650	5.51	0.0857	99.22%	0.010000
19	700	5.93	0.0651	100.00%	0.010000
20	750	6.35	0.0582	98.44%	0.010000
22	800	6.77	0.0808	98.44%	0.010000
23	850	7.19	0.0521	99.22%	0.010000
24	900	7.61	0.0248	100.00%	0.010000
25	950	8.04	0.0241	100.00%	0.010000
27	1000	8.46	0.0253	100.00%	0.010000
28	1050	8.89	0.0260	100.00%	0.010000
29	1100	9.31	0.0246	100.00%	0.010000

Ejecuta la red entrenada en un conjunto de prueba y predice las etiquetas de las imágenes (dígitos).

```
[XTest,TTest]= digitTest4DArrayData;
YTest = classify(net,XTest);
```

Calcula la precisión.

```
accuracy = sum(YTest == TTest)/numel(TTest)

    0.9929
```

Consejos

*   Un modelo de red neuronal convolucional guardado con R2016a sólo puede cargarse con una GPU, porque en R2016a los parámetros aprendibles se almacenan como `gpuArrays`. Una vez cargado el modelo, puedes volver a guardarlo en R2016b. Esto guarda los parámetros aprendibles como matrices de MATLAB. A continuación, puedes cambiar el entorno de ejecución a CPU mientras ejecutas la red.

3.3.2 Opciones de entrenamiento para el descenso de gradiente estocástico con impulso. TrainingOptionsSGDM

Descripción

Clase que comprende opciones de entrenamiento como la información sobre el ritmo de aprendizaje, el factor de regularización L2 y el tamaño del minilote para el descenso de gradiente estocástico con impulso.

Construcción

```
options = trainingOptions(solverName)
```

devuelve un conjunto de opciones de entrenamiento para el solucionador especificado por `solverName`.

```
options = trainingOptions(solverName,Name,Value)
```

Devuelve un conjunto de opciones de entrenamiento, con opciones adicionales especificadas por uno o más argumentos del par `Nombre,Valor`.

Input Arguments

`solverName` — Solver to use for training the network (default) | `'sgdm'`

Properties

`Momentum` — Contribution of the previous gradient step a scalar value from 0 to 1

`InitialLearnRate` — Initial learning rate a scalar value

`LearnRateScheduleSettings` — Settings for learning rate schedule, specified by the user structure

`L2Regularization` — Factor for L2 regularizer scalar value

`MaxEpochs` — Maximum number of epochs an integer value

`MiniBatchSize` — Size of the mini-batch an integer value

`Verbose` — Indicator to display the information on the training progress 1 (default) | 0

Semántica de la copia

Valor. Para saber cómo afectan las clases de valor a las operaciones de copia, consulta la documentación de las clases anteriores.

Ejemplos. Especificar opciones de entrenamiento

Crea un conjunto de opciones para entrenar con el descenso en gradiente estocástico con impulso. La tasa de aprendizaje se reducirá en un factor de 0,2 cada 5 épocas. El entrenamiento durará 20 épocas, y cada iteración utilizará un minilote con 300 observaciones.

```
options = trainingOptions('sgdm',...
     'LearnRateSchedule','piecewise',...
     'LearnRateDropFactor',0.2,...
     'LearnRateDropPeriod',5,...
     'MaxEpochs',20,...
     'MiniBatchSize',300);
```

3.4 CONSTRUIR LA ARQUITECTURA DE RED. CAPAS

MATLAB tiene las siguientes clases:

ImageInputLayer	Image input layer
Convolution2DLayer	Convolutional layer
ReLULayer	Rectified Linear Unit (ReLU) layer
CrossChannelNormalizationLayer	Channel-wise local response normalization layer
AveragePooling2DLayer	Average pooling layer object
MaxPooling2DLayer	Max pooling layer
FullyConnectedLayer	Fully connected layer
DropoutLayer	Dropout layer
SoftmaxLayer	Softmax layer
ClassificationOutputLayer	Classification output layer

3.4.1 Clase ImageInputLayer

Descripción

Clase de capa de entrada de imagen que contiene el tamaño de entrada, la transformación de datos y el nombre de la capa.

Construcción

```
inputlayer = imageInputLayer(inputSize)
```

devuelve una capa de entrada de imagen.

```
inputlayer = imageInputLayer(inputSize, Name,Value)
```

devuelve una capa de entrada de imagen, con opciones adicionales especificadas por uno o más argumentos del par Nombre,Valor.

Para más información sobre los argumentos del par nombre-valor, consulta imageInputLayer .

Input Arguments

inputSize — Size of input data row vector of two or three integer numbers

Properties

inputSize — Size of input data row vector of three integer numbers

DataAugmentation — Data augmentation transforms 'none' (default) | 'randcrop' | 'randfliplr' | cell array of 'randcrop' and 'randfliplr'

Normalization — Data transformation 'zerocenter' (default) | 'none'

Name — Layer name '' (default) | character vector

Ejemplos: Crear y Mostrar Capa de Entrada de Imagen

Crea una capa de entrada de imágenes para imágenes en color de 28 por 28. Especifica que el software voltee las imágenes de izquierda a derecha en el momento del entrenamiento con una probabilidad de 0,5.

```
inputlayer = imageInputLayer([28 28
3],'DataAugmentation','randfliplr');

inputlayer =

    ImageInputLayer with properties:

                  Name: ''
             InputSize: [28 28 3]
      DataAugmentation: 'randfliplr'
         Normalization: 'zerocenter'
```

Muestra el tamaño de entrada.

```
inputlayer.InputSize

ans =

    28    28     3
```

3.4.2 Clase Convolution2DLayer

Descripción

Una clase de capa convolucional que contiene el tamaño del filtro, el número de canales, el nombre de la capa, los pesos y los datos de sesgo.

Construcción

```
convlayer = convolutional2dLayer(filterSize,numFilters)
```
devuelve una capa para la convolución 2D.

```
convlayer =
convolutional2dLayer(filterSize,numFilters,Name,Value)
```
devuelve la capa convolucional, con opciones adicionales especificadas por uno o más argumentos Nombre,Par de valores.

Argumentos de entrada

filterSize · - Altura y anchura de los filtros valor entero | vector de dos valores enteros

numFilters - Número de filtros valor entero

Propiedades

Stride - - Tamaño del paso para recorrer la entrada [1 1] (por defecto) | vector de dos valores escalares

Padding - Tamaño del relleno cero aplicado a los bordes de la entrada [0 0] (por defecto) | vector de dos valores escalares

NumChannels - Número de canales para cada filtro "auto" (por defecto) | valor entero

Weights - La matriz 4-D de pesos de capa

Bias - La capa sesga la matriz 3D

WeightLearnRateFactor - Factor de tasa de aprendizaje para pesos valor escalar

WeightL2Factor · - Factor de regularización L2 para pesos valor escalar

BiasLearnRateFactor - Factor de tasa de aprendizaje para sesgos valor escalar

BiasL2Factor - Factor de regularización L2 para el valor escalar de los sesgos

Name - Nombre de la capa ' ' (por defecto) | vector de caracteres

Ejemplos Crear capa convolucional

Crea una capa convolucional con 96 filtros que tengan una altura y una anchura de 11, y utiliza un stride (tamaño de paso) de 4 en las direcciones horizontal y vertical.

```
convlayer = convolution2dLayer(11,96,'Stride',4)

convlayer =

  Convolution2DLayer with properties:

                     Name: ''
               FilterSize: [11 11]
              NumChannels: 'auto'
               NumFilters: 96
                   Stride: [4 4]
                  Padding: [0 0]
                  Weights: []
                     Bias: []
      WeightLearnRateFactor: 1
             WeightL2Factor: 1
        BiasLearnRateFactor: 1
              BiasL2Factor: 0
```

Puedes mostrar cualquiera de las propiedades por separado indexando en el objeto. Por ejemplo, mostrar el tamaño del filtro.

```
convlayer.FilterSize

ans =

    11    11
```

3.4.3 Clase ReLULayer

Descripción

Una clase de capa de unidad lineal rectificada (ReLU) que contiene el nombre de la capa. Una capa ReLU realiza una operación de umbral, en la que cualquier valor de entrada inferior a cero se establece en cero, es decir

$$f(x) = \begin{cases} x, & x \geq 0 \\ 0, & x < 0 \end{cases}.$$

Construcción

```
layer = relu()
```

devuelve una capa ReLU.

```
layer = reluLayer(Name,Value)
```

devuelve una capa ReLU, con la opción adicional especificada por el argumento par `Nombre,Valor`.

Propiedades

`Name` - Nombre de la capa '' (por defecto) | vector de caracteres

Nombre de la capa, almacenado como un vector de caracteres. Si `Nombre` está configurado como `''`, el software asigna automáticamente un nombre en el momento del entrenamiento.

Tipos de datos: char

Ejemplos: Crear capa ReLU con nombre especificado

Crea una capa de unidad lineal rectificada con el nombre `relu1`.

```
layer = reluLayer('Name','relu1');
```

3.4.4 Clase CrossChannelNormalizationLayer

Descripción

Clase de capa de normalización de la respuesta local por canales que contiene el tamaño de la ventana del canal, los hiperparámetros para la normalización y el nombre de la capa.

Construcción

```
localnormlayer = crossChannelNormalizationLayer(windowChannelSize)
```

devuelve una capa de normalización de respuesta local, que lleva a cabo la normalización por canales [1].

```
localnormlayer =
crossChannelNormalizationLayer(windowChannelSize,Name,Value)
```
devuelve una capa de normalización de respuesta local, con opciones adicionales especificadas por uno o más argumentos del par `Nombre,Valor`.

Argumentos de entrada

`windowChannelSize` — The size of the channel window
positive integer

Propiedades

`windowChannelSize` — The size of the channel window positive integer

`Alpha` — α hyperparameter in the normalization scalar value

`Beta` — β hyperparameter in the normalization 0.75 (default) | scalar value

`K` — K hyperparameter in the normalization 2 (default) | scalar value

`Name` — Layer name '' (default) | character vector

Ejemplos: Crear capa de normalización de respuesta local

Crea una capa de normalización de respuesta local para la normalización por canales, en la que se utilizará una ventana de 5 canales para normalizar cada elemento, y la constante aditiva del normalizador es 1.

```
localnormlayer = crossChannelNormalizationLayer(5,'K',1);

localnormlayer =

  CrossChannelNormalizationLayer with properties:

    WindowChannelSize: 5
                Alpha: 1.0000e-04
                 Beta: 0.7500
                    K: 1
                 Name: ''
```

3.4.5 Clase AveragePooling2DLayer

Descripción

Clase de capa de agrupación de promedios que contiene el tamaño de la agrupación, el tamaño de la zancada, el relleno y el nombre de la capa. Una capa de agrupación de medias realiza un muestreo descendente dividiendo la entrada en regiones de agrupación rectangulares y calculando la media de cada región. Devuelve las medias de las regiones de agrupación. El tamaño de las regiones de agrupación viene determinado por el argumento tamaño de agrupación de la función `averagePooling2dLayer` .

Construcción

```
avgpoollayer = averagePooling2dLayer(poolSize)
```

Crea una capa que realiza la agrupación de medias. `poolSize` especifica las dimensiones de la región rectangular.

```
avgpoollayer  = averagePooling2dLayer(poolSize,  Name,Value)
```

Crea la capa de agrupación media, con opciones adicionales especificadas por uno o más argumentos del par `Name,Value` .

Para más detalles, consulta `averagePooling2dLayer`.

Input Arguments

`poolSize` — **Height and width of pooling región scalar value** | vector of two scalar values

Properties

`PoolSize` — **Height and width of pooling región scalar** | vector of two scalar values

`Stride` — **Step size for traversing input** `[1 1]` (default) | vector of two scalar values

`Padding` — **Size of zero padding applied to borders of input** `[0 0]` (default) | vector of two scalar values

`Name` — **Layer name** `''` (default) | character vector

Ejemplos:

Capa de agrupación media con regiones de agrupación no superpuestas

Crea una capa de agrupación de medias con regiones de agrupación no solapadas. Configura la capa para que reduzca la muestra en un factor de 2.

```
avgpoollayer = averagePooling2dLayer(2,'Stride',2)

avgpoollayer =

  AveragePooling2DLayer with properties:

    PoolSize: [2 2]
      Stride: [2 2]
     Padding: [0 0]
        Name: ''
```

La altura y la anchura de la región rectangular (tamaño de la agrupación) son 2. Esta capa crea regiones de agrupación de tamaño [2 2] y toma la media de los cuatro elementos de cada región. Como el tamaño del paso para recorrer las imágenes vertical y horizontalmente (paso) también es [2 2], las regiones de agrupación no se solapan.

Capa de agrupación media con regiones de agrupación superpuestas

Crea una capa de agrupación media con regiones de agrupación superpuestas. Añade relleno para la parte superior e inferior de la entrada.

```
avgpoollayer = averagePooling2dLayer([3 2],'Stride',2,...
    'Padding',[1 0],'Name','avg1')

avgpoollayer =

  AveragePooling2DLayer with properties:

      PoolSize: [3 2]
        Stride: [2 2]
       Padding: [1 0]
          Name: 'avg1'
```

La altura y la anchura de la región rectangular (tamaño de la agrupación) son 3 y 2. Esta capa crea regiones de agrupación de tamaño [3 2] y toma la media de los seis elementos de cada región. Como el tamaño del paso (stride) es [2 2], las regiones de agrupación se solapan.

Un valor de 1 para el par nombre-valor `Relleno` indica que `averagepooling2dlayer` también añade una fila de ceros a la parte superior e inferior de los datos de entrada. 0 indica que no se añade ningún relleno a la derecha y a la izquierda de los datos de entrada.

Puedes mostrar cualquiera de las propiedades utilizando la notación de puntos. Muestra el nombre de la capa.

```
avgpoollayer.Name

ans =

avg1
```

3.4.6 Clase MaxPooling2DLayer

Descripción

Clase de capa de agrupamiento máximo que contiene el tamaño del agrupamiento, el tamaño de la zancada, el relleno y el nombre de la capa. Una capa de agrupación máxima realiza un muestreo descendente dividiendo la entrada en regiones de agrupación rectangulares y calculando el máximo de cada región. El tamaño de las regiones de agrupación viene determinado por el argumento `tamaño de agrupación` de la función `maxPooling2dLayer`.

Construcción

```
maxpoollayer = maxPooling2dLayer(poolSize)
```

devuelve una capa que realiza una agrupación máxima, que consiste en dividir la entrada en regiones rectangulares y devolver el máximo de cada región. poolSize especifica las dimensiones de una región de agrupación.

```
maxpoollayer = maxPooling2dLayer(poolSize,Name,Value)
```

devuelve la capa de agrupación máxima, con opciones adicionales especificadas por uno o más argumentos del par Name,Value .

Para más detalles sobre los argumentos del par nombre-valor, consulta maxPooling2dLayer.

Input Arguments

poolSize — Height and width of pooling región scalar value | vector of two scalar values

Properties

PoolSize — Height and width of pooling región scalar | vector of two scalar values

Stride — Step size for traversing input [1 1] (default) | vector of two scalar values

Padding — Size of the padding applied to the borders of the input
[0,0] (default) | vector of two scalar values

Name — Layer name '' (default) | character vector

Ejemplos:

Capa de agrupación máxima con regiones de agrupación no superpuestas

Crea una capa de maxpooling con regiones de pooling no solapadas, que reduzca la muestra en un factor 2.

```
maxpoollayer = maxPooling2dLayer(2,'Stride',2);

maxpoollayer =

  MaxPooling2DLayer with properties:

    PoolSize: [2 2]
      Stride: [2 2]
     Padding: [0 0]
        Name: ''
```

La altura y la anchura de la región rectangular (tamaño de la agrupación) son 2. Esta capa crea regiones de agrupación de tamaño [2 2] y devuelve el máximo de los cuatro elementos de cada región. Como el tamaño del paso para recorrer las imágenes vertical y horizontalmente (paso) también es [2 2], las regiones de agrupación no se solapan.

Capa de agrupación máxima con regiones de agrupación superpuestas

Crea una capa de agrupación máxima con regiones de agrupación superpuestas. Añade también relleno para la parte superior e inferior de la entrada.

```
maxpoollayer = maxPooling2dLayer([3 2],'Stride',2,...
    'Padding',[1 0],'Name','max1');

maxpoollayer =

  MaxPooling2DLayer with properties:

    PoolSize: [3 2]
      Stride: [2 2]
     Padding: [1 0]
        Name: 'max1'
```

La altura y la anchura de la región rectangular (tamaño de la agrupación) son 3 y 2. Esta capa crea regiones de agrupación de tamaño [3 2] y devuelve el máximo de los seis elementos de cada región. Como el tamaño del paso para recorrer las imágenes vertical y horizontalmente (paso) es [2 2], las regiones de agrupación se solapan.

1 en el valor del par nombre-valor Relleno indica que el software también añade relleno a la parte superior e inferior de los datos de entrada. 0 indica que no se añade ningún relleno a la derecha y a la izquierda de los datos de entrada.

Puedes mostrar cualquiera de las propiedades indexando en el objeto. Muestra el nombre de la capa.

```
maxpoollayer.Name

ans =

max1
```

3.4.7 Clase FullyConnectedLayer

Descripción

Una clase de capa totalmente conectada que contiene el tamaño de entrada y salida, el nombre de la capa y los datos de pesos y sesgo.

Construcción

```
fullconnectlayer = fullyConnectedLayer(outputSize)
```

devuelve una capa totalmente conectada, en la que el software multiplica la entrada por una matriz y luego añade un vector de sesgo.

```
fullconnectlayer = fullyConnectedLayer(outputSize,Name,Value)
```

devuelve la capa totalmente conectada, con opciones adicionales especificadas por uno o más argumentos del par Nombre,Valor.

Para más detalles sobre los argumentos del par nombre-valor, consulta `fullyConnectedLayer`.

Input Arguments

`outputSize` — Size of output for fully connected layer integer value

Properties

`InputSize` — Layer input size a positive integer | `'auto'`

`OutputSize` — Layer output size a positive integer

`Weights` — Layer weights `OutputSize`-by-`InputSize` matrix

`Bias` — Layer biases `OutputSize`-by-1 matrix

`WeightLearnRateFactor` — Learning rate factor for weights scalar value

`WeightL2Factor` — L2 regularization factor for weights scalar value

`BiasLearnRateFactor` — Learning rate factor for biases scalar value

`BiasL2Factor` — L2 regularization factor for biases scalar value

`Name` — Layer name '' (default) | character vector

Ejemplos: Crear capa totalmente conectada

Crea una capa totalmente conectada con un tamaño de salida de 10.

```
fullclayer = fullyConnectedLayer(10)

    fullclayer =

        FullyConnectedLayer with properties:

                        Weights: []
                           Bias: []
           WeightLearnRateFactor: 1
                 WeightL2Factor: 1
             BiasLearnRateFactor: 1
                     BiasL2Factor: 0
                      InputSize: 'auto'
                     OutputSize: 10
                           Name: ''
```

El software determina el tamaño de la entrada e inicializa los pesos y el sesgo en el momento del entrenamiento.

3.4.8 Clase DropoutLayer

Descripción

Una clase de capa de abandono que contiene la probabilidad de abandonar elementos de entrada y el nombre de la capa. La capa de abandono sólo se utiliza durante el entrenamiento.

Construcción

```
droplayer = dropoutLayer()
```

devuelve una capa de abandono, que aleatoriamente pone a cero los elementos de entrada con una probabilidad de 0,5. El abandono puede ayudar a evitar el sobreajuste.

```
droplayer = dropoutLayer(probability)
```

devuelve una capa de abandono, que aleatoriamente pone a cero los elementos de entrada con una probabilidad especificada por el argumento probabilidad.

```
droplayer = dropoutLayer(__, Name,Value)
```

devuelve la capa de abandono, con la opción adicional especificada por el argumento par Nombre,Valor.

Input Arguments

probability — **Probability for dropping out input elements 0.5 (default) | a scalar value in the range 0 to 1**

Properties

Probability — **Probability for dropping input elements with a scalar value**

Name — **Layer name '' (default) | character vector**

Definiciones: Capa de abandono

Una capa de abandono pone a cero aleatoriamente los elementos de entrada de una capa con una probabilidad determinada.

Esto corresponde a eliminar temporalmente de la red una unidad elegida al azar y todas sus conexiones durante el entrenamiento. Así, para cada nuevo elemento de entrada, el software selecciona aleatoriamente un subconjunto de neuronas, formando así una arquitectura de capas diferente. Estas arquitecturas utilizan pesos comunes, pero como el aprendizaje no depende de neuronas y conexiones concretas, la capa de abandono puede ayudar a evitar el sobreajuste.

Ejemplos: Crear una capa de abandono

Crea una capa de abandono, que aleatoriamente ponga a cero alrededor del 40% de la entrada. Nombra la capa como abandono1.

```
droplayer = dropoutLayer(0.4,'Name','dropout1')

droplayer =

  DropoutLayer with properties:

    Probability: 0.4000
           Name: 'dropout1'
```

3.4.9 Clase SoftmaxLayer

Descripción

Una capa softmax, que utiliza la función de activación softmax. Para un problema de clasificación con más de 2 clases, la función softmax es:

$$P(c_r|x) = \frac{P(x|c_r)P(c_r)}{\sum_{j=1}^{k} P(x|c_j)P(c_j)} = \frac{\exp(a_r)}{\sum_{j=1}^{k} \exp(a_j)},$$

$$a_r = \ln\left(P(x|c_r)P(c_r)\right), \ P(x|c_r)$$

$P(x|c_r)$ is the conditional probability of the sample given class r, and $P(c_r)$ is the class prior probability

Construcción

```
smlayer = softmaxLayer()
```

a capa softmax para problemas de clasificación.

```
smlayer = softmaxLayer('Name',layername)
```

devuelve una capa softmax, con la opción adicional especificada por el par de argumentos `'Name'`,`layername`name-value .

Propiedades

`Name` — **Layer name** `''` (default) | character vector

Ejemplo: Crear una capa Softmax con el nombre especificado

Crea una capa softmax con el nombre `sml1`.

```
smlayer = softmaxLayer('Name','sml1');
```

3.4.10 Clase ClassificationOutputLayer

Descripción

La capa de salida de clasificación, que contiene el nombre de la función de pérdida que se utiliza para entrenar la red, el tamaño de la salida y las etiquetas de clase.

Construcción

```
classoutputlayer = classificationLayer()
```

devuelve una capa de salida de clasificación para una red neuronal.

```
classoutputlayer = classificationLayer(Name,Value)
```

devuelve la capa de salida de la clasificación, con la opción adicional especificada por el argumento par Nombre,Valor.

Properties

OutputSize — Size of output scalar value

LossFunction — Loss function for training 'crossentropyex'

ClassNames — Names of clases empty cell array (before training) | cell array of class names (after training)

Name — Layer name '' (default) | character vector

Ejemplos: Crear capa de salida de clasificación

Crea una capa de salida de clasificación con el nombre 'coutput'.

```
coutputlayer = classificationLayer('Name','coutput')

coutputlayer =

  ClassificationOutputLayer with properties:

     OutputSize: 'auto'
   LossFunction: 'crossentropyex'
     ClassNames: {}
           Name: 'coutput'
```

Definiciones: Función de entropía cruzada para k clases mutuamente excluyentes

En los problemas de clasificación multiclase, el programa asigna cada entrada a una de las k clases mutuamente excluyentes. La función de pérdida (error) para este caso es la función de entropía cruzada para un esquema de codificación *1-de-k* :

$$E(\theta) = -\sum_{i=1}^{n} \sum_{j=1}^{k} t_{ij} \ln y_j(x_i, \theta),$$

where θ is the parameter vector, t_{ij} is the indicator that the ith sample belongs to the jth class and $y_j(x_i, \theta)$ is the output for sample i. The output $y_j(x_i, \theta)$ can be interpreted as the probability that the network associates the ith input with class j, i.e., $P(t_j = 1 | x_i)$

La función de activación de la unidad de salida es la función softmax:

$$y_r(x, \theta) = \frac{\exp(a_r(x, \theta))}{\sum_{j=1}^{k} \exp(a_j(x, \theta))},$$

where $0 \leq y_r \leq 1$ and $\sum_{j=1}^{k} y_j = 1$.

Capítulo 4

CLASIFICACIÓN DE CATEGORÍAS DE IMÁGENES MEDIANTE APRENDIZAJE PROFUNDO

4.1 VISIÓN GENERAL

Una Red Neuronal Convolucional (CNN) es una potente técnica de aprendizaje automático del campo del aprendizaje profundo. Las CNN se entrenan utilizando grandes colecciones de imágenes diversas. A partir de estas grandes colecciones, las CNN pueden aprender ricas representaciones de características para una amplia gama de imágenes. Estas representaciones de características a menudo superan a las características elaboradas a mano, como HOG, LBP o SURF. Una forma sencilla de aprovechar la potencia de las CNN, sin invertir tiempo y esfuerzo en el entrenamiento, es utilizar una CNN preentrenada como extractor de características.

En este ejemplo, las imágenes de Caltech 101 se clasifican en categorías utilizando una SVM lineal multiclase entrenada con características CNN extraídas de las imágenes. Este enfoque de la clasificación por categorías de imágenes sigue la práctica estándar de entrenar un clasificador estándar utilizando características extraídas de las imágenes. Por ejemplo, el ejemplo Clasificación de categorías de imágenes mediante bolsa de características utiliza características SURF dentro de un marco de bolsa de características para entrenar una SVM multiclase. La diferencia aquí es que, en lugar de utilizar características de imagen como HOG o SURF, las características se extraen utilizando una CNN. Y, como mostrará este ejemplo, el clasificador entrenado utilizando características CNN proporciona una precisión cercana al 100%, que es superior a la precisión conseguida utilizando bolsa de características y SURF.

Note: This example requires Computer Vision System Toolbox, Image Processing Toolbox, Neural Network Toolbox, Parallel Computing Toolbox, Statistics and Machine Learning Toolbox, and a CUDA-capable NVIDIA GPU with compute capability 3.0 or higher.

```
function DeepLearningImageClassificationExample
```

4.2 COMPRUEBA LOS REQUISITOS DEL SISTEMA

Se recomienda encarecidamente una GPU NVIDIA™ compatible con CUDA con capacidad de cálculo 3.0 o superior para ejecutar este ejemplo. Consulta el dispositivo GPU para comprobar si puede ejecutar este ejemplo:

```
% Get GPU device information
deviceInfo = gpuDevice;

% Check the GPU compute capability
computeCapability = str2double(deviceInfo.ComputeCapability);
assert(computeCapability > 3.0, ...
    'This example requires a GPU device with compute capability 3.0
or higher.')
```

4.3 DESCARGAR DATOS DE IMAGEN

El clasificador de categorías se entrenará con imágenes de Caltech 101. Caltech 101 es uno de los conjuntos de datos de imágenes más citados y utilizados, recopilado por Fei-Fei Li, Marco Andreetto y Marc 'Aurelio Ranzato.

```
% Download the compressed data set from the following location
url =
'http://www.vision.caltech.edu/Image_Datasets/Caltech101/101_Object
Categories.tar.gz';
% Store the output in a temporary folder
outputFolder = fullfile(tempdir, 'caltech101'); % define output
folder
```

Nota: El tiempo de descarga de los datos depende de tu conexión a Internet.

El siguiente conjunto de comandos utiliza MATLAB para descargar los datos y bloqueará MATLAB. Como alternativa, puedes utilizar tu navegador web para descargar primero el conjunto de datos a tu disco local. Para utilizar el archivo que has descargado de la web, cambia la variable 'outputFolder' anterior por la ubicación del archivo descargado.

```
if ~exist(outputFolder, 'dir') % download only once
    disp('Downloading 126MB Caltech101 data set...');
    untar(url, outputFolder);
end
```

4.4 CARGAR IMÁGENES

En lugar de operar con todo Caltech 101, lo que requiere mucho tiempo, utiliza tres de las categorías: aviones, ferry y ordenador portátil. El clasificador de categorías de imágenes se entrenará para distinguir entre estas seis categorías.

```
rootFolder = fullfile(outputFolder, '101_ObjectCategories');
categories = {'airplanes', 'ferry', 'laptop'};
```

Crea un ImageDatastore para ayudarte a gestionar los datos. Como ImageDatastore opera sobre las ubicaciones de los archivos de imagen, las imágenes no se cargan en memoria hasta que se leen, lo que lo hace eficiente para su uso con grandes colecciones de imágenes.

```
imds = imageDatastore(fullfile(rootFolder, categories),
'LabelSource', 'foldernames');
```

La variable imds contiene ahora las imágenes y las etiquetas de categoría asociadas a cada imagen. Las etiquetas se asignan automáticamente a partir de los nombres de carpeta de los archivos de imagen. Utiliza countEachLabel para resumir el número de imágenes por categoría.

```
tbl = countEachLabel(imds)

tbl =

    Label       Count
    _____    _____

    airplanes    800
    ferry         67
    laptop        81
```

Como el imds anterior contiene un número desigual de imágenes por categoría, primero vamos a ajustarlo, para que el número de imágenes del conjunto de entrenamiento esté equilibrado.

```
minSetCount = min(tbl{:,2}); % determine the smallest amount of
images in a category

% Use splitEachLabel method to trim the set.
imds = splitEachLabel(imds, minSetCount, 'randomize');

% Notice that each set now has exactly the same number of images.
countEachLabel(imds)

ans =

    Label       Count
    _____     _____

    airplanes   67
    ferry       67
    laptop      67
```

A continuación, puedes ver imágenes de ejemplo de tres de las categorías incluidas en el conjunto de datos.

```
% Find the first instance of an image for each category
airplanes = find(imds.Labels == 'airplanes', 1);
ferry = find(imds.Labels == 'ferry', 1);
laptop = find(imds.Labels == 'laptop', 1);

figure
subplot(1,3,1);
imshow(readimage(imds,airplanes))
subplot(1,3,2);
imshow(readimage(imds,ferry))
subplot(1,3,3);
imshow(readimage(imds,laptop))
```

4.5 DESCARGAR LA RED NEURONAL CONVOLUCIONAL (CNN) PREENTRENADA

Ahora que las imágenes están preparadas, tendrás que descargar un modelo CNN preentrenado para este ejemplo. Hay varias redes preentrenadas que han ganado popularidad. La mayoría de ellas se han entrenado en el conjunto de datos ImageNet, que tiene 1000 categorías de objetos y 1,2 millones de imágenes de entrenamiento[1]. "AlexNet" es uno de estos modelos y puede descargarse de MatConvNet[2,3]:

```
% Location of pre-trained "AlexNet"
cnnURL = 'http://www.vlfeat.org/matconvnet/models/beta16/imagenet-
caffe-alex.mat';
% Store CNN model in a temporary folder
cnnMatFile = fullfile(tempdir, 'imagenet-caffe-alex.mat');
```

Nota: El tiempo de descarga de los datos depende de tu conexión a Internet. El siguiente conjunto de comandos utiliza MATLAB para descargar los datos y bloqueará MATLAB. Como alternativa, puedes utilizar tu navegador web para descargar primero el conjunto de datos a tu disco local. Para utilizar el archivo que has descargado de la web, cambia la variable 'cnnMatFile' anterior por la ubicación del archivo descargado.

```
if ~exist(cnnMatFile, 'file') % download only once
    disp('Downloading pre-trained CNN model...');
    websave(cnnMatFile, cnnURL);
end
```

4.6 CARGAR CNN PREENTRENADA

El modelo CNN se guarda en el formato de MatConvNet [3]. Carga los datos de la red MatConvNet en convnet, un objeto SeriesNetwork de Neural Network Toolbox™, utilizando la función de ayuda helperImportMatConvNet. Un objeto SeriesNetwork puede utilizarse para inspeccionar la arquitectura de la red, clasificar nuevos datos y extraer activaciones de red de capas específicas.

```
% Load MatConvNet network into a SeriesNetwork
convnet = helperImportMatConvNet(cnnMatFile)

convnet =

  SeriesNetwork with properties:

    Layers: [23x1 nnet.cnn.layer.Layer]
```

`convnet.Layers` defines the architecture of the CNN.

```
% View the CNN architecture
convnet.Layers
```

ans =

23x1 Layer array with layers:

1	'input'	Image Input	227x227x3 images with 'zerocenter' normalization
2	'conv1'	Convolution	96 11x11x3 convolutions with stride [4 4] and padding [0 0]
3	'relu1'	ReLU	ReLU
4	'norm1'	Cross Channel Normalization	cross channel normalization with 5 channels per element
5	'pool1'	Max Pooling	3x3 max pooling with stride [2 2] and padding [0 0]
6	'conv2'	Convolution	256 5x5x48 convolutions with stride [1 1] and padding [2 2]
7	'relu2'	ReLU	ReLU
8	'norm2'	Cross Channel Normalization	cross channel normalization with 5 channels per element
9	'pool2'	Max Pooling	3x3 max pooling with stride [2 2] and padding [0 0]
10	'conv3'	Convolution	384 3x3x256 convolutions with stride [1 1] and padding [1 1]
11	'relu3'	ReLU	ReLU
12	'conv4'	Convolution	384 3x3x192 convolutions with stride [1 1] and padding [1 1]
13	'relu4'	ReLU	ReLU
14	'conv5'	Convolution	256 3x3x192 convolutions with stride [1 1] and padding [1 1]
15	'relu5'	ReLU	ReLU
16	'pool5'	Max Pooling	3x3 max pooling with stride [2 2] and padding [0 0]
17	'fc6'	Fully Connected	4096 fully connected layer
18	'relu6'	ReLU	ReLU
19	'fc7'	Fully Connected	4096 fully connected layer
20	'relu7'	ReLU	ReLU
21	'fc8'	Fully Connected	1000 fully connected layer
22	'prob'	Softmax	softmax
23	'classificationLayer'	Classification Output	cross-entropy with 'n01440764', 'n01443537', and 998 other classes

La primera capa define las dimensiones de entrada. Cada CNN tiene unos requisitos de tamaño de entrada diferentes. La utilizada en este ejemplo requiere una imagen de entrada de 227 x 227 x 3.

```
% Inspect the first layer
convnet.Layers(1)

ans =

  ImageInputLayer with properties:

              Name: 'input'
         InputSize: [227 227 3]

    Hyperparameters
      DataAugmentation: 'none'
         Normalization: 'zerocenter'
```

Las capas intermedias constituyen el grueso de la CNN. Se trata de una serie de capas convolucionales, intercaladas con unidades lineales rectificadas (ReLU) y capas de agrupamiento máximo [2]. Tras estas capas hay 3 capas totalmente conectadas.

La capa final es la capa de clasificación y sus propiedades dependen de la tarea de clasificación. En este ejemplo, el modelo CNN que se cargó se entrenó para resolver un problema de clasificación de 1000 clases. Por tanto, la capa de clasificación tiene 1000 clases del conjunto de datos ImageNet.

```
% Inspect the last layer
convnet.Layers(end)

% Number of class names for ImageNet classification task
numel(convnet.Layers(end).ClassNames)

ans =

    ClassificationOutputLayer with properties:

            Name: 'classificationLayer'
       ClassNames: {1000x1 cell}
       OutputSize: 1000

    Hyperparameters
      LossFunction: 'crossentropyex'


ans =

        1000
```

Ten en cuenta que el modelo CNN no se va a utilizar para la tarea de clasificación original. Se va a reutilizar para resolver una tarea de clasificación diferente en el conjunto de datos Caltech 101.

4.7 IMÁGENES PREPROCESADAS PARA LA CNN

Como ya se ha mencionado, `convnet` sólo puede procesar imágenes RGB de 227 por 227. Para evitar volver a guardar todas las imágenes de Caltech 101 en este formato, configura la función de lectura de imds, `imds.ReadFcn`, para preprocesar las imágenes sobre la marcha. Se llama a `imds.ReadFcn` cada vez que se lee una imagen del `ImageDatastore`.

```
% Set the ImageDatastore ReadFcn
imds.ReadFcn = @(filename)readAndPreprocessImage(filename);
```

Ten en cuenta que otros modelos CNN tendrán restricciones de tamaño de entrada diferentes, y pueden requerir otros pasos de preprocesamiento.

```
function Iout = readAndPreprocessImage(filename)

    I = imread(filename);

    % Some images may be grayscale. Replicate the image 3 times to
    % create an RGB image.
    if ismatrix(I)
        I = cat(3,I,I,I);
    end

    % Resize the image as required for the CNN.
    Iout = imresize(I, [227 227]);

    % Note that the aspect ratio is not preserved. In Caltech 101, the
    % object of interest is centered in the image and occupies a
    % majority of the image scene. Therefore, preserving the aspect
    % ratio is not critical. However, for other data sets, it may prove
    % beneficial to preserve the aspect ratio of the original image
    % when resizing.
end
```

4.8 PREPARAR LOS CONJUNTOS DE IMÁGENES DE ENTRENAMIENTO Y DE PRUEBA

Divide los conjuntos en datos de entrenamiento y datos de validación. Elige el 30% de las imágenes de cada conjunto para los datos de entrenamiento y el resto, el 70%, para los datos de validación. Aleatoriza la división para evitar sesgar los resultados. Los conjuntos de entrenamiento y de prueba serán procesados por el modelo CNN.

```
[trainingSet, testSet] = splitEachLabel(imds, 0.3, 'randomize');
```

4.9 EXTRAER CARACTERÍSTICAS DE ENTRENAMIENTO MEDIANTE CNN

Cada capa de una CNN produce una respuesta, o activación, a una imagen de entrada. Sin embargo, sólo hay unas pocas capas dentro de una CNN que sean adecuadas para la extracción de características de la imagen. Las capas del principio de la red capturan características básicas de la imagen, como bordes y manchas. Para ver esto, visualiza los pesos del filtro de red de la primera capa convolucional. Esto puede ayudar a construir una intuición de por qué las características extraídas de las CNN funcionan tan bien para las tareas de reconocimiento de imágenes. Ten en cuenta que visualizar los pesos de capas más profundas está fuera del alcance de este ejemplo. Puedes leer más sobre ello en el trabajo de Zeiler y Fergus [4].

```
% Get the network weights for the second convolutional layer
w1 = convnet.Layers(2).Weights;

% Scale and resize the weights for visualization
w1 = mat2gray(w1);
w1 = imresize(w1,5);

% Display a montage of network weights. There are 96 individual
sets of
% weights in the first layer.
figure
montage(w1)
title('First convolutional layer weights')
```

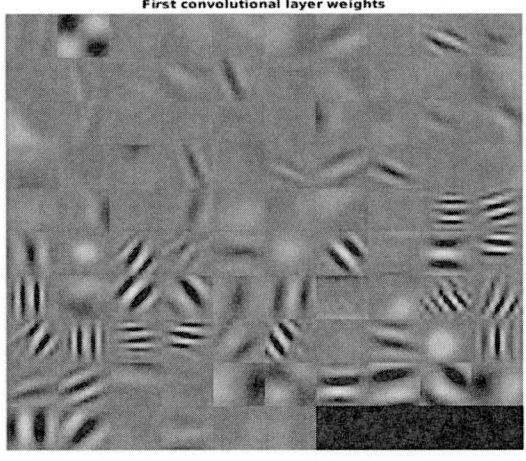

First convolutional layer weights

Observa cómo la primera capa de la red ha aprendido filtros para captar características de manchas y bordes. Estas características "primitivas" son procesadas después por capas más profundas de la red, que combinan las características primitivas para formar características de imagen de nivel superior. Estas características de nivel superior son más adecuadas para las tareas de reconocimiento, porque combinan todas las características primitivas en una representación de imagen más rica [5].

Puedes extraer fácilmente características de una de las capas más profundas utilizando el método de las activaciones. Elegir cuál de las capas profundas escoger es una opción de diseño, pero normalmente empezar por la capa situada justo antes de la capa de clasificación es un buen punto de partida. En convnet, esta capa se denomina "fc7". Vamos a extraer características de entrenamiento utilizando esa capa.

```
featureLayer = 'fc7';
trainingFeatures = activations(convnet, trainingSet, featureLayer,
...
    'MiniBatchSize', 32, 'OutputAs', 'columns');
```

Ten en cuenta que la función de activaciones utiliza automáticamente una GPU para el procesamiento si hay una disponible; de lo contrario, se utiliza una CPU. Debido al número de capas de AlexNet, es muy recomendable utilizar una GPU. Utilizar una CPU para ejecutar la red aumentará enormemente el tiempo que se tarda en extraer las características.

En el código anterior, el 'MiniBatchSize' se fija en 32 para garantizar que los datos de la CNN y de la imagen quepan en la memoria de la GPU. Puede que tengas que reducir el "MiniBatchSize" si tu GPU se queda sin memoria. Además, la salida de las activaciones se organiza en columnas. Esto ayuda a acelerar el entrenamiento SVM lineal multiclase que sigue.

4.10 ENTRENAR UN CLASIFICADOR SVM MULTICLASE UTILIZANDO CARACTERÍSTICAS CNN

A continuación, utiliza las características de imagen de la CNN para entrenar un clasificador SVM multiclase. Para el entrenamiento se utiliza un solver rápido de Descenso Gradiente Estocástico, ajustando el parámetro "Aprendices" de la función fitcecoc a "Lineal". Esto ayuda a acelerar el entrenamiento cuando se trabaja con vectores de características CNN de alta dimensión, cada uno de los cuales tiene una longitud de 4096.

```
% Get training labels from the trainingSet
trainingLabels = trainingSet.Labels;

% Train multiclass SVM classifier using a fast linear solver, and
set
% 'ObservationsIn' to 'columns' to match the arrangement used for
training
% features.
classifier = fitcecoc(trainingFeatures, trainingLabels, ...
    'Learners', 'Linear', 'Coding', 'onevsall', 'ObservationsIn',
'columns');
```

4.11 EVALUAR CLASIFICADOR

Repite el procedimiento utilizado anteriormente para extraer las características de la imagen del conjunto de prueba. Las características de prueba pueden pasarse al clasificador para medir la precisión del clasificador entrenado.

```
% Extract test features using the CNN
testFeatures = activations(convnet, testSet, featureLayer,
'MiniBatchSize',32);

% Pass CNN image features to trained classifier
predictedLabels = predict(classifier, testFeatures);

% Get the known labels
testLabels = testSet.Labels;

% Tabulate the results using a confusion matrix.
confMat = confusionmat(testLabels, predictedLabels);

% Convert confusion matrix into percentage form
confMat = bsxfun(@rdivide,confMat,sum(confMat,2))

confMat =

    1    0    0
    0    1    0
    0    0    1


% Display the mean accuracy
mean(diag(confMat))

ans =

    1
```

4.12 PROBAR EL CLASIFICADOR RECIÉN ENTRENADO EN LAS IMÁGENES DE PRUEBA

Ahora puedes aplicar el clasificador recién entrenado para categorizar nuevas imágenes.

```
newImage = fullfile(rootFolder, 'airplanes', 'image_0690.jpg');

% Pre-process the images as required for the CNN
img = readAndPreprocessImage(newImage);

% Extract image features using the CNN
imageFeatures = activations(convnet, img, featureLayer);

% Make a prediction using the classifier
label = predict(classifier, imageFeatures)

label =

    airplanes
```

Referencias

[1] Deng, Jia, et al. "Imagenet: A large-scale hierarchical image database." Computer Vision and Pattern Recognition, 2009. CVPR 2009. IEEE Conference on. IEEE, 2009.

[2] Krizhevsky, Alex, Ilya Sutskever, and Geoffrey E. Hinton. "Imagenet classification with deep convolutional neural networks." Advances in neural information processing systems. 2012.

[3] Vedaldi, Andrea, and Karel Lenc. "MatConvNet-convolutional neural networks for MATLAB." arXiv preprint arXiv:1412.4564 (2014).

[4] Zeiler, Matthew D., and Rob Fergus. "Visualizing and understanding convolutional networks." Computer Vision-ECCV 2014. Springer International Publishing, 2014. 818-833.

[5] Donahue, Jeff, et al. "Decaf: A deep convolutional activation feature for generic visual recognition." arXiv preprint arXiv:1310.1531 (2013).

Capítulo 5

APRENDIZAJE PROFUNDO: APRENDIZAJE POR TRANSFERENCIA UTILIZANDO REDES NEURONALES CONVOLUCIONALES Y REDES NEURONALES CONVOLUCIONALES PREENTRENADAS

5.1 APRENDIZAJE POR TRANSFERENCIA MEDIANTE REDES NEURONALES CONVOLUCIONALES

Afina una red neuronal convolucional preentrenada en imágenes de dígitos para aprender las características de las imágenes de letras. El aprendizaje por transferencia se considera la transferencia de conocimientos de una tarea aprendida a otra nueva en el aprendizaje automático [1]. En el contexto de las redes neuronales, consiste en transferir las características aprendidas de una red preentrenada a un nuevo problema. Entrenar una red neuronal convolucional desde el principio en cada caso no suele ser eficaz cuando no hay suficiente cantidad de datos de entrenamiento. La práctica habitual en el aprendizaje profundo para estos casos es utilizar una red entrenada en un gran conjunto de datos para un nuevo problema. Mientras que las capas iniciales de la red preentrenada pueden ser fijas, las últimas capas deben afinarse para aprender las características específicas del nuevo conjunto de datos. El aprendizaje por transferencia suele dar lugar a tiempos de entrenamiento más rápidos que el entrenamiento de una nueva red neuronal convolucional, porque no necesitas estimar todos los parámetros de la nueva red.

Carga los datos de la muestra como `ImageDatastore`.

```
digitDatasetPath =
fullfile(matlabroot,'toolbox','nnet','nndemos',...
    'nndatasets','DigitDataset');
digitData = imageDatastore(digitDatasetPath,...
        'IncludeSubfolders',true,'LabelSource','foldernames');
```

El almacén de datos contiene 10000 imágenes sintéticas de los dígitos 0-9. Las imágenes se generan aplicando transformaciones aleatorias a imágenes de dígitos creadas con distintos tipos de letra. Cada imagen de dígitos tiene 28 por 28 píxeles.

Muestra algunas de las imágenes del almacén de datos.

```
for i = 1:20
    subplot(4,5,i);
    imshow(digitData.Files{i});
end
```

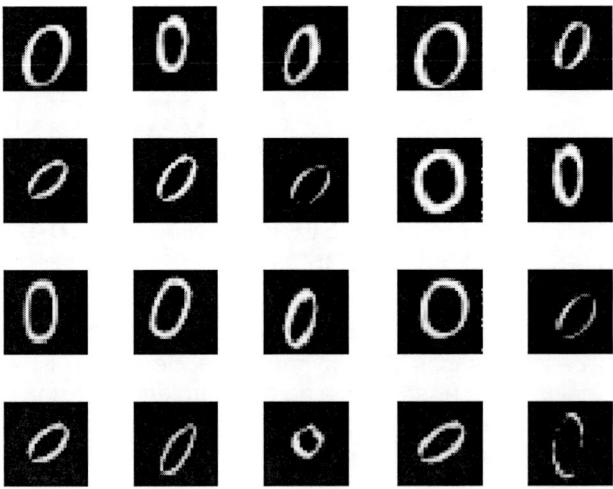

Comprueba el número de imágenes de cada categoría de dígitos.

```
digitData.countEachLabel

ans =

    Label       Count
    _____       _____

    0            988
    1           1026
    2           1003
    3            993
    4            991
    5           1017
    6            992
    7            999
    8           1003
    9            988
```

Los datos contienen un número desigual de imágenes por categoría.

Para equilibrar el número de imágenes de cada dígito en el conjunto de entrenamiento, encuentra primero el número mínimo de imágenes de una categoría.

```
minSetCount = min(digitData.countEachLabel{:,2})

minSetCount =

    988
```

Divide el conjunto de datos de modo que cada categoría del conjunto de entrenamiento tenga 494 imágenes y el conjunto de pruebas tenga las imágenes restantes de cada etiqueta.

```
trainingNumFiles = round(minSetCount/2);
rng(1) % For reproducibility
[trainDigitData,testDigitData] = splitEachLabel(digitData,...
                                 trainingNumFiles,'randomize');
```

splitEachLabel splits the image files in digitData into two new datastores, trainDigitData and testDigitData.

Crea las capas de la red neuronal convolucional.

```
layers = [imageInputLayer([28 28 1])
          convolution2dLayer(5,20)
          reluLayer()
          maxPooling2dLayer(2,'Stride',2)
          fullyConnectedLayer(10)
          softmaxLayer()
          classificationLayer()];
```

Crea las opciones de entrenamiento. Establece el número máximo de épocas en 20, y comienza el entrenamiento con una tasa de aprendizaje inicial de 0,001.

```
options = trainingOptions('sgdm','MaxEpochs',20,...
          'InitialLearnRate',0.001);
```

Entrena la red utilizando el conjunto de entrenamiento y las opciones que definiste en el paso anterior.

```
convnet = trainNetwork(trainDigitData,layers,options);
```

Epoch	Iteration	Time Elapsed (seconds)	Mini-batch Loss	Mini-batch Accuracy	Base Learning Rate
2	50	0.71	0.2233	92.97%	0.001000
3	100	1.37	0.0182	99.22%	0.001000
4	150	2.02	0.0395	99.22%	0.001000
6	200	2.70	0.0105	99.22%	0.001000
7	250	3.35	0.0026	100.00%	0.001000
8	300	4.00	0.0004	100.00%	0.001000
10	350	4.67	0.0002	100.00%	0.001000
11	400	5.32	0.0001	100.00%	0.001000
12	450	5.95	0.0001	100.00%	0.001000
14	500	6.60	0.0002	100.00%	0.001000
15	550	7.23	0.0001	100.00%	0.001000
16	600	7.87	0.0001	100.00%	0.001000
18	650	8.52	0.0001	100.00%	0.001000
19	700	9.15	0.0001	100.00%	0.001000
20	750	9.79	0.0000	100.00%	0.001000

Prueba la red utilizando el conjunto de pruebas y calcula la precisión.

```
YTest = classify(convnet,testDigitData);
TTest = testDigitData.Labels;
accuracy = sum(YTest == TTest)/numel(YTest)

accuracy =

    0.9976
```

La precisión es la relación entre el número de etiquetas verdaderas de los datos de prueba que coinciden con las clasificaciones de clasificar, y el número de imágenes de los datos de prueba. En este caso, el 99,78% de las estimaciones de dígitos coinciden con los valores de dígitos verdaderos del conjunto de prueba.

Ahora, supongamos que quieres utilizar la red entrenada para predecir clases en un nuevo conjunto de datos. Carga los datos de entrenamiento de las cartas.

```
load lettersTrainSet.mat
```

XTrain contiene 1500 imágenes en escala de grises de 28 por 28 de las letras A, B y C en una matriz 4-D. TTrain contiene la matriz categórica de las etiquetas de las letras.

Muestra algunas de las imágenes de las letras.

```
figure;
for j = 1:20
    subplot(4,5,j);
    selectImage = datasample(XTrain,1,4);
    imshow(selectImage,[]);
end
```

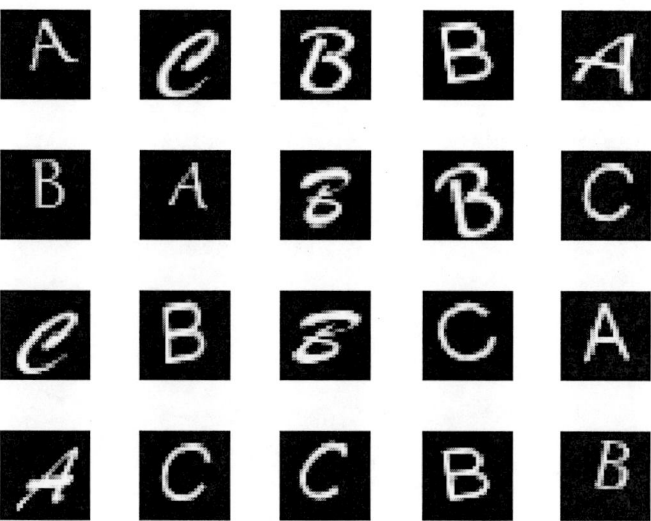

Los valores de los píxeles en XTrain están en el intervalo [0 1]. Los datos de los dígitos utilizados en el entrenamiento de la red estaban en [0 255]; escala los datos de las letras entre [0 255].

```
XTrain = XTrain*255;
```

Las tres últimas capas de la `red` entrenada se ajustan para el conjunto de datos de dígitos, que tiene 10 clases. Las propiedades de estas capas dependen de la tarea de clasificación. Visualiza la capa totalmente conectada. (`fullyConnectedLayer`).

```
convnet.Layers(end-2)

ans =
  FullyConnectedLayer with properties:

          Name: 'fc'

     Hyperparameters
       InputSize: 2880
      OutputSize: 10

     Learnable Parameters
         Weights: [10×2880 single]
            Bias: [10×1 single]
```

Utiliza el método propiedades para ver una lista de todas las propiedades.

Muestra la última capa (`capa de clasificación`).

```
convnet.Layers(end)

ans =

  ClassificationOutputLayer with properties:

            Name: 'classoutput'
       ClassNames: {10×1 cell}
       OutputSize: 10

     Hyperparameters
       LossFunction: 'crossentropyex'
```

Estas tres capas deben afinarse para el nuevo problema de clasificación. Extrae todas las capas menos las tres últimas de la red entrenada, `red`.

```
layersTransfer = convnet.Layers(1:end-3);
```

El conjunto de datos de las cartas tiene tres clases. Añade una nueva capa totalmente conectada para tres clases, y aumenta la tasa de aprendizaje de esta capa.

```
layersTransfer(end+1) = fullyConnectedLayer(3,...
                'WeightLearnRateFactor',10,...
                   'BiasLearnRateFactor',20);
```

WeightLearnRateFactor yBiasLearnRateFactor son multiplicadores de la tasa de aprendizaje global para la capa totalmente conectada.

Añade una capa softmax y una capa de salida de clasificación.

```
layersTransfer(end+1) = softmaxLayer();
layersTransfer(end+1) = classificationLayer();
```

Crea las opciones para el aprendizaje por transferencia. No es necesario entrenar durante muchas épocas (MaxEpochs puede ser menor que antes). Establece la TasaDeAprendizajeInicial en una tasa inferior a la utilizada para el entrenamiento de la red, para mejorar la convergencia dando pasos más pequeños.

```
optionsTransfer = trainingOptions('sgdm',...
        'MaxEpochs',5,...
        'InitialLearnRate',0.000005,...
        'Verbose',true);
```

Realiza el aprendizaje por transferencia.

```
convnetTransfer = trainNetwork(XTrain,TTrain,...
                layersTransfer,optionsTransfer);
```

Epoch	Iteration	Time Elapsed (seconds)	Mini-batch Loss	Mini-batch Accuracy	Base Learning Rate
5	50	0.43	0.0011	100.00%	0.000005

Carga los datos de prueba de letras. De forma similar a los datos de entrenamiento de las letras, escala los datos de prueba entre [0 255], porque los datos de entrenamiento estaban entre ese intervalo.

```
load lettersTestSet.mat
XTest = XTest*255;
```

Test the accuracy.

```
YTest = classify(convnetTransfer,XTest);
accuracy = sum(YTest == TTest)/numel(TTest)

accuracy =

    0.9587
```

5.2 RED NEURONAL CONVOLUCIONAL PREENTRENADA

Entrenar Redes Neuronales Convolucionales (ConvNets) puede ser difícil y llevar mucho tiempo. En algunos casos, tiene sentido empezar con una ConvNet ya entrenada en un gran conjunto de datos y luego adaptarla al problema actual. Puedes utilizar una red previamente entrenada con dos fines:

- Extracción de características - Utiliza la ConvNet para extraer características de los datos (imágenes) y, a continuación, utiliza esas características para entrenar un clasificador diferente, por ejemplo, una máquina de vectores de soporte (SVM).
- Aprendizaje por transferencia - Toma una red entrenada en un gran conjunto de datos y vuelve a entrenar las últimas capas en un conjunto de datos más pequeño.

La versión Caffe de AlexNet *(https://github.com/BVLC/caffe/tree/master/models/ bvlc_alexnet)*, está disponible para que la descargues y la utilices para tus problemas. La red se entrena con un subconjunto de imágenes de la base de datos ImageNet, que se utilizan en el Desafío de Reconocimiento Visual a Gran Escala de ImageNet (ILSVRC). Hay 1000 categorías y unas 1000 imágenes de entrenamiento en cada categoría.

Puedes instalar la red entrenada desde la galería de Complementos. Selecciona **Obtener complementos** en el menú desplegable **Complementos del** escritorio de MATLAB® . Los archivos complementarios están en la sección "Características de MathWorks". Elige Neural Network Toolbox Model para la red AlexNet..

Después de descargar el paquete de soporte, puedes acceder a él escribiendo `alexnet` en la línea de comandos.

```
net = alexnet

net =

    SeriesNetwork with properties:

        Layers: [25×1 nnet.cnn.layer.Layer]
```

La red entrenada es un objeto `SeriesNetwork`. Puedes ver los detalles de la arquitectura utilizando la notación de puntos.

```
net.Layers

ans =

25x1 Layer array with layers:

   1   'data'    Image Input                   227x227x3 images with 'zerocenter' normalization
   2   'conv1'   Convolution                   96 11x11x3 convolutions with stride [4  4] and padding [0  0]
   3   'relu1'   ReLU                          ReLU
   4   'norm1'   Cross Channel Normalization   cross channel normalization with 5 channels per element
   5   'pool1'   Max Pooling                   3x3 max pooling with stride [2  2] and padding [0  0]
   6   'conv2'   Convolution                   256 5x5x48 convolutions with stride [1  1] and padding [2  2]
   7   'relu2'   ReLU                          ReLU
   8   'norm2'   Cross Channel Normalization   cross channel normalization with 5 channels per element
   9   'pool2'   Max Pooling                   3x3 max pooling with stride [2  2] and padding [0  0]
  10   'conv3'   Convolution                   384 3x3x256 convolutions with stride [1  1] and padding [1  1]
  11   'relu3'   ReLU                          ReLU
  12   'conv4'   Convolution                   384 3x3x192 convolutions with stride [1  1] and padding [1  1]
  13   'relu4'   ReLU                          ReLU
  14   'conv5'   Convolution                   256 3x3x192 convolutions with stride [1  1] and padding [1  1]
  15   'relu5'   ReLU                          ReLU
  16   'pool5'   Max Pooling                   3x3 max pooling with stride [2  2] and padding [0  0]
  17   'fc6'     Fully Connected               4096 fully connected layer
  18   'relu6'   ReLU                          ReLU
  19   'drop6'   Dropout                       50% dropout
  20   'fc7'     Fully Connected               4096 fully connected layer
  21   'relu7'   ReLU                          ReLU
  22   'drop7'   Dropout                       50% dropout
  23   'fc8'     Fully Connected               1000 fully connected layer
  24   'prob'    Softmax                       softmax
  25   'output'  Classification Output         cross-entropy with 'tench', 'goldfish', and 998 other classes
```

Supón que quieres clasificar una imagen utilizando esta red entrenada. Primero, lee la imagen a clasificar.

```
I = imread('peppers.png');
```

Esta imagen tiene un tamaño de 384 por 512 por 3. Debes ajustarla al tamaño de las imágenes con las que se entrenó la red. Extrae el tamaño de entrada de la red.

```
sz = net.Layers(1).InputSize

sz =

    227    227      3
```

Recorta la imagen al tamaño de entrada de la red.

```
I = I(1:sz(1),1:sz(2),1:sz(3));
```

Clasifica (predice la etiqueta de) la imagen utilizando AlexNet.

```
label = classify(net, I)

label =

    bell pepper
```

classify is a method of SeriesNetwork. Show the image and the classification results.

```
figure
imshow(I)
text(10,20,char(label),'Color','white')
```

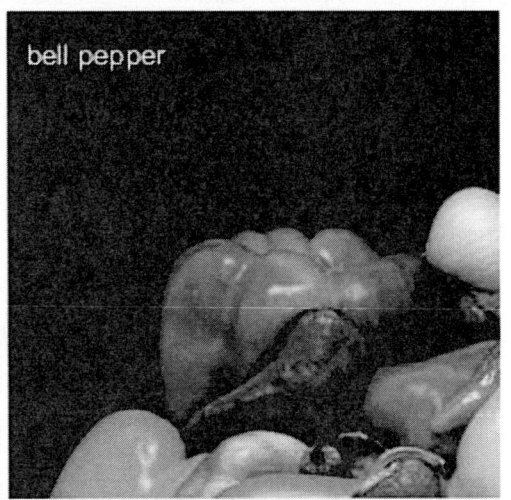

Referencias

[1] https://github.com/BVLC/caffe/tree/master/models/bvlc_alexnet

[2] Krizhevsky, A., I. Sutskever, and G. E. Hinton. "ImageNet Classification with Deep Convolutional Neural Networks. " *Advances in Neural Information Processing Systems*. Vol 25, 2012.

[3] http://www.image-net.org/

APRENDIZAJE PROFUNDO. FUNCIONES DE RECONOCIMIENTO Y CLASIFICACIÓN DE PATRONES. AUTOENCODERS

6.1 INTRODUCCIÓN

Las funciones más importantes para el reconocimiento y clasificación de patrones son las siguientes:

Autoencoder	Autoencoder class
nnstart	Neural network getting started GUI
view	View neural network
trainAutoencoder	Train an autoencoder
trainSoftmaxLayer	Train a softmax layer for classification
decode	Decode encoded data
encode	Encode input data
predict	Reconstruct the inputs using trained autoencoder
stack	Stack encoders from several autoencoders together
network	Convert Autoencoder object into network object
patternnet	Pattern recognition network
lvqnet	Learning vector quantization neural network
train	Train neural network
trainlm	Levenberg-Marquardt backpropagation
trainbr	Bayesian regularization backpropagation
trainscg	Scaled conjugate gradient backpropagation
trainrp	Resilient backpropagation
mse	Mean squared normalized error performance function

`regression`	Linear regression
`roc`	Receiver operating characteristic
`plotconfusion`	Plot classification confusion matrix
`ploterrhist`	Plot error histogram
`plotperform`	Plot network performance
`plotregression`	Plot linear regression
`plotroc`	Plot receiver operating characteristic
`plottrainstate`	Plot training state values
`crossentropy`	Neural network performance
`genFunction`	Generate MATLAB function for simulating neural network

6.2 VER RED NEURAL

`view(net)` abre una ventana que muestra tu red neuronal (especificada en net) como un diagrama gráfico.

Este ejemplo muestra cómo ver el diagrama de una red de reconocimiento de patrones.

```
[x,t] = iris_dataset;
net = patternnet;
net = configure(net,x,t);
view(net)
```

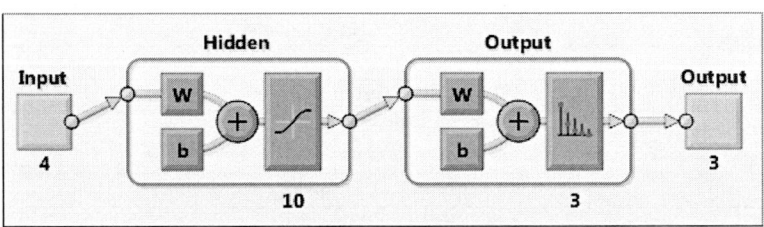

6.3 RECONOCIMIENTO DE PATRONES Y APRENDIZAJE DE CUANTIZACIÓN VECTORIAL

6.3.1 Red de reconocimiento de patrones: patternnet

Sintaxis

```
patternnet(hiddenSizes,trainFcn,performFcn)
```

Descripción

Las redes de reconocimiento de patrones son redes feedforward que pueden entrenarse para clasificar entradas según clases objetivo. Los datos objetivo de las redes de reconocimiento de patrones deben consistir en vectores de todos los valores cero excepto un 1 en el elemento i, donde i es la clase que deben representar.

```
patternnet(hiddenSizes,trainFcn,performFcn)
```

toma estos argumentos,

hiddenSizes	Row vector of one or more hidden layer sizes (default = 10)
trainFcn	Training function (default = 'trainscg')
performFcn	Performance function (default = 'crossentropy')

y devuelve una red neuronal de reconocimiento de patrones.

Ejemplo de reconocimiento de patrones

Este ejemplo muestra cómo diseñar una red de reconocimiento de patrones para clasificar flores de iris.

```
[x,t] = iris_dataset;
net = patternnet(10);
net = train(net,x,t);
view(net)
y = net(x);
perf = perform(net,t,y);
classes = vec2ind(y);
```

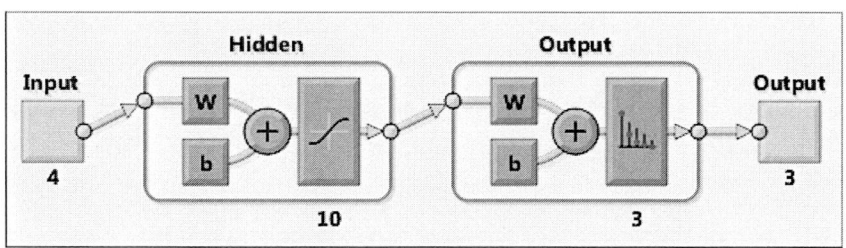

```
net = fitnet(hiddenSizes)
net = fitnet(hiddenSizes,trainFcn)
```

`net = fitnet(hiddenSizes)` returns a function fitting neural network with a hidden layer size of `hiddenSizes` (default=10).

.

El argumento `TamañosOcultos` representa el tamaño de las capas ocultas de la red, especificado como un vector de filas. La longitud del vector determina el número de capas ocultas de la red. Por ejemplo, puedes especificar una red con 3 capas ocultas, en la que el tamaño de la primera capa oculta sea 10, el de la segunda 8 y el de la tercera 5, de la siguiente forma `[10,8,5]`

`net = fitnet(hiddenSizes,trainFcn)` returns a function fitting neural network with a hidden layer size of `hiddenSizes` and training function, specified by `trainFcn` (deafut='trainlm'). The training functions are the following:

Training Function	Algorithm
'trainlm'	Levenberg-Marquardt
'trainbr'	Bayesian Regularization
'trainbfg'	BFGS Quasi-Newton
'trainrp'	Resilient Backpropagation
'trainscg'	Scaled Conjugate Gradient
'traincgb'	Conjugate Gradient with Powell/Beale Restarts
'traincgf'	Fletcher-Powell Conjugate Gradient
'traincgp'	Polak-Ribiére Conjugate Gradient
'trainoss'	One Step Secant
'traingdx'	Variable Learning Rate Gradient Descent
'traingdm'	Gradient Descent with Momentum
'traingd'	Gradient Descent

6.3.2 Red neuronal de aprendizaje de cuantificación vectorial: lvqnet

Sintaxis

```
lvqnet(hiddenSize,lvqLR,lvqLF)
```

Descripción

Las redes neuronales LVQ (cuantificación vectorial de aprendizaje) constan de dos capas. La primera capa mapea los vectores de entrada en clusters que la red encuentra durante el entrenamiento. La segunda capa fusiona los grupos de conglomerados de la primera capa en las clases definidas por los datos objetivo.

El número total de conglomerados de la primera capa viene determinado por el número de neuronas ocultas. Cuanto mayor sea la capa oculta, más conglomerados podrá aprender la primera capa, y más compleja será la asignación de las clases de entrada a las clases objetivo. El número relativo de conglomerados de primera capa asignados a cada clase objetivo se determina según la distribución de clases objetivo en el momento de la inicialización de la red. Esto ocurre cuando la red se configura automáticamente la primera vez que se llama a `entrenar`, o se configura manualmente con la función `configurar`, o se inicializa manualmente con la función `init` .

`lvqnet(tamañoOcult,lvqLR,lvqLF)` toma estos argumentos,

hiddenSize	Size of hidden layer (default = 10)
lvqLR	LVQ learning rate (default = 0.01)
lvqLF	LVQ learning function (default = 'learnlv1')

y devuelve una red neuronal LVQ.

La otra opción para la función de aprendizaje `lvq` es `learnlv2`.

Ejemplo: Entrenar una red de aprendizaje de cuantificación vectorial

Aquí se entrena una red LVQ para clasificar las flores del iris.

```
[x,t] = iris_dataset;
net = lvqnet(10);
net.trainParam.epochs = 50;
net = train(net,x,t);
view(net)
y = net(x);
perf = perform(net,y,t)
classes = vec2ind(y);
perf =

    0.0489
```

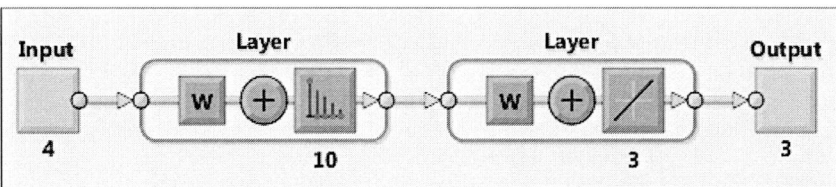

6.4 OPCIONES DE FORMACIÓN Y RENDIMIENTO DE LA RED

Las siguientes funciones se utilizan para el entrenamiento y el rendimiento de la red.

train	Train neural network
trainlm	Levenberg-Marquardt backpropagation
trainbr	Bayesian regularization backpropagation
trainscg	Scaled conjugate gradient backpropagation
trainrp	Resilient backpropagation
mse	Mean squared normalized error performance function
regression	Linear regression
roc	Receiver operating characteristic
plotconfusion	Plot classification confusion matrix
ploterrhist	Plot error histogram
plotperform	Plot network performance
plotregression	Plot linear regression
plotroc	Plot receiver operating characteristic
plottrainstate	Plot training state values
crossentropy	Neural network performance
genFunction	Generate MATLAB function for simulating neural network

6.4.1 Característica operativa del receptor: Curva característica de operación (roc)

Sintaxis

```
[tpr,fpr,thresholds] = roc(targets,outputs)
```

Descripción

La *característica operativa del receptor* es una métrica utilizada para comprobar la calidad de los clasificadores. Para cada clase de un clasificador, rocapone valores umbral en el intervalo [0,1] a las salidas. Para cada umbral, se calculan dos valores, la Proporción de Verdaderos Positivos (TPR) y la Proporción de Falsos Positivos (FPR). Para una determinada clase *i*, TPR es el número de salidas cuya clase real y predicha es la clase *i*, dividido por el número de salidas cuya clase predicha es la clase *i*. FPR es el número de salidas cuya clase real no es la clase *i*, pero cuya clase predicha es la clase *i*, dividido por el número de salidas cuya clase predicha no es la clase *i*.

Puedes visualizar los resultados de esta función con plotroc.

`[tpr,fpr,thresholds]` = `roc(targets,outputs)` toma estos argumentos:

targets	S-by-Q matrix, where each column vector contains a single 1 value, with all other elements 0. The index of the 1 indicates which of S categories that vector represents.
outputs	S-by-Q matrix, where each column contains values in the range [0,1]. The index of the largest element in the column indicates which of S categories that vector presents. Alternately, 1-by-Qvector, where values greater or equal to 0.5 indicate class membership, and values below 0.5, nonmembership.

y devuelve estos valores:

tpr	1-by-S cell array of 1-by-N true-positive/positive ratios.
fpr	1-by-S cell array of 1-by-N false-positive/negative ratios.
thresholds	1-by-S cell array of 1-by-N thresholds over interval [0,1].

`roc(targets,outputs)` toma estos argumentos:

targets	1-by-Q matrix of Boolean values indicating class membership.
outputs	S-by-Q matrix, of values in [0,1] interval, where values greater than or equal to 0.5 indicate class membership.

y devuelve estos valores:

tpr	1-by-N vector of true-positive/positive ratios.
fpr	1-by-N vector of false-positive/negative ratios.
thresholds	1-by-N vector of thresholds over interval [0,1].

Ejemplos

```
load iris_dataset

net = patternnet(20);

net = train(net,irisInputs,irisTargets);

irisOutputs = sim(net,irisInputs);

[tpr,fpr,thresholds] = roc(irisTargets,irisOutputs)
```

6.4.2 Trazar la característica operativa del receptor: plotroc

Sintaxis

```
plotroc(targets,outputs)
plotroc(targets1,outputs2,'name1',...)
```

Descripción

`plotroc(targets,outputs)` traza la característica operativa del receptor para cada clase de salida. Cuanto más abrace cada curva los bordes izquierdo y superior del gráfico, mejor será la clasificación.

`plotroc(targets1,outputs2,'name1',...)` genera múltiples tramas.

Ejemplos: Trazar la Característica Operativa del Receptor

```
load simplecluster_dataset
net = patternnet(20);
net = train(net,simpleclusterInputs,simpleclusterTargets);
simpleclusterOutputs = sim(net,simpleclusterInputs);
plotroc(simpleclusterTargets,simpleclusterOutputs)
```

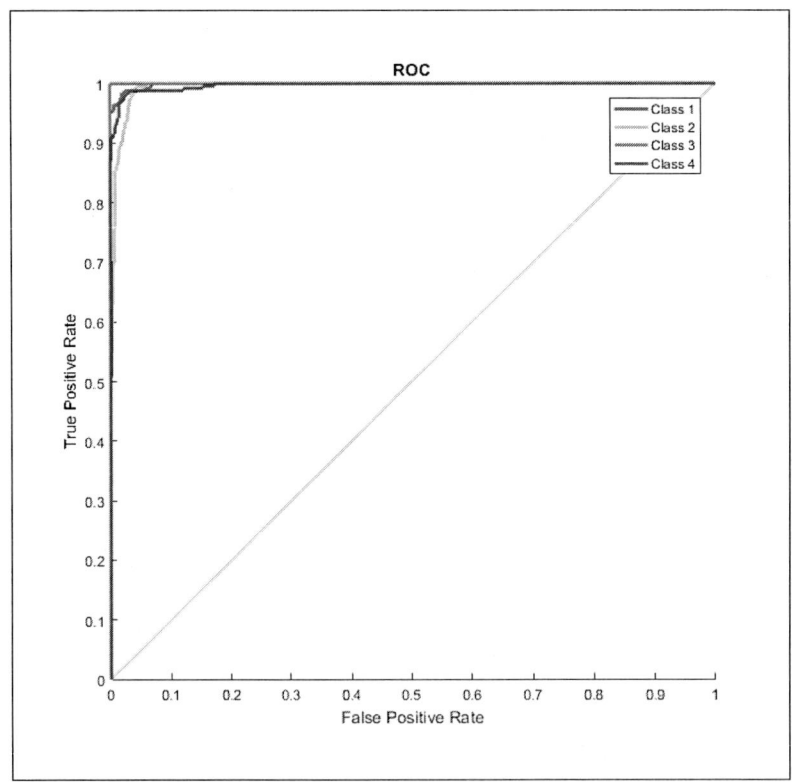

6.4.3 Matriz de confusión de la clasificación: plotconfusion

Sintaxis

- `plotconfusion(targets,outputs)`

example

- `plotconfusion(targets,outputs,name)`

- `plotconfusion(targets1,outputs1,name1,targets2,outputs2,name 2,...,targetsn,outputsn,namen)`

Descripción

`plotconfusion(targets,outputs)`

devuelve un gráfico de matriz de confusión para los datos de destino y de salida en destinos y salidas, respectivamente.

En el gráfico de la matriz de confusión, las filas corresponden a la clase predicha (Clase de salida), y las columnas muestran la clase verdadera (Clase objetivo). Las celdas diagonales muestran para cuántos (y qué porcentaje) de los ejemplos la red entrenada estima correctamente las clases de las observaciones. Es decir, muestra qué porcentaje de las clases verdadera y predicha coinciden. Las celdas fuera de la diagonal muestran dónde ha cometido errores el clasificador. La columna del extremo derecho del gráfico muestra la precisión de cada clase predicha, mientras que la fila de la parte inferior del gráfico muestra la precisión de cada clase verdadera. La celda de la parte inferior derecha del gráfico muestra la precisión global.

`plotconfusion(targets,outputs,name)`

Devuelve un gráfico de matriz de confusión con el título empezando por nombre.

`plotconfusion(targets1,outputs1,name1,targets2,outputs2,name2,...,targetsn,outputsn,namen)`

devuelve varias tramas de confusión en una figura, y antepone los argumentos de nombre a los títulos de las tramas correspondientes.

Ejemplos: Matriz de confusión

Este ejemplo muestra cómo entrenar una red de reconocimiento de patrones y trazar su precisión.

Carga los datos de la muestra.

`[x,t] = cancer_dataset;`

cancerInputs es una matriz de 9x699 que define nueve atributos de 699 biopsias.cancerTargets es una matriz de 2x966 en la que cada columna indica una categoría correcta con un uno en el elemento 1 (benigno) o en el elemento 2 (maligno). Para obtener más información sobre este conjunto de datos, escribe help cancer_dataset en la línea de comandos.

Crea una red de reconocimiento de patrones y entrénala utilizando los datos de muestra.

```
net = patternnet(10);
net = train(net,x,t);
```

Estima el estado del cáncer utilizando la red entrenada, red .

```
y = net(x);
```

Traza la matriz de confusión.

```
plotconfusion(t,y)
```

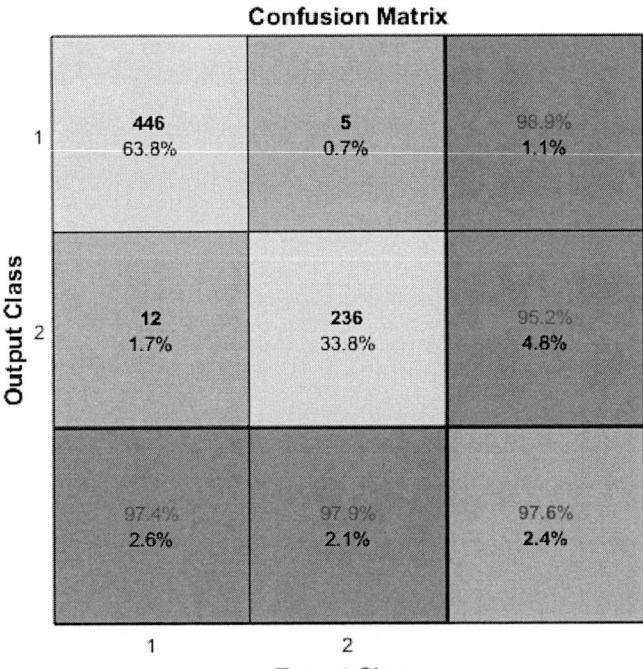

En esta figura, las dos primeras celdas diagonales muestran el número y el porcentaje de clasificaciones correctas de la red entrenada. Por ejemplo, 446 biopsias se clasifican correctamente como benignas. Esto corresponde al 63,8% de las 699 biopsias. Del mismo modo, 236 casos se clasifican correctamente como malignos. Esto corresponde al 33,8% de todas las biopsias.

5 de las biopsias malignas se clasifican incorrectamente como benignas, lo que corresponde al 0,7% de las 699 biopsias de los datos. Del mismo modo, 12 de las biopsias benignas se clasifican incorrectamente como malignas, lo que corresponde al 1,7% de todos los datos.

De 451 predicciones benignas, el 98,9% son correctas y el 1,1% erróneas. De 248 predicciones malignas, el 95,2% son correctas y el 4,8% erróneas. De 458 casos benignos, el 97,4% se predicen correctamente como benignos y el 2,6% como malignos. De 241 casos malignos, el 97,9% se clasifican correctamente como malignos y el 2,1% como benignos.

En general, el 97,6% de las predicciones son correctas y el 2,4% son clasificaciones erróneas.

6.4.4 Rendimiento de la red neuronal: entropía cruzada

Sintaxis

- `perf = crossentropy(net,targets,outputs,perfWeights)`
- `perf = crossentropy(__,Name,Value)`

Descripción

`perf = crossentropy(net,targets,outputs,perfWeights)`

calcula el rendimiento de una red dados los objetivos y las salidas, con pesos de rendimiento opcionales y otros parámetros. La función devuelve un resultado que penaliza fuertemente las salidas que son extremadamente inexactas (y cerca de 1-t), con muy poca penalización para las clasificaciones bastante correctas (y cerca de t). Minimizar la entropía cruzada conduce a buenos clasificadores.

La entropía cruzada de cada par de elementos salida-objetivo se calcula como:

`ce = -t .* log(y)`.

El rendimiento agregado de la entropía cruzada es la media de los valores individuales: `perf = sum(ce(:))/numel(ce)`

Caso especial (N = 1): Si una salida consta de un solo elemento, las salidas y los objetivos se interpretan como una codificación binaria. Es decir, hay dos clases con objetivos de 0 y 1, mientras que en la codificación 1-de-N, hay dos o más clases. La expresión de entropía cruzada binaria es

`ce = -t .* log(y) - (1-t) .* log(1-y) .`

`perf = crossentropy(__,Name,Value)`

admite la personalización según los argumentos especificados del par nombre-valor.

Ejemplos: Calcular el rendimiento de la red

Este ejemplo muestra cómo diseñar una red de clasificación con entropía cruzada y regularización 0,1, y luego calcular el rendimiento en todo el conjunto de datos.

```
[x,t] = iris_dataset;
net = patternnet(10);
net.performParam.regularization = 0.1;
net = train(net,x,t);
y = net(x);
perf = crossentropy(net,t,y,{1},'regularization',0.1)
perf =

    0.0278
```

6.4.5 Construir y entrenar una red de ajuste de funciones

Carga los datos de entrenamiento.

```
[x,t] = simplefit_dataset;
```

La matriz x de 1 por 94 contiene los valores de entrada y la matriz t de 1 por 94 contiene los valores de salida objetivo asociados.

Construye una red neuronal de ajuste de funciones con una capa oculta de tamaño 10.

```
net = fitnet(10);
```

Visualiza la red.

```
view(net)
```

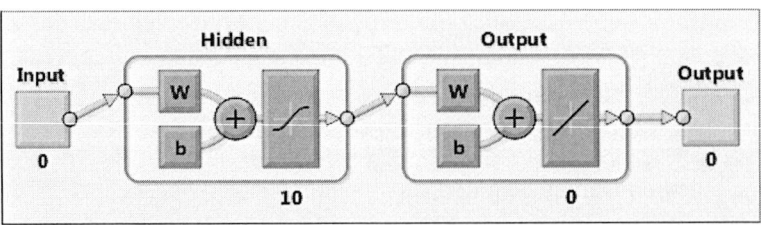

Los tamaños de la entrada y la salida son cero. El software ajusta los tamaños de éstos durante el entrenamiento en función de los datos de entrenamiento.

Entrena la red utilizando los datos de entrenamiento.

```
net = train(net,x,t);
```

Visualiza la red entrenada.

```
view(net)
```

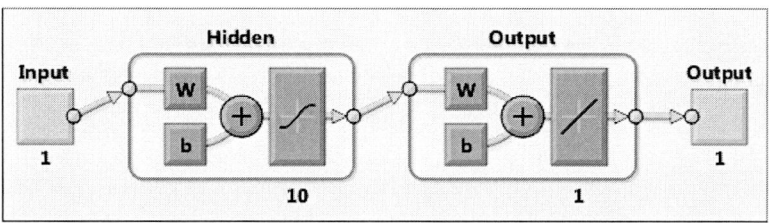

Puedes ver que los tamaños de la entrada y la salida son 1.

Estima los objetivos utilizando la red entrenada.

```
y = net(x);
```

Evalúa el rendimiento de la red entrenada. La función de rendimiento por defecto es el error cuadrático medio.

```
perf = perform(net,y,t)
perf =

    1.4639e-04
```

El algoritmo de entrenamiento por defecto para una red de ajuste de funciones es Levenberg-Marquardt

(`'trainlm'`). Utiliza el algoritmo de entrenamiento de regularización bayesiana y compara los resultados de rendimiento.

```
net = fitnet(10,'trainbr');
net = train(net,x,t);
y = net(x);
perf = perform(net,y,t)
perf =

    3.3416e-10
```

El algoritmo de entrenamiento de regularización bayesiana mejora el rendimiento de la red en cuanto a la estimación de los valores objetivo.

6.4.6 Crear y entrenar una red neuronal de entrada

```
feedforwardnet(hiddenSizes,trainFcn)
```

Este comando construye la red neuronal directa. Las redes feedforward constan de una serie de capas. La primera capa tiene una conexión desde la entrada de la red. Cada capa posterior tiene una conexión desde la capa anterior. La capa final produce la salida de la red.

Las redes feedforward pueden utilizarse para cualquier tipo de mapeo entrada-salida. Una red feedforward con una capa oculta y suficientes neuronas en las capas ocultas, puede ajustarse a cualquier problema finito de mapeo entrada-salida.

Las versiones especializadas de la red feedforward incluyen la red de ajuste (fitnet) y el reconocimiento de patrones (red de patrones). Una variación de la red de avance es la red de avance en cascada (red en cascada hacia adelante) que tiene conexiones adicionales desde la entrada a cada capa, y desde cada capa a todas las capas siguientes.

`feedforwardnet(hiddenSizes,trainFcn)` toma estos argumentos,

hiddenSizes	Row vector of one or more hidden layer sizes (default = 10)
trainFcn	Training function (default = 'trainlm')

y devuelve una red neuronal feedforward.

Este ejemplo muestra cómo utilizar una red neuronal feedforward para resolver un problema sencillo.

```
[x,t] = simplefit_dataset;
net = feedforwardnet(10);
net = train(net,x,t);
view(net)
y = net(x);
perf = perform(net,y,t)
perf =

    1.4639e-04
```

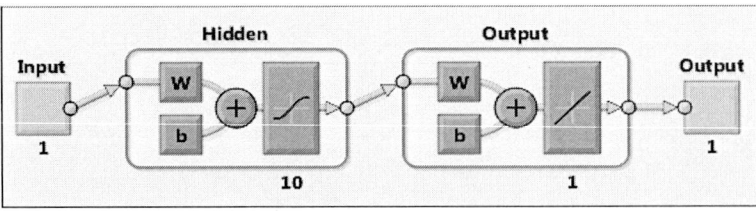

6.4.7 Crear y entrenar una red en cascada

```
cascadeforwardnet(hiddenSizes,trainFcn)
```

Las redes en cascada son similares a las redes de alimentación directa, pero incluyen una conexión desde la entrada y cada capa anterior a las capas siguientes. Al igual que las redes de alimentación directa, una red en cascada de dos o más capas puede aprender cualquier relación finita de entrada-salida arbitrariamente bien dadas suficientes neuronas ocultas.

`cascadeforwardnet(hiddenSizes,trainFcn)` toma estos argumentos,

hiddenSizes	Row vector of one or more hidden layer sizes (default = 10)
trainFcn	Training function (default = 'trainlm')

y devuelve una nueva red neuronal en cascada hacia delante.

Aquí se crea una red en cascada y se entrena en un problema sencillo de ajuste.

```
[x,t] = simplefit_dataset;
net = cascadeforwardnet(10);
net = train(net,x,t);
view(net)
y = net(x);
perf = perform(net,y,t)
perf =

    1.9372e-05
```

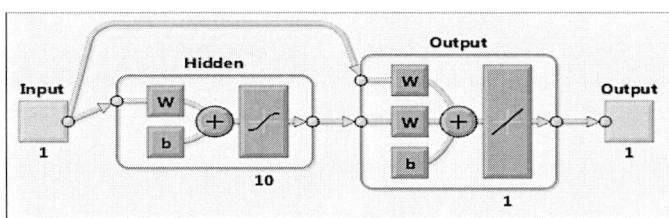

6.5 RENDIMIENTO DE LA RED

En MATLAB, `mse` es una función de rendimiento de la red. Mide el rendimiento de la red según la media de los errores al cuadrado.

6.5.1 Descripción

`perf = mse(net,t,y,ew)` takes these arguments:

net	Neural network
t	Matrix or cell array of targets
y	Matrix or cell array of outputs
ew	Error weights (optional)

y devuelve el error cuadrático medio.

Esta función tiene dos parámetros opcionales, que se asocian a las redes cuyo `net.trainFcn` se establece en esta función:

- `'regularization'` puede fijarse en cualquier valor entre 0 y 1. Cuanto mayor sea el valor de regularización, más pesos al cuadrado y sesgos se incluirán en el cálculo del rendimiento en relación con los errores. El valor por defecto es 0, que corresponde a ninguna regularización.

- `'normalization'` puede establecerse en "ninguno" (por defecto); "estándar", que normaliza los errores entre -2 y 2, lo que corresponde a normalizar las salidas y los objetivos entre -1 y 1; y "porcentaje", que normaliza los errores entre -1 y 1. Esta característica es útil para redes con salidas de varios elementos. Garantiza que la precisión relativa de los elementos de salida, con diferentes rangos de valores objetivo, se traten con la misma importancia, en lugar de dar prioridad a la precisión relativa del elemento de salida con el mayor rango de valores objetivo.

Puedes crear una red estándar que utilice `mse` con`feedforwardnet` o `cascadeforwardnet`. Para preparar una red personalizada para ser entrenada con `mse`, establece `net.performFcn` en `'mse'`. Esto establece automáticamente `net.performParam` en una estructura con los valores por defecto de los parámetros opcionales.

6.5.2 Ejemplos

Aquí se crea una red `feedforward` de dos capas y se entrena para predecir los precios medios de la vivienda utilizando la función de rendimiento `mse` y un valor de regularización de 0,01, que es la función de rendimiento por defecto para `feedforwardnet`.

```
[x,t] = house_dataset;

net = feedforwardnet(10);

net.performFcn = 'mse';  % Redundant, MSE is default

net.performParam.regularization = 0.01;

net = train(net,x,t);

y = net(x);

perf  = perform(net,t,y);
```

Alternativamente, puedes llamar directamente a esta función.

```
perf = mse(net,x,t,'regularization',0.01);
```

6.6 AJUSTAR UN MODELO DE REGRESIÓN Y TRAZAR LOS VALORES AJUSTADOS FRENTE A LOS OBJETIVOS

6.6.1 Descripción

```
[r,m,b]  = regression(t,y)
```

toma estos argumentos,

t	Target matrix or cell array data with a total of N matrix rows
y	Output matrix or cell array data of the same size

y devuelve estas salidas,

r	Regression values for each of the N matrix rows
m	Slope of regression fit for each of the N matrix rows
b	Offset of regression fit for each of the N matrix rows

```
[r,m,b] = regression(t,y,'one')
```

combina todas las filas de la matriz antes de aplicar la regresión, y devuelve valores escalares únicos de regresión, pendiente y desplazamiento.

```
plotregression(targets,outputs)
```

traza la regresión lineal de los objetivos respecto a los resultados.

```
plotregression(targs1,outs1,'name1',targs2,outs2,'name2',...)
```

genera múltiples tramas.

6.6.2 Ejemplos

Entrena una red feedforward, luego calcula y traza la regresión entre sus objetivos y salidas.

```
[x,t] = simplefit_dataset;
net = feedforwardnet(20);
net = train(net,x,t);
y = net(x);
[r,m,b] = regression(t,y)
plotregression(t,y)
r =

    1.0000

m =

    1.0000

b =

    1.0878e-04
```

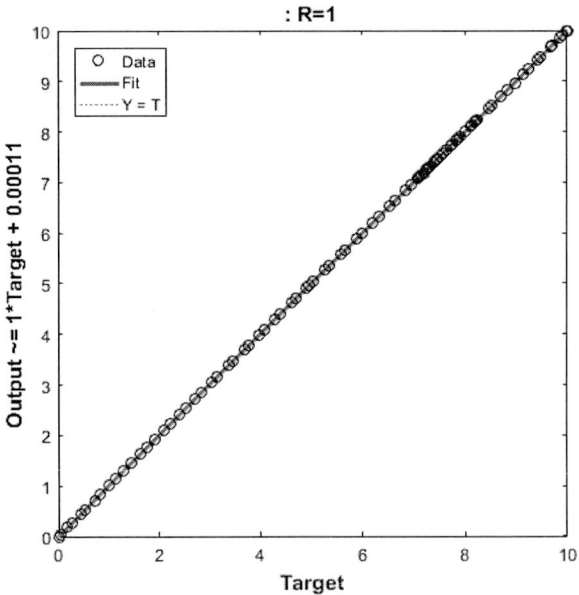

El siguiente ejemplo Traza una regresión lineal

```
[x,t] = simplefit_dataset;
net = feedforwardnet(10);
net = train(net,x,t);
y = net(x);
plotregression(t,y,'Regression')
```

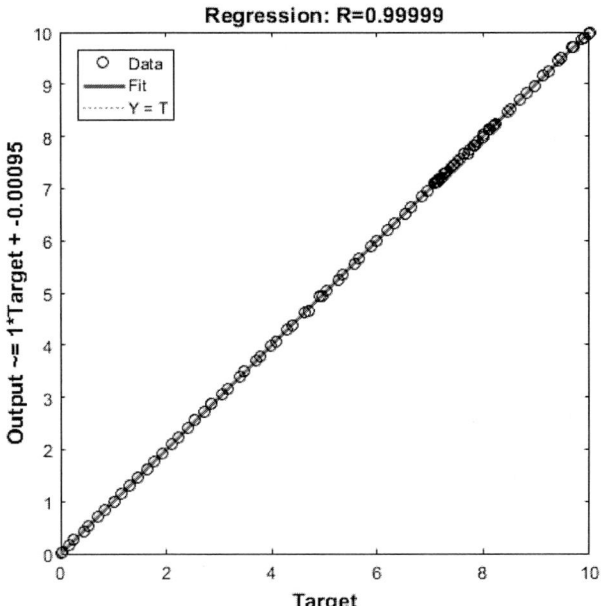

6.7 TRAZAR LA SALIDA Y LOS VALORES OBJETIVO

6.7.1 Descripción

```
plotfit(net,inputs,targets)
```

traza la función de salida de una red a través del rango de las entradas y también traza los objetivos y los puntos de datos de salida asociados a los valores de las entradas. Las barras de error muestran la diferencia entre las salidas y los objetivos.

El gráfico sólo aparece para redes con una entrada.

Sólo aparece la primera salida/objetivos si la red tiene más de una salida.

```
plotfit(targets1,inputs1,'name1',...)
```

muestra una serie de gráficos.

6.7.2 Ejemplos

Este ejemplo muestra cómo utilizar una red feed-forward para resolver un sencillo problema de ajuste.

```
[x,t] = simplefit_dataset;
net = feedforwardnet(10);
net = train(net,x,t);
plotfit(net,x,t)
```

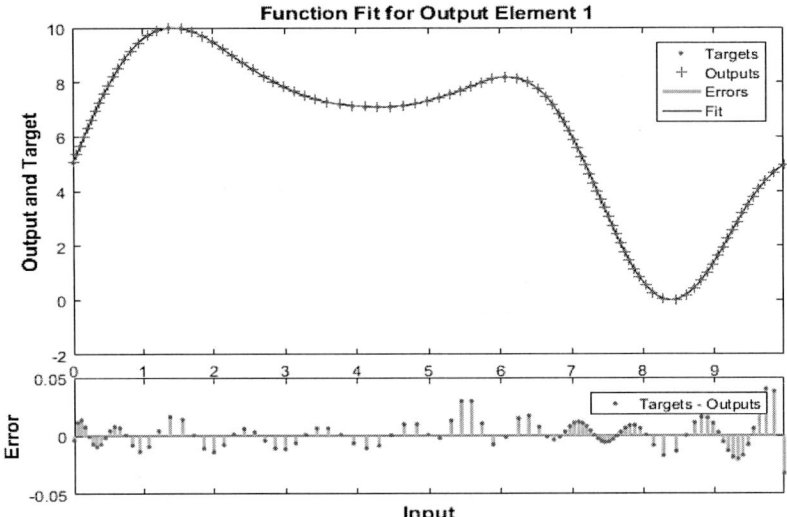

6.8 TRAZAR VALORES DE ESTADO DE ENTRENAMIENTO

```
plottrainstate(tr)
```

traza el estado de entrenamiento de un registro de entrenamiento `tr` devuelto por entrenar.

A continuación, tienes un ejemplo:

```
[x,t] = house_dataset;
net = feedforwardnet(10);
[net,tr] = train(net,x,t);
plottrainstate(tr)
```

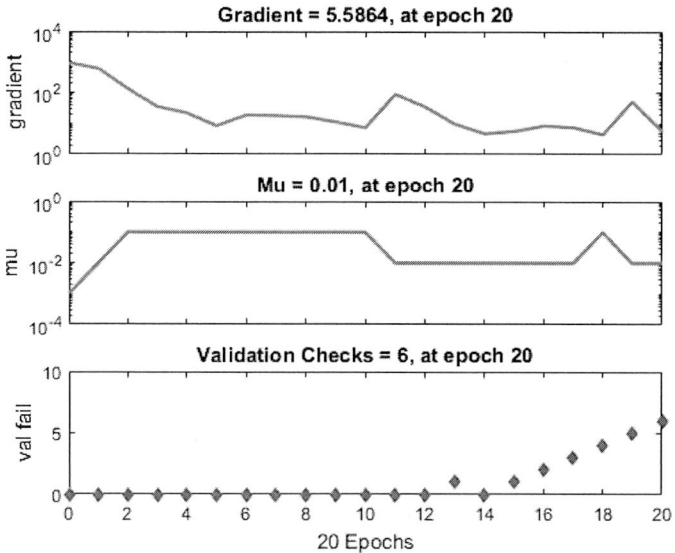

6.9 ACTUACIONES EN LA TRAMA

```
plotperform(TR)
```

traza el error frente a la época para los rendimientos de entrenamiento, validación y prueba del registro de entrenamiento TR devuelto por la función entrenar.

Este ejemplo muestra cómo utilizar `plotperform` para obtener un gráfico de los valores de error del registro de entrenamiento frente al número de épocas de entrenamiento.

```
[x,t] = house_dataset;
net = feedforwardnet(10);
[net,tr] = train(net,x,t);
plotperform(tr)
```

Generalmente, el error se reduce tras más épocas de entrenamiento, pero puede empezar a aumentar en el conjunto de datos de validación cuando la red empieza a sobreajustar los datos de entrenamiento. En la configuración por defecto, el entrenamiento se detiene tras seis aumentos consecutivos del error de validación, y el mejor rendimiento se toma de la época con el error de validación más bajo.

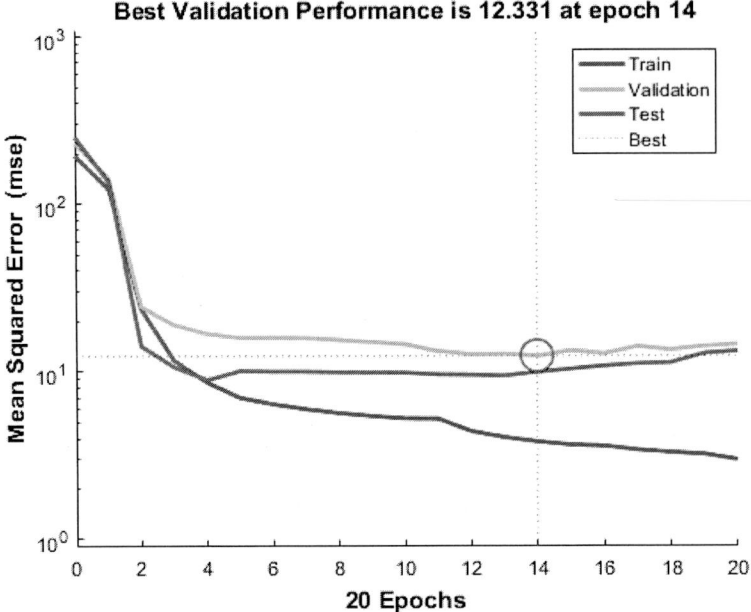

6.10 TRAZAR HISTOGRAMA DE VALORES DE ERROR

6.10.1 Sintaxis

```
ploterrhist(e)
ploterrhist(e1,'name1',e2,'name2',...)
ploterrhist(...,'bins',bins)
```

6.10.2 Descripción

```
ploterrhist(e)
```

traza un histograma de los valores de error e.

```
ploterrhist(e1,'name1',e2,'name2',...)
```

toma cualquier número de errores y nombra y traza cada par.

```
ploterrhist(...,'bins',bins)
```

toma un par opcional de propiedad nombre/valor que define el número de intervalos que se utilizarán en el gráfico del histograma. El valor por defecto es 20.

6.10.3 Ejemplos

Aquí se utiliza una red feedforward para resolver un sencillo problema de ajuste:

```
[x,t] = simplefit_dataset;
net = feedforwardnet(20);
net = train(net,x,t);
y = net(x);
e = t - y;
ploterrhist(e,'bins',30)
```

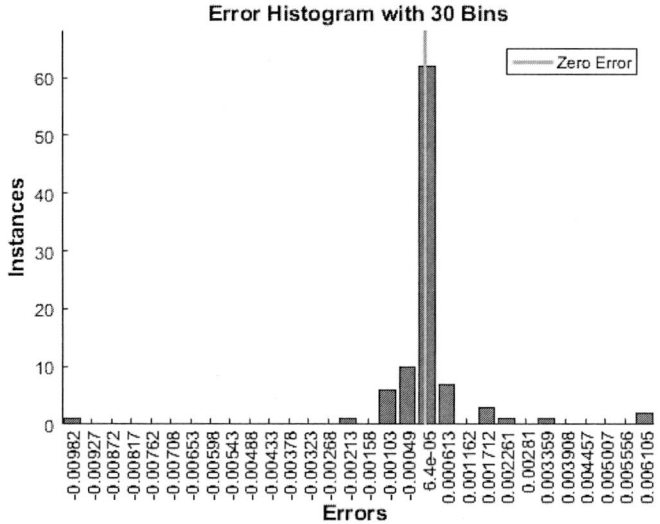

6.11 GENERAR UNA FUNCIÓN MATLAB PARA SIMULAR UNA RED NEURONAL

genFunction(net,pathname) genera una función completa e independiente de MATLAB para simular una red neuronal, incluyendo todos los ajustes, valores de peso y sesgo, funciones de módulo y cálculos en un solo archivo. El resultado es un archivo de función independiente de MATLAB. También puedes utilizar esta función con las herramientas MATLAB Compiler™ y MATLAB Coder™.

genFunction(__,'MatrixOnly','yes') anula la notación predeterminada de celda/matriz y, en su lugar, genera una función que sólo utiliza argumentos matriciales compatibles con las herramientas MATLAB Coder. Para las redes estáticas, las columnas de la matriz se interpretan como muestras independientes.

Para las redes dinámicas, las columnas de la matriz se interpretan como una serie de pasos temporales. El valor por defecto es "no".

`genFunction(__,'ShowLinks','no')` desactiva el comportamiento por defecto de mostrar enlaces a la ayuda generada y al código fuente. El valor por defecto es "sí".

6.11.1 Crear funciones a partir de una red neuronal estática

Este ejemplo muestra cómo crear una función MATLAB y una función MEX a partir de una red neuronal estática.

Primero, entrena una red estática y calcula sus salidas para los datos de entrenamiento.

```
[x,t] = house_dataset;
houseNet = feedforwardnet(10);
houseNet = train(houseNet,x,t);
y = houseNet(x);
```

A continuación, genera y prueba una función MATLAB. A continuación, compila la nueva función en una biblioteca compartida/vinculada dinámicamente con `mcc`.

```
genFunction(houseNet,'houseFcn');
y2 = houseFcn(x);
accuracy2 = max(abs(y-y2))
mcc -W lib:libHouse -T link:lib houseFcn
```

A continuación, genera otra versión de la función MATLAB que sólo admita argumentos matriciales (sin matrices de celdas), y prueba la función. Utiliza la herramienta codegen de MATLAB Coder para generar una función MEX, que también se prueba.

```
genFunction(houseNet,'houseFcn','MatrixOnly','yes');
y3 = houseFcn(x);
accuracy3 = max(abs(y-y3))

x1Type = coder.typeof(double(0),[13 Inf]); % Coder type of input 1
codegen houseFcn.m -config:mex -o houseCodeGen -args {x1Type}
y4 = houseCodeGen(x);
accuracy4 = max(abs(y-y4))
```

6.11.2 Crear funciones de red neuronal dinámica

Este ejemplo muestra cómo crear una función MATLAB y una función MEX a partir de una red neuronal dinámica.

Primero, entrena una red dinámica y calcula sus salidas para los datos de entrenamiento.

```
[x,t] = maglev_dataset;
maglevNet = narxnet(1:2,1:2,10);
[X,Xi,Ai,T] = preparets(maglevNet,x,{},t);
maglevNet = train(maglevNet,X,T,Xi,Ai);
[y,xf,af] = maglevNet(X,Xi,Ai);
```

A continuación, genera y prueba una función MATLAB. Utiliza la función para crear una biblioteca compartida/vinculada dinámicamente con mcc.

```
genFunction(maglevNet,'maglevFcn');
[y2,xf,af] = maglevFcn(X,Xi,Ai);
accuracy2 = max(abs(cell2mat(y)-cell2mat(y2)))
mcc -W lib:libMaglev -T link:lib maglevFcn
```

A continuación, genera otra versión de la función MATLAB que sólo admita argumentos matriciales (sin matrices de celdas), y prueba la función. Utiliza la herramienta codegen de MATLAB Coder para generar una función MEX, que también se prueba.

```
genFunción(maglevNet,'maglevFcn','SóloMatriz','sí');

x1 = cell2mat(X(1,:)); % Convert each input to matrix
x2 = cell2mat(X(2,:));
xi1 = cell2mat(Xi(1,:)); % Convert each input state to matrix
xi2 = cell2mat(Xi(2,:));
[y3,xf1,xf2] = maglevFcn(x1,x2,xi1,xi2);
accuracy3 = max(abs(cell2mat(y)-y3))

x1Type = coder.typeof(double(0),[1 Inf]); % Coder type of input 1
x2Type = coder.typeof(double(0),[1 Inf]); % Coder type of input 2
xi1Type = coder.typeof(double(0),[1 2]); % Coder type of input 1
states
xi2Type = coder.typeof(double(0),[1 2]); % Coder type of input 2
states
codegen maglevFcn.m -config:mex -o maglevNetCodeGen -args {x1Type
x2Type xi1Type xi2Type}
[y4,xf1,xf2] = maglevNetCodeGen(x1,x2,xi1,xi2);
dynamic_codegen_accuracy = max(abs(cell2mat(y)-y4))
```

6.12 UN EJEMPLO COMPLETO: ESTIMACIÓN DEL PRECIO DE LA VIVIENDA

Este ejemplo ilustra cómo una red neuronal de ajuste de funciones puede estimar los precios medios de la vivienda de un barrio basándose en los datos demográficos del mismo.

6.12.1 El problema: estimar el valor de la vivienda

En este ejemplo intentamos construir una red neuronal que pueda estimar el precio medio de una vivienda en un barrio descrito por trece atributos demográficos:

- Tasa de delincuencia per cápita por ciudad
- Proporción de suelo residencial zonificado para lotes de más de 25.000 pies cuadrados.
- Proporción de acres comerciales no minoristas por ciudad
- 1 si el tramo limita con el río Charles, 0 en caso contrario
- Concentración de óxidos nítricos (partes por 10 millones)
- Número medio de habitaciones por vivienda
- Proporción de unidades ocupadas por sus propietarios construidas antes de 1940
- Distancias ponderadas a cinco centros de empleo de Boston
- Índice de accesibilidad a las autopistas radiales
- Tipo del impuesto sobre bienes inmuebles de valor íntegro por 10.000 $
- Ratio alumnos-profesor por ciudad
- $1000(Bk - 0,63)^2$
- Porcentaje de la población con estatus más bajo

Éste es un ejemplo de problema de ajuste, en el que las entradas se emparejan con las salidas objetivo asociadas, y nos gustaría crear una red neuronal que no sólo estime los objetivos conocidos dadas las entradas conocidas, sino que pueda generalizar para estimar con precisión las salidas de las entradas que no se utilizaron para diseñar la solución.

6.12.2 ¿Por qué redes neuronales?

Las redes neuronales son muy buenas en problemas de ajuste de funciones. Una red neuronal con suficientes elementos (llamados neuronas) puede ajustar cualquier dato con una precisión arbitraria. Son especialmente adecuadas para abordar problemas no lineales. Dada la naturaleza no lineal de los fenómenos del mundo real, como la tasación de viviendas, las redes neuronales son un buen candidato para resolver el problema.

Los trece atributos del barrio actuarán como entradas de una red neuronal, y la mediana del precio de la vivienda será el objetivo.

La red se diseñará utilizando los atributos de los barrios cuyo valor medio de la vivienda ya se conoce para entrenarla a producir las valoraciones objetivo.

6.12.3 Preparación de los datos

Los datos para los problemas de ajuste de funciones se configuran para una red neuronal organizando los datos en dos matrices, la matriz de entrada X y la matriz objetivo T.

Cada i-ésima columna de la matriz de entrada tendrá trece elementos que representan un barrio cuyo valor medio de la vivienda ya se conoce.

Cada columna correspondiente de la matriz objetivo tendrá un elemento, que representará el precio medio de la vivienda en miles de dólares.

Aquí se carga un conjunto de datos de este tipo.

```
[x,t] = house_dataset;
```

Podemos ver los tamaños de las entradas X y los objetivos T.

Observa que tanto X como T tienen 506 columnas. Representan 506 atributos del barrio (entradas) y valores medios de la vivienda asociados (objetivos).

La matriz de entrada X tiene trece filas, para los trece atributos. La matriz objetivo T sólo tiene una fila, ya que para cada ejemplo sólo tenemos una salida deseada, el valor mediano de la casa.

```
size(x)
size(t)
ans =

    13    506


ans =

     1    506
```

6.12.4 Ajustar una función con una red neuronal

El siguiente paso es crear una red neuronal que aprenda a estimar los valores medios de las viviendas.

Como la red neuronal comienza con pesos iniciales aleatorios, los resultados de este ejemplo diferirán ligeramente cada vez que se ejecute. La semilla aleatoria está ajustada para evitar esta aleatoriedad. Sin embargo, esto no es necesario para tus propias aplicaciones.

```
setdemorandstream(491218382)
```

Las redes neuronales de alimentación hacia delante de dos capas (es decir, de una capa oculta) pueden ajustarse a cualquier relación entrada-salida si hay suficientes neuronas en la capa oculta. Las capas que no son de salida se llaman capas ocultas.

Probaremos con una sola capa oculta de 10 neuronas para este ejemplo. En general, los problemas más difíciles requieren más neuronas, y quizá más capas. Los problemas más sencillos requieren menos neuronas.

La entrada y la salida tienen tamaños de 0 porque la red aún no se ha configurado para que coincida con nuestros datos de entrada y de destino. Esto ocurrirá cuando se entrene la red.

```
net = fitnet(10);
view(net)
```

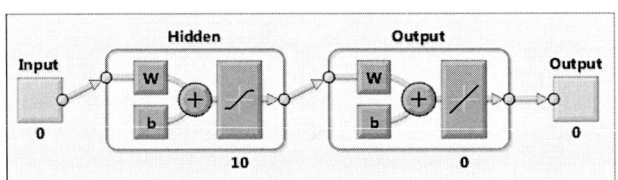

Ahora la red está lista para ser entrenada. Las muestras se dividen automáticamente en conjuntos de entrenamiento, validación y prueba. El conjunto de entrenamiento se utiliza para enseñar a la red. El entrenamiento continúa mientras la red siga mejorando en el conjunto de validación. El conjunto de prueba proporciona una medida completamente independiente de la precisión de la red.

La Herramienta de Entrenamiento NN muestra la red que se está entrenando y los algoritmos utilizados para entrenarla. También muestra el estado del entrenamiento durante el mismo y los criterios que detuvieron el entrenamiento se resaltarán en verde.

Los botones de la parte inferior abren gráficos útiles que se pueden abrir durante y después del entrenamiento. Los enlaces situados junto a los nombres de los algoritmos y los botones de los gráficos abren documentación sobre esos temas.

```
[net,tr] = train(net,x,t);
nntraintool
```

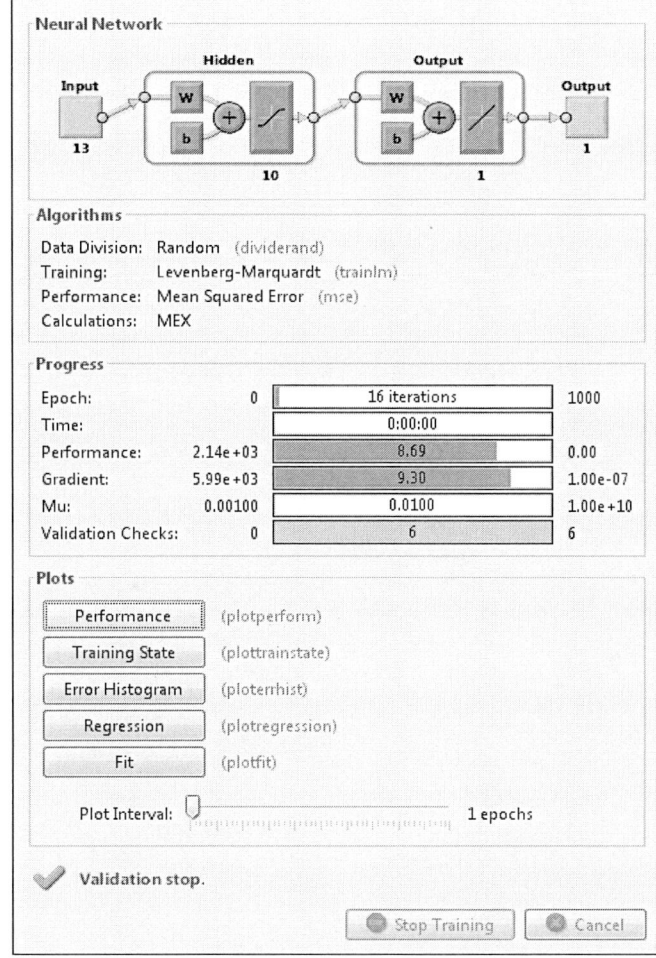

Para ver cómo mejoró el rendimiento de la red durante el entrenamiento, haz clic en el botón "Rendimiento" de la herramienta de entrenamiento o llama a PLOTPERFORM.

El rendimiento se mide en términos de error cuadrático medio, y se muestra en escala logarítmica. Disminuyó rápidamente a medida que se entrenaba la red.

Se muestra el rendimiento para cada uno de los conjuntos de entrenamiento, validación y prueba. La versión de la red que obtuvo mejores resultados en el conjunto de validación es la que se muestra después del entrenamiento.

```
plotperform(tr)
```

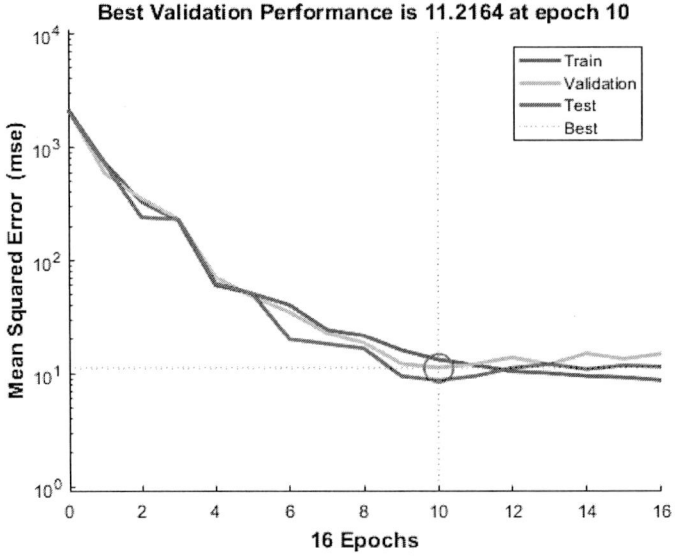

6.12.5 Probar la red neuronal

Ahora se puede medir el error cuadrático medio de la red neuronal entrenada con respecto a las muestras de prueba. Esto nos dará una idea de lo bien que funcionará la red cuando se aplique a datos del mundo real.

```
testX = x(:,tr.testInd);
testT = t(:,tr.testInd);

testY = net(testX);

perf = mse(net,testT,testY)
perf =

    8.6959
```

Otra medida de lo bien que la red neuronal se ha ajustado a los datos es el gráfico de regresión. Aquí se representa la regresión en todas las muestras.

El gráfico de regresión muestra las salidas reales de la red en función de los valores objetivo asociados. Si la red ha aprendido a ajustarse bien a los datos, el ajuste lineal de esta relación salida-objetivo debería intersecar estrechamente las esquinas inferior izquierda y superior derecha del gráfico.

Si no es así, sería aconsejable seguir entrenando, o entrenar una red con más neuronas ocultas.

```
y = net(x);
```

```
plotregression(t,y)
```

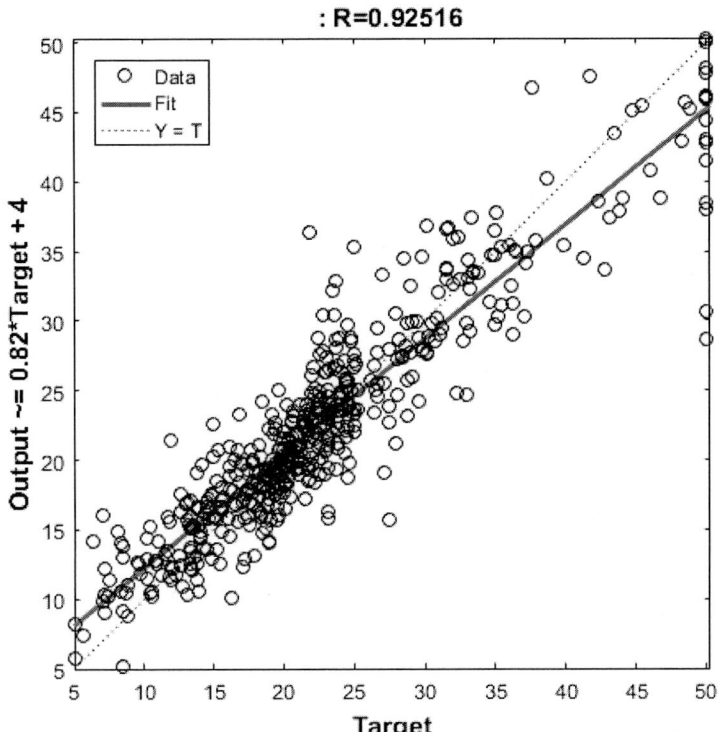

Otra tercera medida de lo bien que la red neuronal se ha ajustado a los datos es el histograma de errores. Muestra cómo se distribuyen los tamaños de los errores. Normalmente, la mayoría de los errores se aproximan a cero, con muy pocos errores alejados de ese valor.

```
e = t - y;
```

```
ploterrhist(e)
```

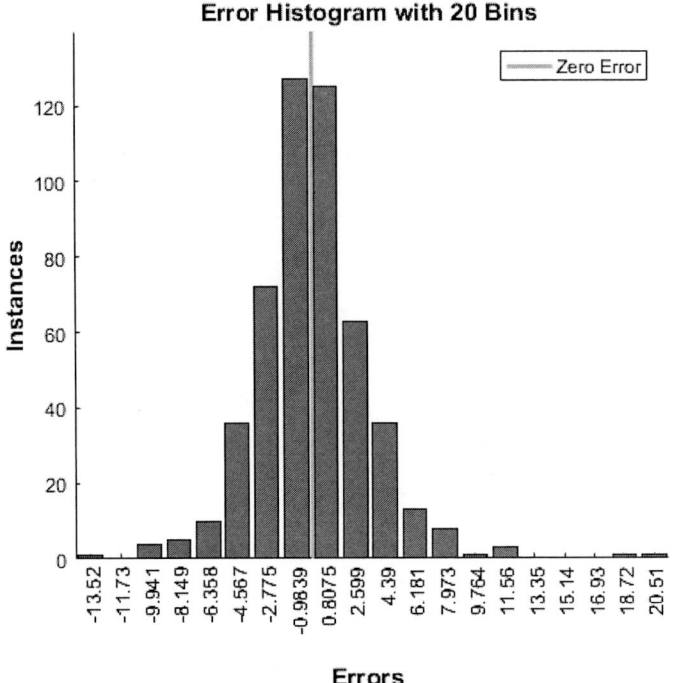

Este ejemplo ilustra cómo diseñar una red neuronal que estime el valor medio de la vivienda a partir de las características del vecindario.

6.13 CLASE AUTOENCODER

Descripción

Un objeto `Autocodificador` contiene una red autocodificadora, que consta de un codificador y un decodificador. El codificador asigna la entrada a una representación oculta. El decodificador intenta volver a asignar esta representación a la entrada original.

Construcción

`autoenc = trainAutoencoder(X)` devuelve un autoencoder entrenado con los datos de entrenamiento de X.

`autoenc = trainAutoencoder(X,hiddenSize)` devuelve un autocodificador con el tamaño de representación oculta de `hiddenSize`.

`autoenc = trainAutoencoder(__,Name,Value)` para cualquiera de los argumentos de entrada anteriores con opciones adicionales especificadas por uno o más argumentos del par `Nombre,Valor`.

Input Arguments

`x` — training data
matrix | cell array of image data

`Hiddensize` — size of hidden representation of the autoencoder
10 (default) | positive integer value

Methods

decode	Decode encoded data
encode	Encode input data
generateFunction	Generate a MATLAB function to run the autoencoder
generateSimulink	Generate a Simulink model for the autoencoder
network	Convert Autoencoder object into network object
plotWeights	Plot a visualization of the weights for the encoder of an autoencoder
predict	Reconstruct the inputs using trained autoencoder
stack	Stack encoders from several autoencoders together
view	View autoencoder

6.14 FUNCIONES DEL AUTOCODIFICADOR

6.14.1 Funciones

trainAutoencoder	Train an autoencoder
trainSoftmaxLayer	Train a softmax layer for classification
decode	Decode encoded data
encode	Encode input data
generateFunction	Generate a MATLAB function to run the autoencoder
generateSimulink	Generate a Simulink model for the autoencoder
network	Convert Autoencoder object into network object
plotWeights	Plot a visualization of the weights for the encoder of an autoencoder
predict	Reconstruct the inputs using trained autoencoder
stack	Stack encoders from several autoencoders together
view	View autoencoder

6.14.2 trainAutoencoder

Entrenar un autoencoder

Syntax

- ```
  autoenc = trainAutoencoder(X)
  ```
- ```
  autoenc = trainAutoencoder(X,hiddenSize)
  ```
- ```
  autoenc = trainAutoencoder(__,Name,Value)
  ```

Description

`autoenc = trainAutoencoder(X)` returns an autoencoder, `autoenc`, trained using the training data in X.

`autoenc = trainAutoencoder(X,hiddenSize)` returns an autoencoder `autoenc`, with the hidden representation size of `hiddenSize`.

`autoenc = trainAutoencoder(__,Name,Value)` returns an autoencoder `autoenc`, for any of the above input arguments with additional options specified by one or more `Name,Value` pair arguments.

For example, you can specify the sparsity proportion or the maximum number of training iterations.

Ejemplos. Entrenar el autocodificador disperso

Carga los datos de la muestra.

```
X = abalone_dataset;
```

X es una matriz de 8 por 4177 que define ocho atributos para 4177 conchas de abulón diferentes: sexo (M, F e I (para bebé)), longitud, diámetro, altura, peso entero, peso descascarillado, peso de las vísceras, peso de la concha. Para obtener más información sobre el conjunto de datos, escribe `help abalone_dataset` en la línea de comandos.

Entrena un autoencoder disperso con los ajustes por defecto.

```
autoenc = trainAutoencoder(X);
```

Reconstruye los datos de los anillos de concha de abalón utilizando el autoencoder entrenado.

```
XReconstructed = predict(autoenc,X);
```

Calcula el error medio cuadrático de reconstrucción.

```
mseError = mse(X-XReconstructed)
mseError =

    0.0167
```
```

Entrenar el autocodificador con las opciones especificadas

Carga los datos de la muestra.

```
X = abalone_dataset;
```

X es una matriz de 8 por 4177 que define ocho atributos para 4177 conchas de abulón diferentes: sexo (M, F e I (para bebé)), longitud, diámetro, altura, peso entero, peso descascarillado, peso de las vísceras, peso de la concha. Para obtener más información sobre el conjunto de datos, escribe help abalone_dataset en la línea de comandos.

Entrena un autoencoder disperso con tamaño oculto 4, 400 épocas como máximo y función de transferencia lineal para el decodificador.

```
autoenc = trainAutoencoder(X,4,'MaxEpochs',400,...
'DecoderTransferFunction','purelin');
```

Reconstruye los datos de los anillos de concha de abalón utilizando el autoencoder entrenado.

```
XReconstructed = predict(autoenc,X);
```

Calcula el error medio cuadrático de reconstrucción.

```
mseError = mse(X-XReconstructed)
mseError =

    0.0056
```

Reconstruir observaciones mediante autoencodificador disperso

Genera los datos de entrenamiento.

```
rng(0,'twister'); % For reproducibility
n = 1000;
r = linspace(-10,10,n)';
x = 1 + r*5e-2 + sin(r)./r + 0.2*randn(n,1);
```

Entrena el autoencoder utilizando los datos de entrenamiento.

```
hiddenSize = 25;
autoenc = trainAutoencoder(x',hiddenSize,...
        'EncoderTransferFunction','satlin',...
        'DecoderTransferFunction','purelin',...
        'L2WeightRegularization',0.01,...
        'SparsityRegularization',4,...
        'SparsityProportion',0.10);
```

Genera los datos de prueba.

```
n = 1000;
r = sort(-10 + 20*rand(n,1));
xtest = 1 + r*5e-2 + sin(r)./r + 0.4*randn(n,1);
```

Predice los datos de prueba utilizando el autocodificador entrenado, autoenc

```
xReconstruido = predecir(autoenc,xtest');
```
Traza los datos reales de la prueba y las predicciones.

```
figure;
plot(xtest,'r.');
hold on
plot(xReconstructed,'go');
```

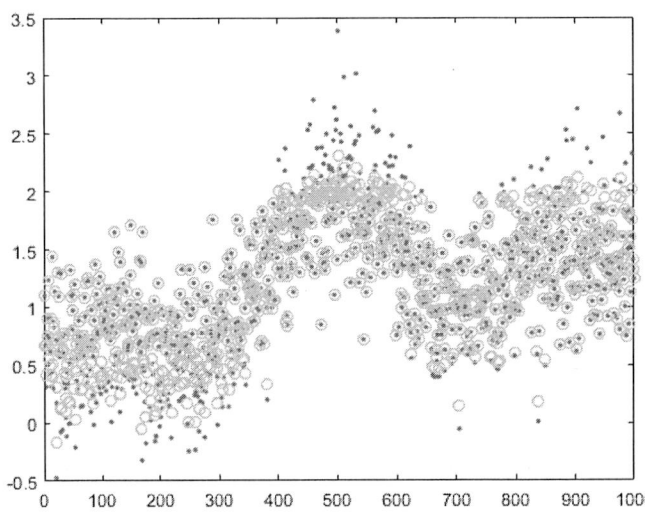

Reconstruir imágenes de dígitos manuscritos utilizando un autocodificador disperso

Carga los datos de entrenamiento.

```
X = digittrain_dataset;
```

Los datos de entrenamiento son una matriz de 1 por 5000 celdas, donde cada celda contiene una matriz de 28 por 28 que representa una imagen sintética de un dígito manuscrito.

Entrena un autoencoder con una capa oculta que contenga 25 neuronas.

```
hiddenSize = 25;
autoenc = trainAutoencoder(X,hiddenSize,...
        'L2WeightRegularization',0.004,...
        'SparsityRegularization',4,...
        'SparsityProportion',0.15);
```

Carga los datos de la prueba.

```
x = digittest_dataset;
```

Los datos de prueba son una matriz de celdas de 1 por 5000, en la que cada celda contiene una matriz de 28 por 28 que representa una imagen sintética de un dígito manuscrito.

Reconstruye los datos de la imagen de prueba utilizando el autocodificador entrenado, autoenc.

```
xReconstruida = predecir(autoenc,x);
```

Visualiza los datos reales de la prueba.

```
figure;
for i = 1:20
    subplot(4,5,i);
    imshow(X{i});
end
```

Visualiza los datos de prueba reconstruidos.

```
figure;
for i = 1:20
    subplot(4,5,i);
    imshow(xReconstructed{i});
end
```

6.14.3 Descodificar

Descodificar los datos codificados

Sintaxis

- `Y = decode(autoenc,Z)`

Descripción

`Y = decode(autoenc,Z)` devuelve los datos descodificados Y, utilizando el objeto autocodificador autoenc.

Autoencoder entrenado, devuelto por la función `entrenarAutoencoder` como un objeto de la clase `Autoencoder`.

Datos codificados por autoenc, especificados como una matriz. Cada columna de Z representa una muestra codificada (observación).

Datos descodificados, devueltos como una matriz o una matriz de celdas de datos de imagen.

Si el autocodificador autoenc se entrenó con una matriz de celdas de datos de imagen, entonces Y también es una matriz de celdas de imágenes.

Si el autoencoder autoenc se entrenó sobre una matriz, entonces Y también es una matriz, donde cada columna de Y corresponde a una muestra u observación.

Ejemplo: Decodificar datos codificados para nuevas imágenes

Carga los datos de entrenamiento.

```
X = digitTrainCellArrayData;
```

X es una matriz de celdas de 1 por 5003, donde cada celda contiene una matriz de 28 por 28 que representa una imagen sintética de un dígito manuscrito.
Entrena un autoencoder utilizando los datos de entrenamiento con un tamaño oculto de 15.

```
hiddenSize = 15;
autoenc = trainAutoencoder(X,hiddenSize);
```

Extrae los datos codificados de las nuevas imágenes utilizando el autocodificador.

```
Xnew = digitTestCellArrayData;
features = encode(autoenc,Xnew);
```

Descodifica los datos codificados del autocodificador.

```
Y = decode(autoenc,features);
```

Y es una matriz de 1 por 4997 celdas, donde cada celda contiene una matriz de 28 por 28 que representa una imagen sintética de un dígito manuscrito.

6.14.4 Codificar

Codificar datos de entrada

Sintaxis

```
Z = encode(autoenc,Xnew)
```

Descripción

`Z = encode(autoenc,Xnew)` devuelve los datos codificados, Z, para los datos de entrada Xnuevo, utilizando el autocodificador, `autoenc`.

Ejemplo. Codificar datos decodificados para nuevas imágenes

Carga los datos de la muestra.

```
X = digitTrainCellArrayData;
```

X es una matriz de celdas de 1 por 5003, donde cada celda contiene una matriz de 28 por 28 que representa una imagen sintética de un dígito manuscrito.

Entrena un autoencoder con un tamaño oculto de 50 utilizando los datos de entrenamiento.

```
autoenc = trainAutoencoder(X,50);
```

Codifica los datos descodificados para nuevos datos de imagen.

```
Xnew = digitTestCellArrayData;
Z = encode(autoenc,Xnew);
```

Xnuevo es una matriz de 1 por 4997 celdas. Z es una matriz de 50 por 4997, donde cada columna representa los datos de imagen de un dígito manuscrito en los nuevos datos Xnew.

6.14.5 Predecir

Reconstruye las entradas utilizando el autoencoder entrenado

Sintaxis

* `Y = predict(autoenc,X)`

Descripción

`Y = predict(autoenc,X)` devuelve las predicciones Y para los datos de entrada X, utilizando el autocodificador `autoenc`. El resultado Y es una reconstrucción de X.

Ejemplos: Predecir medidas continuas, utilizando un autoencoder entrenado

Carga los datos de entrenamiento.

`X = iris_dataset;`

Los datos de entrenamiento contienen mediciones de cuatro atributos de las flores del iris: Longitud del sépalo, anchura del sépalo, longitud del pétalo, anchura del pétalo.

Entrena un autocodificador en los datos de entrenamiento utilizando la función de transferencia lineal de saturación positiva en el codificador y la función de transferencia lineal en el decodificador.

```
autoenc = trainAutoencoder(X,'EncoderTransferFunction',...
'satlin','DecoderTransferFunction','purelin');
```

Reconstruye las medidas utilizando la red entrenada, `autoenc`.

`xReconstructed = predict(autoenc,X);`

Traza los valores de medición predichos junto con los valores reales del conjunto de datos de entrenamiento.

```
for i = 1:4
h(i) = subplot(1,4,i);
plot(X(i,:),'r.');
hold on
plot(xReconstructed(i,:),'go');
hold off;
end
title(h(1),{'Sepal';'Length'});
title(h(2),{'Sepal';'Width'});
title(h(3),{'Petal';'Length'});
title(h(4),{'Petal';'Width'});
```

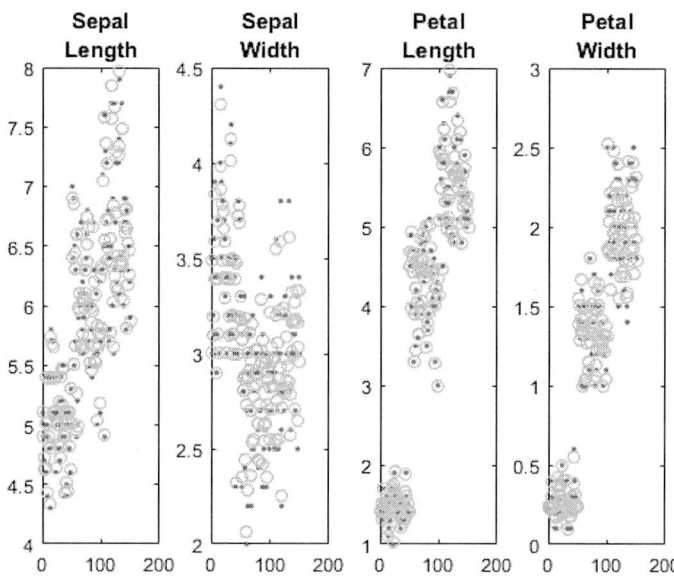

Los puntos rojos representan los datos de entrenamiento y los círculos verdes los datos reconstruidos.

6.14.6 Pila

Apila codificadores de varios autocodificadores juntos

Sintaxis

- ```
  stackednet = stack(autoenc1,autoenc2,...)
  ```
- ```
  stackednet = stack(autoenc1,autoenc2,...,net1)
  ```

Descripción

`stackednet = stack(autoenc1,autoenc2,...)` devuelve un objeto de red creado apilando los codificadores de los autocodificadores, `autoenc1`, `autoenc2`, etc.

`stackednet = stack(autoenc1,autoenc2,...,net1)` devuelve un objeto de red creado apilando los codificadores de los autocodificadores y el objeto de red `net1`.

Los autocodificadores y el objeto de red sólo pueden apilarse si sus dimensiones coinciden.

Consejos

- El tamaño de la representación oculta de un autocodificador debe coincidir con el tamaño de entrada del siguiente autocodificador o red de la pila.

- El primer argumento de entrada de la red apilada es el argumento de entrada del primer autocodificador. El argumento de salida del codificador del primer autocodificador es el argumento de entrada del segundo autocodificador de la red apilada. El argumento de salida del codificador del segundo autocodificador es el argumento de entrada del tercer autocodificador de la red apilada, y así sucesivamente.

- El objeto red apilada `stacknet` hereda sus parámetros de entrenamiento del argumento de entrada final `net1`.

Ejemplos. Crear una red apilada

Carga los datos de entrenamiento.

```
[X,T] = iris_dataset;
```

Entrena un autoencoder con una capa oculta de tamaño 5 y una función de transferencia lineal para el decodificador. Establece el regularizador de peso L2 en 0,001, el regularizador de dispersión en 4 y la proporción de dispersión en 0,05.

```
hiddenSize = 5;
autoenc = trainAutoencoder(X, hiddenSize, ...
    'L2WeightRegularization', 0.001, ...
    'SparsityRegularization', 4, ...
    'SparsityProportion', 0.05, ...
    'DecoderTransferFunction','purelin');
```

Extrae las características en la capa oculta.

```
features = encode(autoenc,X);
```
Entrena una capa softmax para la clasificación utilizando las características.

```
softnet = trainSoftmaxLayer(features,T);
```

Apila el codificador y la capa softmax para formar una red profunda.

```
stackednet = stack(autoenc,softnet);
```

Visualiza la red apilada.

```
view(stackednet);
```

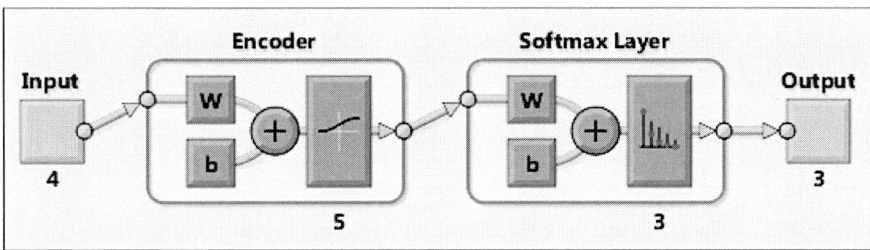

6.14.7 generateFunction

Genera una función MATLAB para ejecutar el autocodificador

Sintaxis

- generateFunction(autoenc)
- generateFunction(autoenc,pathname)
- generateFunction(autoenc,pathname,Name,Value)

Descripción

generateFunction(autoenc) genera una función autónoma completa en el directorio actual, para ejecutar el autocodificador autoenc sobre los datos de entrada.

generateFunction(autoenc,pathname) genera una función autónoma completa para ejecutar el autocodificador autoenc sobre los datos de entrada en la ubicación especificada por pathname.

generateFunction(autoenc,pathname,Name,Value) genera una función independiente completa con opciones adicionales especificadas mediante el argumento Name,Value par.

Consejos

- Si no especificas la ruta y el nombre del archivo, generateFunction, por defecto, crea el código en un archivo m con el nombre neural_function.m . Puedes cambiar el nombre del archivo después de que generateFunction lo genere. O puedes especificar la ruta y el nombre del archivo utilizando el argumento de entrada nombre de ruta en la llamada a generateFunction .

Input Arguments

autoenc — Trained autoencoder Autoencoder object

pathname — Location for generated function string

Ejemplos: Generar función MATLAB para ejecutar el autocodificador

Carga los datos de la muestra.

```
X = iris_dataset;
```

Entrena un autoencoder con 4 neuronas en la capa oculta.

```
autoenc = trainAutoencoder(X,4);
```

Genera el código para ejecutar el autocodificador. Muestra los enlaces a la función® de MATLAB.

```
generateFunction(autoenc)

MATLAB function generated: neural_function.m
To view generated function code: edit neural_function
For examples of using function: help neural_function
```

Genera el código del autocodificador en una ruta específica.

```
generateFunction(autoenc,'H:\Documents\Autoencoder')
```

```
MATLAB function generated: H:\Documents\Autoencoder.m
To view generated function code: edit Autoencoder
For examples of using function: help Autoencoder
```

6.14.8 generateSimulink

Generar un modelo Simulink para el autoencoder

Syntax

- `generateSimulink(autoenc)`

Description

`generateSimulink(autoenc)` creates a Simulink® model for the autoencoder, `autoenc`.

Input Arguments

`autoenc` — Trained autoencoder Autoencoder object

Ejemplos: Generar modelo Simulink para Autoencoder

Carga los datos de entrenamiento.

```
X = digitsmall_dataset;
```

Los datos de entrenamiento son una matriz de 1 por 500 celdas, donde cada celda contiene una matriz de 28 por 28 que representa una imagen sintética de un dígito manuscrito.

Entrena un autoencoder con una capa oculta que contenga 25 neuronas.

```
hiddenSize = 25;
autoenc = trainAutoencoder(X,hiddenSize,...
        'L2WeightRegularization',0.004,...
        'SparsityRegularization',4,...
        'SparsityProportion',0.15);
```

Crea un modelo Simulink para el autocodificador, autoenc.

```
generateSimulink(autoenc)
```

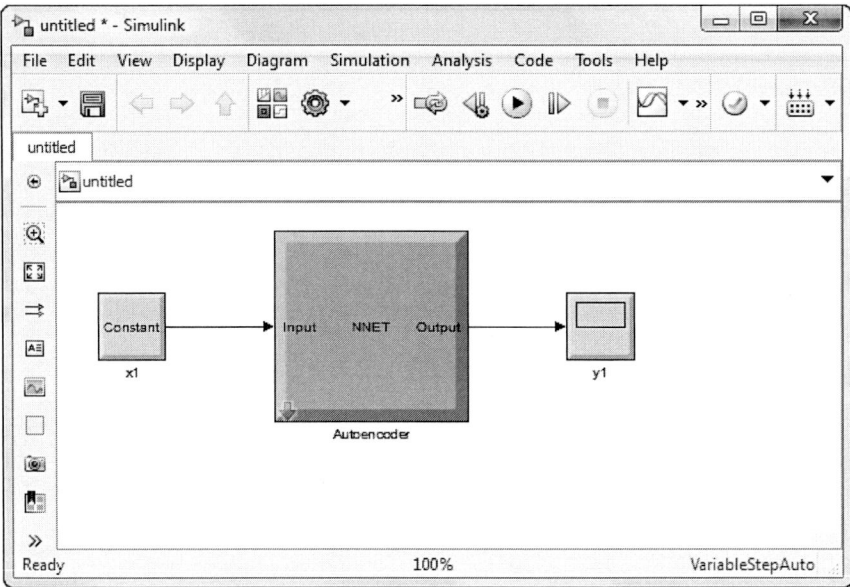

6.14.9 plotweights

Visualiza los pesos del codificador de un autocodificador

Syntax

- `plotWeights(autoenc)`
- `h = plotWeights(autoenc)`

Description

`plotWeights(autoenc)` visualizes the weights for the autoencoder, autoenc.

`h = plotWeights(autoenc)` returns a function handle h, for the visualization of the encoder weights for the autoencoder, autoenc.

Consejos

* `plotWeights` permite visualizar las características que aprende el autocodificador. Utilízalo cuando el autoencoder se entrene con datos de imagen. La visualización de los pesos tiene las mismas dimensiones que las imágenes utilizadas para el entrenamiento.

Input Arguments

`autoenc` — Trained autoencoder `Autoencoder` object

Output Arguments

h — Image object handle

Ejemplos: Visualizar funciones aprendidas

Carga los datos de entrenamiento.

```
X = digitTrainCellArrayData;
```

Los datos de entrenamiento son una matriz de celdas de 1 por 5003, donde cada celda contiene una matriz de 28 por 28 que representa una imagen sintética de un dígito manuscrito.

Entrena un autoencoder con una capa oculta de 25 neuronas.

```
hiddenSize = 25;
autoenc = trainAutoencoder(X,hiddenSize, ...
  'L2WeightRegularization',0.004, ...
  'SparsityRegularization',4, ...
  'SparsityProportion',0.2);
```

Visualiza los rasgos aprendidos.

```
plotWeights(autoenc);
```

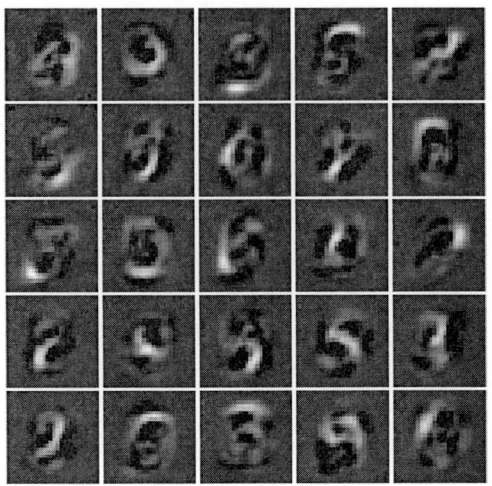

6.14.10 View

Ver autocodificador

Syntax

- `view(autoenc)`

Description

`view(autoenc)` returns a diagram of the autoencoder, `autoenc`.

Input Arguments
`autoenc` — Trained autoencoder
`Autoencoder` object

Ejemplos: Ver Autocodificador

Carga los datos de entrenamiento.

`X = iris_dataset;`

Entrena un autoencoder con una capa oculta de tamaño 5 y una función de transferencia lineal para el decodificador. Establece el regularizador de peso L2 en 0,001, el regularizador de dispersión en 4 y la proporción de dispersión en 0,05.

```
hiddenSize = 5;
autoenc = trainAutoencoder(X, hiddenSize, ...
    'L2WeightRegularization',0.001, ...
    'SparsityRegularization',4, ...
    'SparsityProportion',0.05, ...
    'DecoderTransferFunction','purelin');
```

Visualiza el autocodificador.

```
view(autoenc)
```

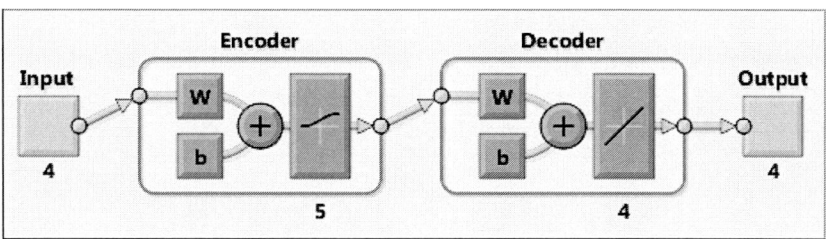

6.15 CONSTRUIR UNA RED PROFUNDA MEDIANTE AUTOCODIFICADORES

Carga los datos de la muestra.

```
[X,T] = wine_dataset;
```

Entrena un autoencoder con una capa oculta de tamaño 10 y una función de transferencia lineal para el decodificador. Establece el regularizador de peso L2 en 0,001, el regularizador de dispersión en 4 y la proporción de dispersión en 0,05.

```
hiddenSize = 10;
autoenc1 = trainAutoencoder(X,hiddenSize,...
    'L2WeightRegularization',0.001,...
    'SparsityRegularization',4,...
    'SparsityProportion',0.05,...
    'DecoderTransferFunction','purelin');
```

Extrae las características en la capa oculta.

```
features1 = encode(autoenc1,X);
```

Entrena un segundo autocodificador utilizando las características del primer autocodificador. No escales los datos.

```
hiddenSize = 10;
autoenc2 = trainAutoencoder(features1,hiddenSize,...
    'L2WeightRegularization',0.001,...
    'SparsityRegularization',4,...
    'SparsityProportion',0.05,...
    'DecoderTransferFunction','purelin',...
    'ScaleData',false);
```

Extrae las características en la capa oculta.

```
features2 = encode(autoenc2,features1);
```

Entrena una capa softmax para la clasificación utilizando las características, características2, del segundo autocodificador, autoenc2.

```
softnet =
trainSoftmaxLayer(features2,T,'LossFunction','crossentropy');
```

Apila los codificadores y la capa softmax para formar una red profunda.

```
deepnet = stack(autoenc1,autoenc2,softnet);
```

Entrena la red profunda con los datos del vino.

```
deepnet = train(deepnet,X,T);
```

Estima los tipos de vino utilizando la red profunda, deepnet.

```
wine_type = deepnet(X);
```

Traza la matriz de confusión.

```
plotconfusion(T,wine_type);
```

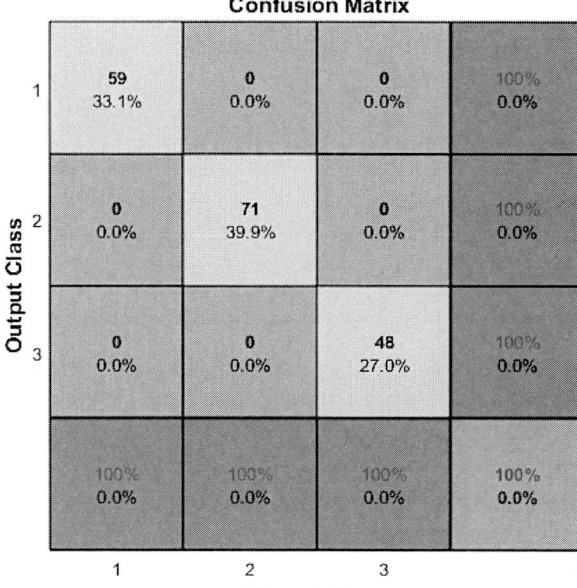

APRENDIZAJE PROFUNDO Y REDES NEURONALES MULTICAPA

7.1 CREAR, CONFIGURAR E INICIALIZAR REDES NEURONALES MULTICAPA

Una vez recogidos los datos, el siguiente paso en el entrenamiento de una red es crear el objeto red. La función feedforwardnet crea una red multicapa feedforward. Si se invoca esta función sin argumentos de entrada, se crea un objeto de red por defecto que no se ha configurado. La red resultante se puede configurar con el comando configurar.

Como ejemplo, el archivo vivienda.mat contiene un conjunto predefinido de vectores de entrada y de destino. Los vectores de entrada definen los datos relativos a las propiedades inmobiliarias y los valores objetivo definen los valores relativos de las propiedades. Carga los datos utilizando el siguiente comando:

```
load house_dataset
```

Al cargar este archivo se crean dos variables. La matriz de entrada houseInputs consta de 506 vectores columna de 13 variables inmobiliarias para 506 casas diferentes. La matriz de objetivos houseTargets consta de las 506 valoraciones relativas correspondientes.

El siguiente paso es crear la red. La siguiente llamada a feedforwardnet crea una red de dos capas con 10 neuronas en la capa oculta. (Durante el paso de configuración, el número de neuronas de la capa de salida se establece en uno, que es el número de elementos de cada vector de objetivos).

```
net = feedforwardnet;

net = configure(net,houseInputs,houseTargets);
```

Se pueden proporcionar argumentos opcionales a feedforwardnet. Por ejemplo, el primer argumento es una matriz que contiene el número de neuronas de cada capa oculta. (El valor por defecto es 10, lo que significa una capa oculta con 10 neuronas. Una capa oculta suele producir resultados excelentes, pero puedes probar con dos capas ocultas, si los resultados con una no son adecuados. Aumentar el número de neuronas en la capa oculta aumenta la potencia de la red, pero requiere más cálculo y es más probable que produzca sobreajuste). El segundo argumento contiene el nombre de la función de entrenamiento que se va a utilizar. Si no se proporciona ningún argumento, el número por defecto de capas es 2, el número por defecto de neuronas en la capa oculta es 10, y la función de entrenamiento por defecto es trainlm. La función de transferencia por defecto para las capas ocultas es tansig y la predeterminada para la capa de salida es purelin.

El comando configurar configura el objeto red y también inicializa los pesos y sesgos de la red; por tanto, la red está lista para el entrenamiento. Hay ocasiones en las que puedes querer reinicializar los pesos, o realizar una inicialización personalizada. Inicializar pesos (init) explica los detalles del proceso de inicialización. También puedes saltarte el paso de configuración e ir directamente a entrenar la red. El comando entrenar configurará automáticamente la red e inicializará los pesos.

7.1.1 Otras arquitecturas relacionadas

Mientras que las redes feedforward de dos capas pueden aprender potencialmente prácticamente cualquier relación entrada-salida, las redes feedforward con más capas podrían aprender relaciones complejas más rápidamente. Para la mayoría de los problemas, es mejor empezar con dos capas, y luego aumentar a tres capas, si el rendimiento con dos capas no es satisfactorio.

La función red en cascada hacia adelante crea redes en cascada hacia delante. Son similares a las redes feedforward, pero incluyen una conexión de pesos desde la entrada a cada capa, y desde cada capa a las capas sucesivas. Por ejemplo, una red de tres capas tiene conexiones de la capa 1 a la capa 2, de la capa 2 a la capa 3 y de la capa 1 a la capa 3. La red de tres capas también tiene conexiones desde la entrada a las tres capas. Las conexiones adicionales pueden mejorar la velocidad a la que la red aprende la relación deseada.

La función redpatrón crea una red muy similar a feedforwardnetexcepto en que utiliza la función tansig en la última capa. Esta red se utiliza generalmente para el reconocimiento de patrones. Otras redes pueden aprender relaciones dinámicas o de series temporales.

7.2 FUNCIONES PARA CREAR, CONFIGURAR E INICIALIZAR REDES NEURONALES MULTICAPA

7.2.1 Inicializar pesos (init)

Antes de entrenar una red feedforward, debes inicializar los pesos y los sesgos. El comando configurar inicializa automáticamente los pesos, pero puede que quieras reinicializarlos. Puedes hacerlo con el comando init . Esta función toma un objeto red como entrada y devuelve un objeto red con todos los pesos y sesgos inicializados. He aquí cómo se inicializa (o reinicializa) una red:

```
net = init(net);
```

7.2.2 feedforwardnet

Red neuronal directa

Sintaxis

```
feedforwardnet(hiddenSizes,trainFcn)
```

Descripción

Las redes feedforward constan de una serie de capas. La primera capa tiene una conexión desde la entrada de la red. Cada capa posterior tiene una conexión desde la capa anterior. La capa final produce la salida de la red.

Las redes feedforward pueden utilizarse para cualquier tipo de mapeo entrada-salida. Una red feedforward con una capa oculta y suficientes neuronas en las capas ocultas, puede ajustarse a cualquier problema finito de mapeo entrada-salida.

Las versiones especializadas de la red feedforward incluyen la red de ajuste (fitnet) y el reconocimiento de patrones (red de patrones). Una variación de la red de avance es la red de avance en cascada (red en cascada hacia adelante) que tiene conexiones adicionales desde la entrada a cada capa, y desde cada capa a todas las capas siguientes.

`feedforwardnet(hiddenSizes,trainFcn)` takes these arguments,

`hiddenSizes`	Row vector of one or more hidden layer sizes (default = 10)
`trainFcn`	Training function (default = `'trainlm'`)

y devuelve una red neuronal feedforward.

Ejemplos

Red neuronal directa

Este ejemplo muestra cómo utilizar una red neuronal feedforward para resolver un problema sencillo.

```
[x,t] = simplefit_dataset;
net = feedforwardnet(10);
net = train(net,x,t);
view(net)
y = net(x);
perf = perform(net,y,t)
perf =

    1.4639e-04
```

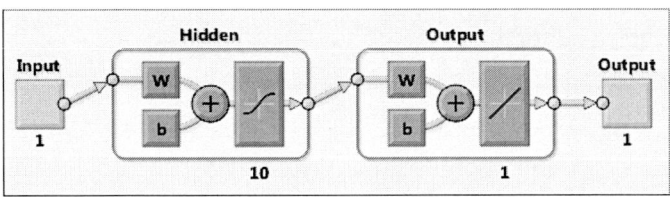

7.2.3 Configure

Configura las entradas y salidas de la red para que coincidan mejor con los datos de entrada y de destino

Syntax

```
net = configure(net,x,t)
net = configure(net,x)
net = configure(net,'inputs',x,i)
net = configure(net,'outputs',t,i)
```

Descripción

La configuración es el proceso de establecer los tamaños y rangos de entrada y salida de la red, los ajustes de preprocesamiento de entrada y postprocesamiento de salida, y los ajustes de inicialización de pesos para que coincidan con los datos de entrada y de destino.

La configuración debe realizarse antes de poder inicializar los pesos y sesgos de una red. Las redes no configuradas se configuran e inicializan automáticamente la primera vez que se llama a entrenar. Alternativamente, una red puede configurarse manualmente llamando a esta función o estableciendo manualmente las propiedades de los tamaños de entrada y salida, los rangos, los ajustes de procesamiento y los ajustes de inicialización de una red.

```
net = configure(net,x,t)
```

toma los datos de entrada x y los datos objetivo t, y configura las entradas y salidas de la red para que coincidan.

```
net = configure(net,x)
```
configura solo las entradas.

```
net = configure(net,'inputs',x,i)
```

configura las entradas especificadas con el vector índice i. Si no se especifica i, se configuran todas las entradas.

```
net = configure(net,'outputs',t,i)
```

configura las salidas especificadas con el vector índice i. Si no se especifica i, se configuran todos los objetivos.

Ejemplos

Aquí se crea una red feedforward y se configura manualmente para un problema de ajuste sencillo (en lugar de permitir que la configure el tren).

```
[x,t] = simplefit_dataset;
net = feedforwardnet(20); view(net)
net = configure(net,x,t); view(net)
```

7.2.4 init

Inicializar la red neuronal

Syntax

```
net = init(net)
```

To Get Help

Type help network/init.

Descripción

net = init(net) devuelve la red neuronal con los valores de peso y sesgo actualizados según la función de inicialización de la red, indicada por net.initFcn, y los valores de los parámetros, indicados por net.initParam.

Ejemplos

Aquí se crea un perceptrón y se configura para que sus dimensiones de entrada, salida, peso y sesgo coincidan con los datos de entrada y de destino.

```
x = [0 1 0 1; 0 0 1 1];
t = [0 0 0 1];
net = perceptron;
net = configure(net,x,t);
net.iw{1,1}
net.b{1}
```

El entrenamiento del perceptrón altera sus valores de peso y sesgo.

```
net = train(net,x,t);
net.iw{1,1}
net.b{1}
```

init reinicializa esos valores de peso y sesgo.

```
net = init(net);
net.iw{1,1}
net.b{1}
```

Los pesos y los sesgos vuelven a ser ceros, que son los valores iniciales que utilizan las redes perceptrón.

Algoritmos

init calls net.initFcn to initialize the weight and bias values according to the parameter values net.initParam.

Typically, net.initFcn is set to 'initlay', which initializes each layer's weights and biases according to its net.layers{i}.initFcn.

Backpropagation networks have net.layers{i}.initFcn set to 'initnw', which calculates the weight and bias values for layer i using the Nguyen-Widrow initialization method.

Other networks have net.layers{i}.initFcn set to 'initwb', which initializes each weight and bias with its own initialization function. The most common weight and bias initialization function is rands, which generates random values between −1 and 1.

7.2.5 Train

Entrenar la red neuronal

Syntax

```
[net,tr] = train(net,X,T,Xi,Ai,EW)
[net,__] = train(__,'useParallel',__)
[net,__] = train(__,'useGPU',__)
[net,__] = train(__,'showResources',__)
[net,__] = train(Xcomposite,Tcomposite,__)
[net,__] = train(Xgpu,Tgpu,__)
net =
train(__,'CheckpointFile','path/name','CheckpointDelay',numDel
ays)
```

Description

train trains a network net according to net.trainFcn and net.trainParam.

[net,tr] = train(net,X,T,Xi,Ai,EW) takes

net	Network
X	Network inputs
T	Network targets (default = zeros)
Xi	Initial input delay conditions (default = zeros)
Ai	Initial layer delay conditions (default = zeros)
EW	Error weights

and returns

net	Newly trained network
tr	Training record (epoch and perf)

Ten en cuenta que T es opcional y sólo debe utilizarse para las redes que requieren objetivos. Xi también es opcional y sólo debe utilizarse en redes que tengan retardos de entrada o de capa.

Los argumentos del tren pueden tener dos formatos matrices, para problemas estáticos y redes con entradas y salidas únicas, y matrices de celdas para múltiples pasos temporales y redes con múltiples entradas y salidas.

El formato de la matriz es el siguiente

X	R-by-Q matrix
T	U-by-Q matrix

El formato de matriz de celdas es más general y cómodo para redes con múltiples entradas y salidas, ya que permite presentar secuencias de entradas.

X	Ni-by-TS cell array	Each element X{i,ts} is an Ri-by-Q matrix.
T	No-by-TS cell array	Each element T{i,ts} is a Ui-by-Q matrix.
Xi	Ni-by-ID cell array	Each element Xi{i,k} is an Ri-by-Q matrix.
Ai	Nl-by-LD cell array	Each element Ai{i,k} is an Si-by-Q matrix.
EW	No-by-TS cell array	Each element EW{i,ts} is a Ui-by-Q matrix

where

Ni	=	net.numInputs
Nl	=	net.numLayers
No	=	net.numOutputs
ID	=	net.numInputDelays
LD	=	net.numLayerDelays
TS	=	Number of time steps
Q	=	Batch size
Ri	=	net.inputs{i}.size
Si	=	net.layers{i}.size
Ui	=	net.outptus{i}.size

Las columnas de Xi y Ai están ordenadas de la condición de retraso más antigua a la más reciente:

Xi{i,k}	=	Input i at time ts = k - ID
Ai{i,k}	=	Layer output i at time ts = k - LD

Las ponderaciones de error EW también pueden tener una dimensión de 1 en lugar de todas o cualquiera de No, TS, Ui o Q. En ese caso, EW se amplía automáticamente de dimensión para coincidir con los objetivos T. Esto permite ponderar convenientemente la importancia en cualquier dimensión (como por muestra) mientras se tiene la misma importancia en otra (como el tiempo, con TS=1). Si todas las dimensiones son 1, por ejemplo, si EW = {1}, todos los valores objetivo se tratan con la misma importancia. Ése es el valor por defecto de EW.

El formato matricial se puede utilizar si sólo se va a simular un paso de tiempo (TS = 1). Es conveniente para redes con una sola entrada y salida, pero puede utilizarse con redes que tengan más.

Cada argumento de matriz se encuentra almacenando los elementos del argumento de matriz de celdas correspondiente en una sola matriz:

X	(sum of Ri)-by-Q matrix
T	(sum of Ui)-by-Q matrix
Xi	(sum of Ri)-by-(ID*Q) matrix
Ai	(sum of Si)-by-(LD*Q) matrix
EW	(sum of Ui)-by-Q matrix

Como ya se ha indicado, las ponderaciones de error EW pueden tener las mismas dimensiones que los objetivos T, o tener algunas dimensiones fijadas en 1. Por ejemplo, si EW es 1-por-Q, entonces las muestras objetivo tendrán importancias diferentes, pero cada elemento de una muestra tendrá la misma importancia. Si EW es (suma de Ui)-por-Q, entonces cada elemento de salida tiene una importancia diferente, y todas las muestras se tratan con la misma importancia.

El registro de entrenamiento TR es una estructura cuyos campos dependen de la función de entrenamiento de la red (net.NET.trainFcn). Puede incluir campos como

- Funciones y parámetros de entrenamiento, división de datos y rendimiento
- Índices de división de datos para los conjuntos de entrenamiento, validación y prueba
- Máscaras de división de datos para los conjuntos de entrenamiento, validación y prueba
- Número de épocas (num_épocas) y la mejor época (mejor_época).
- Una lista de nombres de estados de entrenamiento (estados).
- Campos para cada nombre de estado que registran su valor a lo largo del entrenamiento
- Rendimiento de la mejor red (mejor_perf, mejor_vperf, mejor_tperf)

```
[net,__] = train(__,'useParallel',__), [net,__] =
train(__,'useGPU',__), or [net,__] = train(__,'showResources',__)
```

acepta argumentos opcionales de par nombre/valor para controlar cómo se realizan los cálculos. Dos de estas opciones permiten que el entrenamiento se realice más rápidamente o en conjuntos de datos más grandes utilizando trabajadores paralelos o dispositivos GPU si está disponible Parallel Computing Toolbox. Estos son los pares nombre/valor opcionales:

`'useParallel','no'`	Calculations occur on normal MATLAB thread. This is the default `'useParallel'` setting.
`'useParallel','yes'`	Calculations occur on parallel workers if a parallel pool is open. Otherwise calculations occur on the normal MATLAB thread.
`'useGPU','no'`	Calculations occur on the CPU. This is the default `'useGPU'` setting.
`'useGPU','yes'`	Calculations occur on the current gpuDevice if it is a supported GPU (See Parallel Computing Toolbox for GPU requirements.) If the current gpuDevice is not supported, calculations remain on the CPU. If `'useParallel'` is also `'yes'` and a parallel pool is open, then each worker with a unique GPU uses that GPU, other workers run calculations on their respective CPU cores.
`'useGPU','only'`	If no parallel pool is open, then this setting is the same as `'yes'`. If a parallel pool is open then only workers with unique GPUs are used. However, if a parallel pool is open, but no supported GPUs are available, then calculations revert to performing on all worker CPUs.
`'showResources','no'`	Do not display computing resources used at the command line. This is the default setting.

`'showResources','yes'`	Show at the command line a summary of the computing resources actually used. The actual resources may differ from the requested resources, if parallel or GPU computing is requested but a parallel pool is not open or a supported GPU is not available. When parallel workers are used, each worker's computation mode is described, including workers in the pool that are not used.
`'reduction',N`	For most neural networks, the default CPU training computation mode is a compiled MEX algorithm. However, for large networks the calculations might occur with a MATLAB calculation mode. This can be confirmed using `'showResources'`. If MATLAB is being used and memory is an issue, setting the reduction option to a value N greater than 1, reduces much of the temporary storage required to train by a factor of N, in exchange for longer training times.

```
[net,__] = train(Xcomposite,Tcomposite,__)
```

toma datos compuestos y devuelve resultados compuestos. Si se utilizan datos compuestos, "`usarParalelo`" se establece automáticamente en "`sí`".

```
[net,__] = train(Xgpu,Tgpu,__)
```

toma datos gpuArray y devuelve resultados gpuArray. Si se utilizan datos gpuArray, entonces `'useGPU'` se establece automáticamente en `'yes'`.

```
net =
train(__,'CheckpointFile','path/name','CheckpointDelay',numDelays)
```

Guarda periódicamente los valores intermedios de la red neuronal y el registro de entrenamiento durante el entrenamiento en el archivo especificado. Esto protege los resultados del entrenamiento de fallos de alimentación, bloqueos del ordenador,

Ctrl+C o cualquier otro suceso que detenga el proceso de entrenamiento antes de que éste vuelva a la normalidad.

El valor de `'CheckpointFile'` puede establecerse a un nombre de archivo para guardar en la carpeta de trabajo actual, a una ruta de archivo en otra carpeta, o a una cadena vacía para desactivar los guardados de puntos de control (el valor por defecto).

El parámetro opcional `'CheckpointDelay'` limita la frecuencia de los guardados. Limitar la frecuencia de los puntos de control puede mejorar la eficacia, al mantener la cantidad de tiempo de guardado de puntos de control baja en comparación con el tiempo empleado en los cálculos. Tiene un valor por defecto de 60, lo que significa que los puntos de control no se guardan más de una vez por minuto. Establece el valor de `'CheckpointDelay'` en 0 si quieres que los puntos de control sólo se guarden una vez cada época.

Nota Cualquier valor NaN en las entradas X o los objetivos T, se tratan como datos perdidos. Si una columna de X o T contiene al menos un NaN, esa columna no se utiliza para el entrenamiento, la prueba o la validación.

Ejemplos
Entrenar y trazar redes

Aquí la entrada x y los objetivos t definen una función simple que puedes trazar:

```
x = [0 1 2 3 4 5 6 7 8];
t = [0 0.84 0.91 0.14 -0.77 -0.96 -0.28 0.66 0.99];
plot(x,t,'o')
```

Aquí `feedforwardnet` crea una red feed-forward de dos capas. La red tiene una capa oculta con diez neuronas.

```
net = feedforwardnet(10);
net = configure(net,x,t);
y1 = net(x)
plot(x,t,'o',x,y1,'x')
```

La red se entrena y luego se resimula.

```
net = train(net,x,t);
y2 = net(x)
plot(x,t,'o',x,y1,'x',x,y2,'*')
```

Entrenar la red de series temporales NARX

Este ejemplo entrena una red no lineal-autorregresiva de bucle abierto con entrada externa, para modelar un sistema de imán levitado definido por una corriente de control x y la respuesta t de la posición vertical del imán, y luego simula la red. La función prepara los datos antes del entrenamiento y la simulación. Crea las entradas combinadas de la red en bucle abierto xo, que contiene tanto la entrada externa x como los valores anteriores de la posición t. También prepara los estados de retardo xi.

```
[x,t] = maglev_dataset;
net = narxnet(10);
[xo,xi,~,to] = preparets(net,x,{},t);
net = train(net,xo,to,xi);
y = net(xo,xi)
```

Este mismo sistema también se puede simular en bucle cerrado.

```
netc = closeloop(net);
view(netc)
[xc,xi,ai,tc] = preparets(netc,x,{},t);
yc = netc(xc,xi,ai);
```

Entrenar una red en paralelo en un pool paralelo

Parallel Computing Toolbox™ permite a Neural Network Toolbox™ simular y entrenar redes más rápidamente y en conjuntos de datos mayores de los que caben en un PC. Actualmente, el entrenamiento en paralelo sólo es compatible con el entrenamiento por retropropagación, no con los mapas autoorganizativos.

Aquí el entrenamiento y la simulación tienen lugar a través de trabajadores paralelos de MATLAB.

```
parpool
[X,T] = vinyl_dataset;
net = feedforwardnet(10);
net = train(net,X,T,'useParallel','yes','showResources','yes');
Y = net(X);
```

Utiliza los valores compuestos para distribuir los datos manualmente y obtener los resultados como un valor compuesto. Si los datos se cargan a medida que se distribuyen, entonces, aunque cada parte del conjunto de datos debe caber en la RAM, el conjunto de datos completo sólo está limitado por la RAM total de todos los trabajadores.

```
[X,T] = vinyl_dataset;
Q = size(X,2);
Xc = Composite;
Tc = Composite;
numWorkers = numel(Xc);
ind = [0 ceil((1:4)*(Q/4))];
for i=1:numWorkers
    indi = (ind(i)+1):ind(i+1);
    Xc{i} = X(:,indi);
    Tc{i} = T(:,indi);
end
net = feedforwardnet;
net = configure(net,X,T);
net = train(net,Xc,Tc);
Yc = net(Xc);
```

Observa que en el ejemplo anterior se utilizó la función configurar para establecer las dimensiones y los ajustes de procesamiento de las entradas de la red. Esto suele ocurrir automáticamente cuando se llama a entrenar, pero cuando se proporcionan datos compuestos este paso debe hacerse manualmente con datos no compuestos.

Entrenar una red en la GPU

Las redes pueden entrenarse utilizando el dispositivo GPU actual, si es compatible con Parallel Computing Toolbox. Actualmente, el entrenamiento en la GPU sólo es compatible con el entrenamiento por retropropagación, no con los mapas autoorganizativos.

```
[X,T] = vinyl_dataset;
net = feedforwardnet(10);
net = train(net,X,T,'useGPU','yes');
y = net(X);
```

Para poner los datos en una GPU manualmente:

```
[X,T] = vinyl_dataset;
Xgpu = gpuArray(X);
Tgpu = gpuArray(T);
net = configure(net,X,T);
net = train(net,Xgpu,Tgpu);
Ygpu = net(Xgpu);
Y = gather(Ygpu);
```

Observa que en el ejemplo anterior se utilizó la función configurar para establecer las dimensiones y los ajustes de procesamiento de las entradas de la red. Esto suele ocurrir automáticamente cuando se llama a entrenar, pero cuando se proporcionan datos gpuArray este paso debe hacerse manualmente con datos no gpuArray.

Para ejecutarse en paralelo, con trabajadores asignados cada uno a una única GPU diferente, con trabajadores adicionales ejecutándose en la CPU:

```
net = train(net,X,T,'useParallel','yes','useGPU','yes');
y = net(X);
```

Utilizar sólo trabajadores con GPU única podría dar como resultado una mayor velocidad, ya que los trabajadores de la CPU podrían no seguir el ritmo.

```
net = train(net,X,T,'useParallel','yes','useGPU','only');
Y = net(X);
```

Entrenamiento de red que utiliza puntos de control guardados

Aquí se entrena una red con puntos de control guardados a un ritmo no superior a una vez cada dos minutos.

```
[x,t] = vinyl_dataset;
net = fitnet([60 30]);
net =
train(net,x,t,'CheckpointFile','MyCheckpoint','CheckpointDelay',120)
;
```

Tras un fallo informático, se puede recuperar la última red y utilizarla para continuar el entrenamiento desde el punto del fallo. El archivo de punto de control incluye una variable de estructura punto de control, que incluye la red, el registro de entrenamiento, el nombre del archivo, la hora y el número.

```
[x,t] = vinyl_dataset;
load MyCheckpoint
net = checkpoint.net;
net = train(net,x,t,'CheckpointFile','MyCheckpoint');
```

Otro uso de la función de punto de control es cuando detienes una sesión de entrenamiento en paralelo (iniciada con el parámetro "UsarParalelo") aunque la Herramienta de Entrenamiento de Redes Neuronales no esté disponible durante el entrenamiento en paralelo. En este caso, establece un 'CheckpointFile', utiliza Ctrl+C para detener el entrenamiento en cualquier momento, y luego carga tu archivo de punto de control para obtener la red y el registro de entrenamiento.

Algoritmos

`train` llama a la función indicada por `net.trainFcn`, utilizando los valores de los parámetros de entrenamiento indicados por `net.trainParam`.

Normalmente, una época de entrenamiento se define como una única presentación de todos los vectores de entrada a la red. A continuación, la red se actualiza en función de los resultados de todas esas presentaciones.

El entrenamiento se produce hasta que se alcanza un número máximo de épocas, se cumple el objetivo de rendimiento o se produce cualquier otra condición de parada de la función `net.trainFcn`.

Algunas funciones de entrenamiento se apartan de esta norma al presentar sólo un vector (o secuencia) de entrada en cada época. Un vector (o secuencia) de entrada se elige aleatoriamente para cada época entre los vectores (o secuencias) de entrada concurrentes. `competlayer` devuelve las redes que utilizan `entrenruu`una función de entrenamiento que hace esto.

7.2.6 trainlm

Retropropagación de Levenberg-Marquardt

Sintaxis

```
net.trainFcn = 'trainlm'
[net,tr] = train(net,...)
```

Descripción

`trainlm` es una función de entrenamiento de la red que actualiza los valores de peso y sesgo según la optimización de Levenberg-Marquardt.

`trainlm` suele ser el algoritmo de retropropagación más rápido de la caja de herramientas, y es muy recomendable como algoritmo supervisado de primera elección, aunque requiere más memoria que otros algoritmos.

`net.trainFcn = 'trainlm'` establece la propiedad `trainFcn` de la red.

`[net,tr] = train(net,...)` entrena la red con `trainlm`.

El entrenamiento se produce según los parámetros de entrenamiento `trainlm`, que aquí se muestran con sus valores por defecto:

net.trainParam.epochs	1000	Maximum number of epochs to train
net.trainParam.goal	0	Performance goal
net.trainParam.max_fail	6	Maximum validation failures
net.trainParam.min_grad	1e-7	Minimum performance gradient
net.trainParam.mu	0.001	Initial mu
net.trainParam.mu_dec	0.1	mu decrease factor
net.trainParam.mu_inc	10	mu increase factor
net.trainParam.mu_max	1e10	Maximum mu
net.trainParam.show displays)	25	Epochs between displays (NaN for no
net.trainParam.showCommandLine	false	Generate command-line output
net.trainParam.showWindow	true	Show training GUI
net.trainParam.time	inf	Maximum time to train in seconds

Los vectores de validación se utilizan para detener el entrenamiento antes de tiempo si el rendimiento de la red en los vectores de validación no mejora o permanece igual durante un máximo de épocas seguidas. Los vectores de prueba se utilizan como comprobación adicional de que la red está generalizando bien, pero no tienen ningún efecto sobre el entrenamiento.

trainlm es la función de entrenamiento por defecto de varias funciones de creación de redes, como newcf, newdtdnn, newff y newnarx.

Uso de la red

Puedes crear una red estándar que utilice trainlm con feedforwardnet o cascadeforwardnet.

Preparar una red personalizada para entrenarla con trainlm,

1. Establecer net.trainFcn to 'trainlm'. Esto establece net.trainParam en los parámetros por defecto de trainlm.

2. Ajusta las propiedades de net.trainParam a los valores deseados.

En cualquier caso, llamar a train con la red resultante entrena la red con trainlm.

Consulta los ejemplos en help feedforwardnet y help cascadeforwardnet.

Ejemplos

Aquí se entrena una red neuronal para predecir los precios medios de la vivienda.

```
[x,t] = house_dataset;

net = feedforwardnet(10,'trainlm');

net = train(net,x,t);

y = net(x)
```

Definiciones

Al igual que los métodos cuasi-Newton, el algoritmo Levenberg-Marquardt se diseñó para aproximarse a la velocidad de entrenamiento de segundo orden sin tener que calcular la matriz hessiana. Cuando la función de rendimiento tiene la forma de una suma de cuadrados (como es típico en el entrenamiento de redes feedforward), la matriz hessiana puede aproximarse como

$$H = J^T J$$

y el gradiente puede calcularse como

$$g = J^T e$$

donde **J** es la matriz jacobiana que contiene las primeras derivadas de los errores de la red con respecto a los pesos y sesgos, y **e** es un vector de errores de la red. La matriz jacobiana puede calcularse mediante una técnica estándar de retropropagación (véase [HaMe94]) que es mucho menos compleja que calcular la matriz hessiana.

El algoritmo de Levenberg-Marquardt utiliza esta aproximación a la matriz hessiana en la siguiente actualización tipo Newton:

$$\mathbf{x}_{k+1} = \mathbf{x}_k - [\mathbf{J}^T\mathbf{J} + \mu\mathbf{I}]^{-1} \mathbf{J}^T \mathbf{e}$$

Cuando el escalar μ es cero, se trata simplemente del método de Newton, utilizando la matriz hessiana aproximada. Cuando μ *es* grande, se convierte en descenso gradiente con un tamaño de paso pequeño. El método de Newton es más rápido y preciso cerca de un mínimo de error, por lo que el objetivo es pasar al método de Newton lo antes posible. Así, μ se reduce después de cada paso acertado (reducción de la función de rendimiento) y sólo se aumenta cuando un paso tentativo aumentaría la función de rendimiento. De este modo, la función de rendimiento siempre se reduce en cada iteración del algoritmo.

La descripción original del algoritmo de Levenberg-Marquardt se da en [Marq63]. La aplicación de Levenberg-Marquardt al entrenamiento de redes neuronales se describe en [HaMe94] y a partir de la página 12-19 de [HDB96]. Este algoritmo parece ser el método más rápido para entrenar redes neuronales feedforward de tamaño moderado (hasta varios cientos de pesos). También tiene una implementación eficiente en el software MATLAB® , porque la solución de la ecuación matricial es una función incorporada, por lo que sus atributos se acentúan aún más en un entorno MATLAB.

Prueba la demostración de *Diseño de Redes Neuronales* nnd12m [HDB96] para ver una ilustración del rendimiento del algoritmo de Levenberg-Marquardt por lotes.

Limitaciones

Esta función utiliza el jacobiano para los cálculos, lo que supone que el rendimiento es una media o una suma de errores al cuadrado. Por tanto, las redes entrenadas con esta función deben utilizar la función de rendimiento mse o sse.

Algoritmos

trainlm admite el entrenamiento con vectores de validación y prueba si la propiedad NET.divideFcn de la red se establece en una función de división de datos. Los vectores de validación se utilizan para detener el entrenamiento antes de tiempo si el rendimiento de la red en los vectores de validación no mejora o permanece igual durante un máximo de épocas seguidas. Los vectores de prueba se utilizan como comprobación adicional de que la red está generalizando bien, pero no tienen ningún efecto sobre el entrenamiento.

trainlm puede entrenar cualquier red siempre que sus funciones de peso, entrada neta y transferencia tengan funciones derivadas.

Se utiliza la retropropagación para calcular el jacobiano jX del rendimiento perf con respecto a las variables de peso y sesgo X. Cada variable se ajusta según Levenberg-Marquardt,

$$jj = jX * jX$$

$$je = jX * E$$

$$dX = -(jj+I*mu) \backslash je$$

donde E son todos los errores e I es la matriz identidad.

El valor adaptativo mu se incrementa mediante mu_inc hasta que el cambio anterior dé como resultado un valor de rendimiento reducido. Entonces se realiza el cambio en la red y mu disminuye en mu_dec.

El entrenamiento se detiene cuando se produce alguna de estas condiciones:

* Se alcanza el número máximo de épocas (repeticiones).
* Se ha superado el tiempo máximo.
* El rendimiento se minimiza hasta el objetivo.

- El gradiente de rendimiento cae por debajo de `min_grad`.

- `mu` supera `mu_max`.

- El rendimiento de la validación ha aumentado más veces que `max_fail` desde la última vez que disminuyó (al utilizar la validación).

7.2.7 tansig

Hyperbolic tangent sigmoid transfer function

Gráfico y símbolo

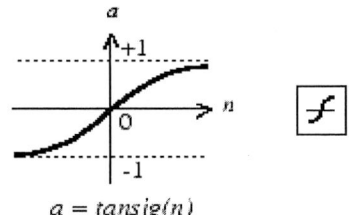

$a = tansig(n)$

Tan-Sigmoid Transfer Function

Sintaxis

```
A = tansig(N,FP)
```

Descripción

`tansig` es una función de transferencia neuronal. Las funciones de transferencia calculan la salida de una capa a partir de su entrada neural.

`A = tansig(N,FP)` takes N and optional function parameters,

N   S-by-Q matrix of net input (column) vectors
FP   Struct of function parameters (ignored)

y devuelve A, la matriz S por Q de los elementos de N aplastados en [-1 1].

Ejemplos

Aquí tienes el código para crear un gráfico de la función de transferencia `tansig`.

```
n = -5:0.1:5;

a = tansig(n);

plot(n,a)
```

Asigna esta función de transferencia a la capa i de una red.

```
net.layers{i}.transferFcn = 'tansig';
```

Algoritmos

```
a = tansig(n) = 2/(1+exp(-2*n))-1
```

Esto es matemáticamente equivalente a tanh(N). Se diferencia en que se ejecuta más rápido que la implementación MATLAB de tanh, pero los resultados pueden tener diferencias numéricas muy pequeñas. Esta función es un buen compromiso para las redes neuronales, donde la velocidad es importante y la forma exacta de la función de transferencia no lo es.

7.2.8 purelin

Linear transfer function

Gráfico y símbolo

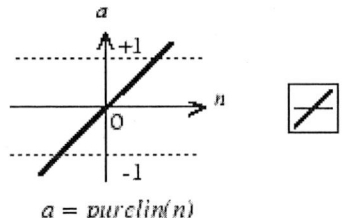

$a = purelin(n)$

Linear Transfer Function

Sintaxis

```
A = purelin(N,FP)
info = purelin('code')
```

Descripción

purelin es una función de transferencia neuronal. Las funciones de transferencia calculan la salida de una capa a partir de su entrada neural.

A = purelin(N,FP) takes N and optional function parameters,

N   S-by-Q matrix of net input (column) vectors
FP   Struct of function parameters (ignored)

and returns A, an S-by-Q matrix equal to N.

info = purelin('*code*') returns useful information for each supported *code* string:

purelin('name') returns the name of this function.

purelin('output',FP) returns the [min max] output range.

purelin('active',FP) returns the [min max] active input range.

purelin('fullderiv') returns 1 or 0, depending on whether dA_dN is S-by-S-by-Q or S-by-Q.

purelin('fpnames') returns the names of the function parameters.

purelin('fpdefaults') returns the default function parameters.

Ejemplos

Aquí tienes el código para crear un gráfico de la función de transferencia purelin.

```
n = -5:0.1:5;

a = purelin(n);

plot(n,a)
```

Asigna esta función de transferencia a la capa i de una red.

```
net.layers{i}.transferFcn = 'purelin';
```

Algoritmos

```
a = purelin(n) = n
```

7.2.9 cascadeforwardnet

Red neuronal en cascada hacia delante

Sintaxis

```
cascadeforwardnet(hiddenSizes,trainFcn)
```

Descripción

Las redes en cascada hacia delante son similares a las redes de alimentación hacia delante, pero incluyen una conexión desde la entrada y cada capa anterior a las capas siguientes.

Al igual que las redes feed-forward, una red en cascada de dos o más capas puede aprender cualquier relación finita de entrada-salida arbitrariamente bien, dadas suficientes neuronas ocultas.

`cascadeforwardnet(hiddenSizes,trainFcn)` takes these arguments,

hiddenSizes   Row vector of one or more hidden layer sizes (default = 10)
trainFcn   Training function (default = 'trainlm')

y devuelve una nueva red neuronal en cascada hacia delante.

Ejemplos

Crear y entrenar una red en cascada

Aquí se crea una red en cascada y se entrena en un problema sencillo de ajuste.

```
[x,t] = simplefit_dataset;
net = cascadeforwardnet(10);
net = train(net,x,t);
view(net)
y = net(x);
perf = perform(net,y,t)
perf =

   1.9372e-05
```

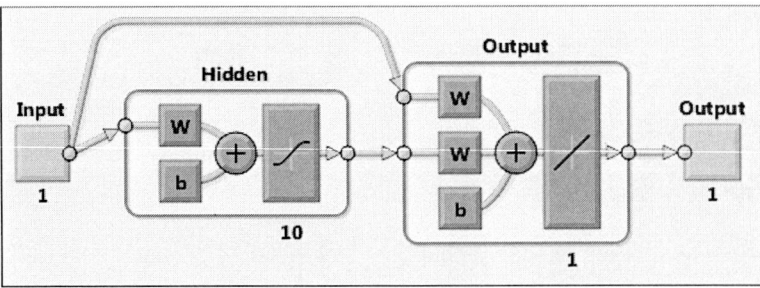

7.2.10 patternnet

Red de reconocimiento de patrones

Sintaxis

```
patternnet(hiddenSizes,trainFcn,performFcn)
```

Descripción

Las redes de reconocimiento de patrones son redes feedforward que pueden entrenarse para clasificar entradas según clases objetivo. Los datos objetivo de las redes de reconocimiento de patrones deben consistir en vectores de todos los valores cero excepto un 1 en el elemento i, donde i es la clase que deben representar.

`patternnet(hiddenSizes,trainFcn,performFcn)` takes these arguments,

hiddenSizes	Row vector of one or more hidden layer sizes (default = 10)
trainFcn	Training function (default = 'trainscg')
performFcn	Performance function (default = 'crossentropy')

y devuelve una red neuronal de reconocimiento de patrones.

Ejemplos

Reconocimiento de patrones

Este ejemplo muestra cómo diseñar una red de reconocimiento de patrones para clasificar flores de iris.

```
[x,t] = iris_dataset;
net = patternnet(10);
net = train(net,x,t);
view(net)
y = net(x);
perf = perform(net,t,y);
classes = vec2ind(y);
```

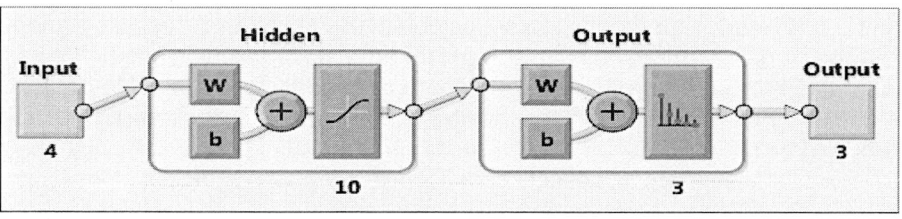

7.3 ENTRENAR Y APLICAR REDES NEURONALES MULTICAPA

Este tema presenta parte del flujo de trabajo típico de una red multicapa.

Cuando se inicializan los pesos y sesgos de la red, ésta está lista para el entrenamiento. La red multicapa feedforward puede entrenarse para la aproximación de funciones (regresión no lineal) o el reconocimiento de patrones. El proceso de entrenamiento requiere un conjunto de ejemplos de comportamiento adecuado de la red -entradas p de la red y salidas objetivo t-.

El proceso de entrenamiento de una red neuronal consiste en ajustar los valores de los pesos y los sesgos de la red para optimizar su rendimiento, tal como se define en la función de rendimiento de la red net.performFcn. La función de rendimiento por defecto para las redes feedforward es error cuadrático medio mse- el error cuadrático medio entre las salidas a de la red y las salidas objetivo t. Se define como sigue:

$$F = mse = \frac{1}{N} \sum_{i=1}^{N} (e_i)^2 = \frac{1}{N} \sum_{i=1}^{N} (t_i - a_i)^2$$

(También se pueden ponderar los errores individuales al cuadrado. Hay dos formas distintas de llevar a cabo el entrenamiento: modo incremental y modo por lotes. En el modo incremental, se calcula el gradiente y se actualizan los pesos después de aplicar cada entrada a la red. En el modo por lotes, todas las entradas del conjunto de entrenamiento se aplican a la red antes de actualizar los pesos. Este tema describe el entrenamiento por lotes con el comando entrenar. Entrenamiento incremental con el comando adaptarse trata en Entrenamiento incremental con adapt. Para la mayoría de los problemas, cuando se utiliza el software Neural Network Toolbox™, el entrenamiento por lotes es significativamente más rápido y produce errores menores que el entrenamiento incremental.

Para entrenar redes multicapa feedforward, se puede utilizar cualquier algoritmo de optimización numérica estándar para optimizar la función de rendimiento, pero hay unos cuantos que han demostrado un rendimiento excelente para el entrenamiento de redes neuronales. Estos métodos de optimización utilizan el gradiente del rendimiento de la red con respecto a los pesos de la red, o el jacobiano de los errores de la red con respecto a los pesos.

El gradiente y el jacobiano se calculan mediante una técnica denominada algoritmo de *retropropagación* , que consiste en realizar cálculos hacia atrás a través de la red. El cálculo de retropropagación se deriva utilizando la regla de la cadena del cálculo y se describe en los capítulos 11 (para el gradiente) y 12 (para el jacobiano) de [HDB96].

7.3.1 Algoritmos de entrenamiento

Como ilustración de cómo funciona el entrenamiento, considera el algoritmo de optimización más simple: el descenso de gradiente. Actualiza los pesos y sesgos de la red en la dirección en la que la función de rendimiento disminuye más rápidamente, el negativo del gradiente. Una iteración de este algoritmo puede escribirse como

$$\mathbf{x}_{k+1} = \mathbf{x}_k - \alpha_k \mathbf{g}_k$$

donde $\mathbf{x}_k$ es un vector de pesos y sesgos actuales, $\mathbf{g}_k$ es el gradiente actual, y α_k es la tasa de aprendizaje. Esta ecuación se itera hasta que la red converge.

En la tabla siguiente se muestra una lista de los algoritmos de entrenamiento disponibles en el software Neural Network Toolbox y que utilizan métodos basados en gradientes o jacobianos.

Para una descripción detallada de varias de estas técnicas, véase también Hagan, M.T., H.B. Demuth y M.H. Beale, *Neural Network Design*, Boston, MA: PWS Publishing, 1996, Capítulos 11 y 12.

Function	Algorithm
trainlm	Levenberg-Marquardt
trainbr	Bayesian Regularization
trainbfg	BFGS Quasi-Newton
trainrp	Resilient Backpropagation
trainscg	Scaled Conjugate Gradient
traincgb	Conjugate Gradient with Powell/Beale Restarts
traincgf	Fletcher-Powell Conjugate Gradient
traincgp	Polak-Ribiére Conjugate Gradient
trainoss	One Step Secant
traingdx	Variable Learning Rate Gradient Descent
traingdm	Gradient Descent with Momentum
traingd	Gradient Descent

La función de entrenamiento más rápida suele ser `trainlm`, y es la función de entrenamiento por defecto de `feedforwardnet`. El método cuasi-Newton `trainbfg` también es bastante rápido. Ambos métodos tienden a ser menos eficientes para redes grandes (con miles de pesos), ya que requieren más memoria y más tiempo de cálculo para estos casos. Además, `trainlm` funciona mejor en problemas de ajuste de funciones (regresión no lineal) que en problemas de reconocimiento de patrones.

Cuando se entrenan redes grandes, y cuando se entrenan redes de reconocimiento de patrones, `trainscg` y `trainrp` son buenas opciones. Sus requisitos de memoria son relativamente pequeños y, sin embargo, son mucho más rápidos que los algoritmos estándar de descenso de gradiente.

Consulta Elegir una función de entrenamiento de red neuronal multicapa para ver una comparación completa de las prestaciones de los algoritmos de entrenamiento que aparecen en la tabla anterior.

Como nota terminológica, el término "retropropagación" se utiliza a veces para referirse específicamente al algoritmo de descenso de gradiente, cuando se aplica al entrenamiento de redes neuronales. Esa terminología no se utiliza aquí, ya que el proceso de calcular el gradiente y el jacobiano realizando cálculos hacia atrás a través de la red se aplica en todas las funciones de entrenamiento enumeradas anteriormente. Es más claro utilizar el nombre del algoritmo de optimización concreto que se está utilizando, en lugar de utilizar sólo el término retropropagación.

Además, la red multicapa se denomina a veces red de retropropagación. Sin embargo, la técnica de retropropagación que se utiliza para calcular gradientes y jacobianos en una red multicapa también puede aplicarse a muchas arquitecturas de red diferentes. De hecho, los gradientes y jacobianos de cualquier red que tenga funciones de transferencia, funciones de peso y funciones de entrada de red diferenciables pueden calcularse utilizando el software Neural Network Toolbox mediante un proceso de retropropagación. Incluso puedes crear tus propias redes personalizadas y entrenarlas utilizando cualquiera de las funciones de entrenamiento de la tabla anterior. Los gradientes y los jacobianos se calcularán automáticamente por ti.

7.3.2 Ejemplo de entrenamiento

Para ilustrar el proceso de entrenamiento, ejecuta los siguientes comandos:

```
load house_dataset
net = feedforwardnet(20);
[net,tr] = train(net,houseInputs,houseTargets);
```

Observa que no has necesitado emitir el comando configurar, porque la configuración la realiza automáticamente la función entrenar. La ventana de entrenamiento aparecerá durante el entrenamiento, como se muestra en la siguiente figura. Si no quieres que se muestre esta ventana durante el entrenamiento, puedes establecer el parámetro net.trainParam.showWindow en false. Si quieres que se muestre la información del entrenamiento en la línea de comandos, puedes establecer el siguiente parámetro

net.trainParam.showCommandLine a verdadero

Esta ventana muestra que los datos se han dividido utilizando el divisory y se ha utilizado el método de entrenamiento de Levenberg-Marquardt (trainlm) con la función de rendimiento error cuadrático medio. Recuerda que estos son los ajustes por defecto de feedforwardnet.

Durante el entrenamiento, el progreso se actualiza constantemente en la ventana de entrenamiento. Lo más interesante es el rendimiento, la magnitud del gradiente del rendimiento y el número de comprobaciones de validación. La magnitud del gradiente y el número de comprobaciones de validación se utilizan para finalizar el entrenamiento. El gradiente se hará muy pequeño cuando el entrenamiento alcance un mínimo del rendimiento. Si la magnitud del gradiente es inferior a 1e-5, el entrenamiento se detendrá. Este límite se puede ajustar mediante el parámetro `net.trainParam.min_grad` . El número de comprobaciones de validación representa el número de iteraciones sucesivas en las que el rendimiento de validación no disminuye. Si este número llega a 6 (el valor por defecto), el entrenamiento se detendrá. En esta ejecución, puedes ver que el entrenamiento se detuvo debido al número de comprobaciones de validación. Puedes cambiar este criterio ajustando el parámetro `net.trainParam.max_fail` . (Ten en cuenta que tus resultados pueden ser diferentes de los mostrados en la siguiente figura, debido a la configuración aleatoria de los pesos y sesgos iniciales).

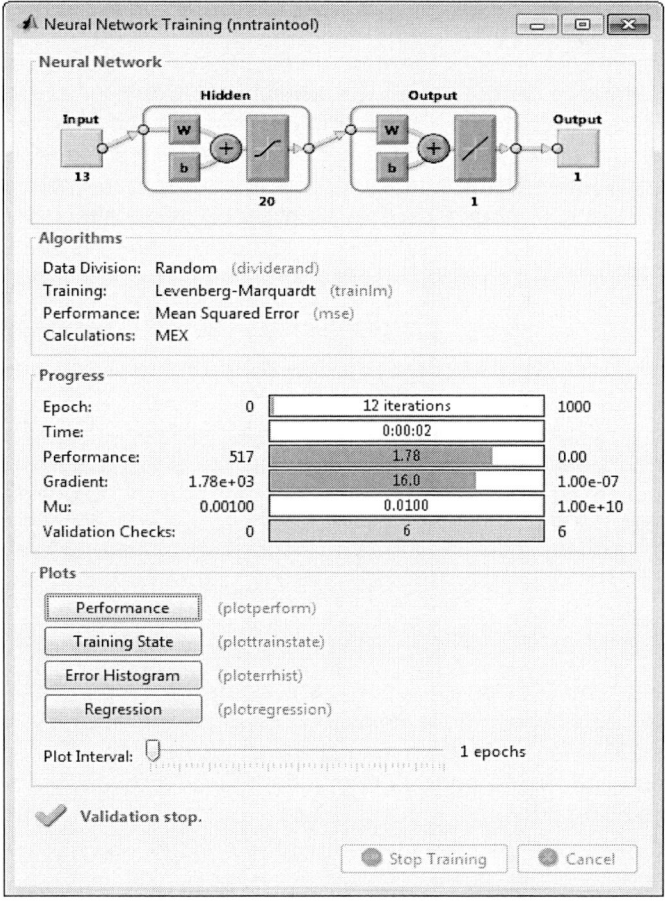

Hay otros criterios que se pueden utilizar para detener el entrenamiento de la red. Se enumeran en la tabla siguiente.

Parameter	Stopping Criteria
min_grad	Minimum Gradient Magnitude
max_fail	Maximum Number of Validation Increases
time	Maximum Training Time
goal	Minimum Performance Value
epochs	Maximum Number of Training Epochs (Iterations)

El entrenamiento también se detendrá si pulsas el botón **Detener entrenamiento** en la ventana de entrenamiento. Puede que quieras hacer esto si la función de rendimiento no disminuye significativamente a lo largo de muchas iteraciones. Siempre es posible continuar el entrenamiento volviendo a emitir el comando entrenar mostrado anteriormente. Continuará entrenando la red desde la finalización de la ejecución anterior.

Desde la ventana de entrenamiento, puedes acceder a cuatro gráficos: rendimiento, estado de entrenamiento, histograma de errores y regresión. El gráfico de rendimiento muestra el valor de la función de rendimiento frente al número de iteraciones. Muestra los rendimientos de entrenamiento, validación y prueba. El gráfico del estado de entrenamiento muestra el progreso de otras variables de entrenamiento, como la magnitud del gradiente, el número de comprobaciones de validación, etc. El gráfico del histograma de errores muestra la distribución de los errores de la red. El gráfico de regresión muestra una regresión entre las salidas de la red y los objetivos de la red. Puedes utilizar los gráficos de histograma y regresión para validar el rendimiento de la red.

7.3.3 Uso de la Red

Una vez entrenada y validada la red, el objeto red puede utilizarse para calcular la respuesta de la red a cualquier entrada. Por ejemplo, si quieres encontrar la respuesta de la red al quinto vector de entrada del conjunto de datos del edificio, puedes utilizar lo siguiente

```
a = net(houseInputs(:,5))
a =
   34.3922
```

Si pruebas este comando, tu salida podría ser diferente, dependiendo del estado de tu generador de números aleatorios cuando se inicializó la red. A continuación, se llama al objeto red para calcular las salidas de un conjunto concurrente de todos los vectores de entrada del conjunto de datos de la vivienda. Ésta es la forma de simulación por lotes, en la que todos los vectores de entrada se colocan en una matriz. Esto es mucho más eficaz que presentar los vectores de uno en uno.

```
a = net(houseInputs);
```

Cada vez que se entrena una red neuronal, puede dar lugar a una solución diferente debido a los distintos valores iniciales de peso y sesgo y a las distintas divisiones de los datos en conjuntos de entrenamiento, validación y prueba. Como resultado, distintas redes neuronales entrenadas para el mismo problema pueden dar salidas distintas para la misma entrada. Para asegurarte de que has encontrado una red neuronal de buena precisión, vuelve a entrenarla varias veces.

7.4 ENTRENAR ALGORITMOS EN REDES NEURONALES MULTICAPA

La siguiente tabla resume los algoritmos de entrenamiento MATLAB para redes neuronales multicapa

Function	Algorithm
trainlm	Levenberg-Marquardt
trainbr	Bayesian Regularization
trainbfg	BFGS Quasi-Newton
trainrp	Resilient Backpropagation
trainscg	Scaled Conjugate Gradient
traincgb	Conjugate Gradient with Powell/Beale Restarts
traincgf	Fletcher-Powell Conjugate Gradient
traincgp	Polak-Ribiére Conjugate Gradient
trainoss	One Step Secant
traingdx	Variable Learning Rate Gradient Descent
traingdm	Gradient Descent with Momentum
traingd	Gradient Descent

7.4.1 trainbr: Regularización Bayesiana

Sintaxis

```
net.trainFcn = 'trainbr'
[net,tr] = train(net,...)
```

Descripción

trainbr es una función de entrenamiento de redes que actualiza los valores de peso y sesgo según la optimización de Levenberg-Marquardt. Minimiza una combinación de errores al cuadrado y pesos, y luego determina la combinación correcta para producir una red que generalice bien. El proceso se denomina regularización bayesiana.

net.trainFcn = 'trainbr' sets the network trainFcn property.

[net,tr] = train(net,...) trains the network with trainbr.

El entrenamiento se produce según los parámetros de entrenamiento trainbr, mostrados aquí con sus valores por defecto:

net.trainParam.epochs	1000	Maximum number of epochs to train
net.trainParam.goal	0	Performance goal
net.trainParam.mu	0.005	Marquardt adjustment parameter
net.trainParam.mu_dec	0.1	Decrease factor for mu
net.trainParam.mu_inc	10	Increase factor for mu
net.trainParam.mu_max	1e10	Maximum value for mu
net.trainParam.max_fail	0	Maximum validation failures
net.trainParam.min_grad	1e-7	Minimum performance gradient
net.trainParam.show	25	Epochs between displays (NaN for no displays)
net.trainParam.showCommandLine	false	Generate command-line output
net.trainParam.showWindow	true	Show training GUI
net.trainParam.time	inf	Maximum time to train in seconds

Las paradas de validación están desactivadas por defecto (max fail = 0) para que el entrenamiento pueda continuar hasta que se encuentre una combinación óptima de errores y pesos. Sin embargo, aún puede conseguirse cierta minimización de pesos/errores con tiempos de entrenamiento más cortos si se activa la validación estableciendo max_fail en 6 o en algún otro valor estrictamente positivo.

Uso de la red

Puedes crear una red estándar que utilice trainbr con feedforwardnet o cascadeforwardnet. Para preparar una red personalizada para entrenarla con trainbr,

- Establece NET.trainFcr en 'trainbr'. Esto establece NET.trainParam en los parámetros por defecto de trainbr.

- Ajusta las propiedades de NET.trainParam a los valores deseados.

En cualquier caso, llamar a train con la red resultante entrena la red con trainbr. Consulta feedforwardnet y cascadeforwardnet para ver ejemplos.

Ejemplos

He aquí un problema consistente en entradas p y objetivos t que debe resolverse con una red. Se trata de ajustar una onda sinusoidal ruidosa.

```
p = [-1:.05:1];

t = sin(2*pi*p)+0.1*randn(size(p));
```
Se crea una red feed-forward con una capa oculta de 2 neuronas.

```
net = feedforwardnet(2,'trainbr');
```

Aquí se entrena y se prueba la red.

```
net = train(net,p,t);

a = net(p)
```

Limitaciones

Esta función utiliza el jacobiano para los cálculos, lo que supone que el rendimiento es una media o una suma de errores al cuadrado. Por tanto, las redes entrenadas con esta función deben utilizar la función de rendimiento mse o sse.

Algoritmos

trainbr puede entrenar cualquier red siempre que sus funciones de peso, entrada de red y transferencia tengan funciones derivadas.

La regularización bayesiana minimiza una combinación lineal de errores al cuadrado y pesos. También modifica la combinación lineal para que, al final del entrenamiento, la red resultante tenga buenas cualidades de generalización. Véase MacKay (*Neural Computation*, Vol. 4, n° 3, 1992, pp. 415 a 447) y Foresee y Hagan (*Proceedings of the International Joint Conference on Neural Networks*, junio, 1997) para discusiones más detalladas sobre la regularización bayesiana.

Esta regularización bayesiana tiene lugar dentro del algoritmo de Levenberg-Marquardt. Se utiliza la retropropagación para calcular el jacobiano jX del rendimiento perf con respecto a las variables de peso y sesgo X. Cada variable se ajusta según Levenberg-Marquardt,

```
jj = jX * jX

je = jX * E

dX = -(jj+I*mu) \ je
```

donde E son todos los errores e I es la matriz identidad.

El valor adaptativo `mu` se incrementa mediante `mu_inc` hasta que el cambio mostrado anteriormente dé como resultado un valor de rendimiento reducido. Entonces se realiza el cambio en la red, y `mu` disminuye en `mu_dec`.

El entrenamiento se detiene cuando se produce alguna de estas condiciones:

- Se alcanza el número máximo de `epocas` (repeticiones).

- Se ha superado el `tiempo` máximo.

- El rendimiento se minimiza hasta el `objetivo`.

- El gradiente de rendimiento cae por debajo de `min_grad`.

- `mu` supera `mu_max`.

7.4.2 trainscg: Gradiente conjugado escalado de retropropagación

Sintaxis

```
net.trainFcn = 'trainscg'
[net,tr] = train(net,...)
```

Descripción

`trainscg` es una función de entrenamiento de la red que actualiza los valores de peso y sesgo según el método del gradiente conjugado escalado.

`net.trainFcn = 'trainscg'` establece la propiedad `trainFcn` de la red.

`[net,tr] = train(net,...)` entrena la red con `trainscg`.

El entrenamiento se produce según los parámetros de entrenamiento `trainscg`, que aquí se muestran con sus valores por defecto:

`net.trainParam.epochs`	1000	Maximum number of epochs to train
`net.trainParam.show`	25	Epochs between displays (NaN for no displays)
`net.trainParam.showCommandLine`	false	Generate command-line output
`net.trainParam.showWindow`	true	Show training GUI
`net.trainParam.goal`	0	Performance goal
`net.trainParam.time`	inf	Maximum time to train in seconds
`net.trainParam.min_grad`	1e-6	Minimum performance gradient
`net.trainParam.max_fail`	6	Maximum validation failures
`net.trainParam.sigma`	5.0e-5	Determine change in weight for second derivative approximation
`net.trainParam.lambda`	5.0e-7	Parameter for regulating the indefiniteness of the Hessian

Uso de la red

Puedes crear una red estándar que utilice `trainscg` con `feedforwardnet` o `cascadeforwardnet`. Para preparar una red personalizada que se entrene con `trainscg`,

- Establece los parámetros por defecto de `net.trainFcn` a `'trainscg'`. Esto establece los parámetros por defecto de `net.trainParam` a `trainscg's`.

- Ajusta las propiedades de `net.trainParam` a los valores deseados.

- En cualquier caso, llamar a `train` con la red resultante entrena la red con `trainscg`.

Ejemplos

He aquí un problema formado por entradas p y objetivos t que debe resolverse con una red.

```
p = [0 1 2 3 4 5];
t = [0 0 0 1 1 1];
```

Se crea una red feed-forward de dos capas con dos neuronas ocultas y esta función de entrenamiento.

```
net = feedforwardnet(2,'trainscg');
```

Aquí se entrena y se vuelve a probar la red.

```
net = train(net,p,t);
a = net(p)
```

Consulta la ayuda `feedforwardnet` y la ayuda `cascadeforwardnet` para ver otros ejemplos.

Algoritmos

`trainscg` puede entrenar cualquier red siempre que sus funciones de peso, entrada neta y transferencia tengan funciones derivadas. La retropropagación se utiliza para calcular las derivadas del rendimiento `perf` con respecto a las variables de peso y sesgo X.

El algoritmo de gradiente conjugado escalado se basa en direcciones conjugadas, como en `traincgp`, `traincgf`, y `traincgb`, pero este algoritmo no realiza una búsqueda de líneas en cada iteración. Consulta Moller (*Neural Networks*, Vol. 6, 1993, pp. 525-533) para una discusión más detallada del algoritmo de gradiente conjugado escalado.

El entrenamiento se detiene cuando se produce alguna de estas condiciones:

- Se alcanza el número máximo de épocas (repeticiones).
- Se ha superado el tiempo máximo.
- El rendimiento se minimiza hasta el objetivo.
- El gradiente de rendimiento cae por debajo de min_grad.
- El rendimiento de la validación ha aumentado más veces que max_fail desde la última vez que disminuyó (al utilizar la validación).

7.4.3 trainrp: retropropagación resistente

Sintaxis

```
net.trainFcn = 'trainrp'
[net,tr] = train(net,...)
```

Descripción

trainrp es una función de entrenamiento de la red que actualiza los valores de peso y sesgo según el algoritmo de retropropagación resistente (Rprop).

net.trainFcn = 'trainrp' establece la propiedad trainFcn de la red.

[net,tr] = train(net,...) entrena la red con trainrp.

El entrenamiento se produce según los parámetros de entrenamiento de trainrp, que aquí se muestran con sus valores por defecto:

net.trainParam.epochs	1000	Maximum number of epochs to train
net.trainParam.show	25	Epochs between displays (NaN for no displays)
net.trainParam.showCommandLine	false	Generate command-line output
net.trainParam.showWindow	true	Show training GUI
net.trainParam.goal	0	Performance goal
net.trainParam.time	inf	Maximum time to train in seconds
net.trainParam.min_grad	1e-5	Minimum performance gradient
net.trainParam.max_fail	6	Maximum validation failures
net.trainParam.lr	0.01	Learning rate
net.trainParam.delt_inc	1.2	Increment to weight change
net.trainParam.delt_dec	0.5	Decrement to weight change
net.trainParam.delta0	0.07	Initial weight change
net.trainParam.deltamax	50.0	Maximum weight change

Uso de la red

Puedes crear una red estándar que utilice `trainrp` con `feedforwardnet` o `cascadeforwardnet`.

Para preparar una red personalizada para entrenarla con `trainrp`,

- Establece `net.trainFcn` como `'trainrp'`. Esto ajusta `net.trainParam` a los parámetros por defecto de `trainrp`.

- Ajusta las propiedades de `net.trainParam` a los valores deseados.

En cualquier caso, llamar a `train` con la red resultante entrena la red con `trainrp`.

Ejemplos

He aquí un problema formado por entradas p y objetivos t que debe resolverse con una red.

```
p = [0 1 2 3 4 5];
t = [0 0 0 1 1 1];
```

Se crea una red feed-forward de dos capas con dos neuronas ocultas y esta función de entrenamiento.

Crea y prueba una red.

```
net = feedforwardnet(2,'trainrp');
```

Aquí se entrena y se vuelve a probar la red.

```
net.trainParam.epochs = 50;

net.trainParam.show = 10;

net.trainParam.goal = 0.1;

net = train(net,p,t);

a = net(p)
```

Consulta `help feedforwardnet` y `help cascadeforwardnet` para ver otros ejemplos.

Definiciones

Las redes multicapa suelen utilizar funciones de transferencia sigmoideas en las capas ocultas. Estas funciones suelen denominarse funciones de "aplastamiento ", porque comprimen un rango de entrada infinito en un rango de salida finito. Las funciones sigmoides se caracterizan porque sus pendientes deben aproximarse a cero a medida que la entrada se hace grande. Esto causa un problema cuando utilizas el descenso más pronunciado para entrenar una red multicapa con funciones sigmoides, porque el gradiente puede tener una magnitud muy pequeña y, por tanto, provocar pequeños cambios en los pesos y sesgos, aunque los pesos y sesgos estén lejos de sus valores óptimos.

El objetivo del algoritmo de entrenamiento de retropropagación resistente (Rprop) es eliminar estos efectos perjudiciales de las magnitudes de las derivadas parciales. Sólo el signo de la derivada puede determinar la dirección de la actualización del peso; la magnitud de la derivada no tiene ningún efecto sobre la actualización del peso. La magnitud del cambio de peso se determina mediante un valor de actualización independiente. El valor de actualización de cada peso y sesgo aumenta en un factor `delt_inc` siempre que la derivada de la función de rendimiento respecto a ese peso tenga el mismo signo en dos iteraciones sucesivas. El valor de actualización se reduce en un factor `delt_dec` siempre que la derivada respecto a ese peso cambie de signo respecto a la iteración anterior. Si la derivada es cero, el valor de actualización sigue siendo el mismo. Siempre que los pesos oscilen, se reduce el cambio de peso. Si el peso sigue cambiando en la misma dirección durante varias iteraciones, la magnitud del cambio de peso aumenta. En [RiBr93] se ofrece una descripción completa del algoritmo Rprop.

El código siguiente recrea la red anterior y la entrena utilizando el algoritmo Rprop.

Los parámetros de entrenamiento para `trainrp` son:

`epochs, show, goal, time, min_grad, max_fail, delt_inc, delt_dec, delta0,` y`deltamax`. Los ocho primeros parámetros ya se han discutido anteriormente. Los dos últimos son el tamaño del paso inicial y el tamaño del paso máximo , respectivamente. El rendimiento de Rprop no es muy sensible a los ajustes de los parámetros de entrenamiento. Para el ejemplo siguiente, los parámetros de entrenamiento se dejan en los valores por defecto:

```
p = [-1 -1 2 2;0 5 0 5];

t = [-1 -1 1 1];

net = feedforwardnet(3,'trainrp');

net = train(net,p,t);

y = net(p)
```

En general, `rprop` es mucho más rápido que el algoritmo estándar de descenso más pronunciado. También tiene la agradable propiedad de que sólo requiere un modesto aumento de los requisitos de memoria. Lo que sí necesitas es almacenar los valores de actualización de cada peso y sesgo, lo que equivale a almacenar el gradiente.

Algoritmos

`trainrp` puede entrenar cualquier red siempre que sus funciones de peso, entrada neta y transferencia tengan funciones derivadas.

La retropropagación se utiliza para calcular las derivadas del rendimiento `perf` con `respecto` a las variables de peso y sesgo X. Cada variable se ajusta según lo siguiente:

```
dX = deltaX.*sign(gX);
```

donde los elementos de `deltaX` se inicializan todos a `delta0`, y gX es el gradiente. En cada iteración se modifican los elementos de `deltaX`. Si un elemento de gX cambia de signo de una iteración a la siguiente, el elemento correspondiente de `deltaX` disminuye en `delta dec`. Si un elemento de gX mantiene el mismo signo de una iteración a la siguiente, el elemento correspondiente de `deltaX` aumenta en `delta_inc`. Véase Riedmiller, M., y H. Braun, "Un método adaptativo directo para un aprendizaje por retropropagación más rápido: El algoritmo RPROP", *Actas de la Conferencia Internacional del IEEE sobre Redes Neuronales*,1993, pp. 586-591.

El entrenamiento se detiene cuando se produce alguna de estas condiciones:

* Se alcanza el número máximo de `épocas` (repeticiones).
* La cantidad máxima de `time` es `exceeded`.
* El rendimiento se minimiza hasta el `objetivo`.
* El gradiente de rendimiento cae por debajo de `min_grad`.
* El rendimiento de la validación ha aumentado más de `max_fail` veces desde la última vez que disminuyó (al utilizar la validación).

7.4.4 trainbfg: retropropagación cuasi-Newton BFGS

Sintaxis

```
net.trainFcn = 'trainbfg'
[net,tr] = train(net,...)
```

Descripción

`trainbfg` es una función de entrenamiento de la red que actualiza los valores de peso y sesgo según el método cuasi-Newton BFGS.

`net.trainFcn = 'trainbfg'` establece la propiedad de red `trainFcn`.

`[net,tr] = train(net,...)` entrena la red con `trainbfg`.

El entrenamiento se produce según los parámetros de entrenamiento `trainbfg`, que aquí se muestran con sus valores por defecto:

net.trainParam.epochs	1000	Maximum number of epochs to train
net.trainParam.showWindow	true	Show training window
net.trainParam.show	25	Epochs between displays (NaN for no displays)
net.trainParam.showCommandLine	false	Generate command-line output
net.trainParam.goal	0	Performance goal
net.trainParam.time	inf	Maximum time to train in seconds
net.trainParam.min_grad	1e-6	Minimum performance gradient
net.trainParam.max_fail	6	Maximum validation failures
net.trainParam.searchFcn	'srchbac'	Name of line search routine to use

Parámetros relacionados con los métodos de búsqueda de líneas (no todos se utilizan para todos los métodos):

net.trainParam.scal_tol	20	Divide into delta to determine tolerance for linear search.
net.trainParam.alpha	0.001	Scale factor that determines sufficient reduction in perf
net.trainParam.beta	0.1	Scale factor that determines sufficiently large step size
net.trainParam.delta	0.01	Initial step size in interval location step
net.trainParam.gama	0.1	Parameter to avoid small reductions in performance, usually set to 0.1 (see srch_cha)
net.trainParam.low_lim	0.1	Lower limit on change in step size
net.trainParam.up_lim	0.5	Upper limit on change in step size
net.trainParam.maxstep	100	Maximum step length
net.trainParam.minstep	1.0e-6	Minimum step length
net.trainParam.bmax	26	Maximum step size
net.trainParam.batch_frag	0	In case of multiple batches, they are considered independent. Any nonzero value implies a fragmented batch, so the final layer's conditions of a previous trained epoch are used as initial conditions for the next epoch.

Uso de la red

Puedes crear una red estándar que utilice `trainbfg` con `feedfowardnet` o `cascadeforwardnet`. Para preparar una red personalizada para entrenarla con `trainbfg`:

- Configura `NET.trainFcn` to `'trainbfg'` . Esto establece los parámetros por defecto de . `NET.trainParam` to trainbfg`s`
- Ajusta las propiedades de `NET.trainParam` a los valores deseados.

En cualquier caso, llamar a`train` con la red resultante entrena la red con `trainbfg` .

Ejemplos

Aquí se entrena una red neuronal para predecir los precios medios de la vivienda.

```
[x,t] = house_dataset;

net = feedforwardnet(10,'trainbfg');

net = train(net,x,t);

y = net(x)
```

Definiciones

El método de Newton es una alternativa a los métodos de gradiente conjugado para la optimización rápida. El paso básico del método de Newton es

$$\mathbf{x}_{k+1}=\mathbf{x}_k-\mathbf{A}_{-1k}\mathbf{g}_k$$

donde $\mathbf{A}_{-1k}$ es la matriz hessiana (segundas derivadas) del índice de rendimiento en los valores actuales de los pesos y sesgos. El método de Newton suele converger más rápido que los métodos de gradiente conjugado. Desgraciadamente, calcular la matriz hessiana de las redes neuronales feedforward es complejo y costoso. Hay una clase de algoritmos que se basan en el método de Newton, pero que no requieren el cálculo de las segundas derivadas. Se denominan métodos cuasi-Newton (o secantes). Actualizan una matriz hessiana aproximada en cada iteración del algoritmo. La actualización se calcula en función del gradiente. El método cuasi-Newton que más éxito ha tenido en los estudios publicados es la actualización de Broyden, Fletcher, Goldfarb y Shanno (BFGS). Este algoritmo se aplica en la rutina `trainbfg` .

El algoritmo BFGS se describe en [DeSc83]. Este algoritmo requiere más cálculo en cada iteración y más almacenamiento que los métodos de gradiente conjugado, aunque generalmente converge en menos iteraciones. Hay que almacenar el hessiano aproximado, y su dimensión es n x n, donde n es igual al número de pesos y sesgos de la red. Para redes muy grandes puede ser mejor utilizar Rprop o uno de los algoritmos de gradiente conjugado. Sin embargo, para redes más pequeñas, `trainbfg` puede ser una función de entrenamiento eficaz.

Algoritmos

`trainbfg` puede entrenar cualquier red siempre que sus funciones de peso, entrada neta y transferencia tengan funciones derivadas.

La retropropagación se utiliza para calcular las derivadas del rendimiento `perf` con `respecto` a las variables de peso y sesgo X. Cada variable se ajusta según lo siguiente:

```
X = X + a*dX;
```

donde `dX` es la dirección de búsqueda. El parámetro a se selecciona para minimizar el rendimiento a lo largo de la dirección de búsqueda. Se utiliza la función de búsqueda lineal `searchFcn` para localizar el punto mínimo. La primera dirección de búsqueda es el negativo del gradiente del rendimiento. En las iteraciones sucesivas, la dirección de búsqueda se calcula según la fórmula siguiente:

```
dX = -H\gX;
```

donde `gX` es el gradiente y H es una matriz hessiana aproximada. Consulta la página 119 de Gill, Murray y Wright (*Practical Optimization*, 1981) para una discusión más detallada del método cuasi-Newton BFGS.

El entrenamiento se detiene cuando se produce alguna de estas condiciones:

- Se alcanza el número máximo de `epochs` (repeticiones).
- Se supera la cantidad máxima de `time` .
- El rendimiento se minimiza hasta el `objetivo`.
- El gradiente de rendimiento cae por debajo de `min_grad` .
- El rendimiento de la validación ha aumentado más de `max_fail` veces desde la última vez que disminuyó (al utilizar la validación).

7.4.5 traincgb: Retropropagación de gradiente conjugado con reinicios Powell-Beale

Sintaxis

```
net.trainFcn = 'traincgb'
[net,tr] = train(net,...)
```

Descripción

`traincgb` es una función de entrenamiento de la red que actualiza los valores de peso y sesgo según la retropropagación de gradiente conjugado con reinicios Powell-Beale.

`net.trainFcn` = `'traincgb'` establece la propiedad de red`trainFcn`.

`[net,tr]` = `train(net,...)` entrena la red con`traincgb`.

El entrenamiento se produce según los parámetros de entrenamiento `traincgb`, que aquí se muestran con sus valores por defecto:

net.trainParam.epochs	1000	Maximum number of epochs to train
net.trainParam.show	25	Epochs between displays (NaN for no displays)
net.trainParam.showCommandLine	false	Generate command-line output
net.trainParam.showWindow	true	Show training GUI
net.trainParam.goal	0	Performance goal
net.trainParam.time	inf	Maximum time to train in seconds
net.trainParam.min_grad	1e-10	Minimum performance gradient
net.trainParam.max_fail	6	Maximum validation failures
net.trainParam.searchFcn	'srch cha'	Name of line search routine to use

Parámetros relacionados con los métodos de búsqueda de líneas (no todos se utilizan para todos los métodos):

net.trainParam.scal_tol	20	Divide into delta to determine tolerance for linear search.
net.trainParam.alpha	0.001	Scale factor that determines sufficient reduction in perf
net.trainParam.beta	0.1	Scale factor that determines sufficiently large step size
net.trainParam.delta	0.01	Initial step size in interval location step
net.trainParam.gama	0.1	Parameter to avoid small reductions in performance, usually set to 0.1(see srch_cha)
net.trainParam.low_lim	0.1	Lower limit on change in step size
net.trainParam.up_lim	0.5	Upper limit on change in step size
net.trainParam.maxstep	100	Maximum step length
net.trainParam.minstep	1.0e-6	Minimum step length
net.trainParam.bmax	26	Maximum step size

Uso de la red

Puedes crear una red estándar que utilice:

`traincgb` with `feedforwardnet` or `cascadeforwardnet`.

Preparar una red personalizada para entrenarla con `traincgb`,

- Configura `net.trainFcn` to `'traincgb'`. Esto establece los parámetros por defecto de `net.trainParam` to `traincgb`s

- Ajusta las propiedades de `net.trainParam` a los valores deseados.

En cualquier `case`, llamar a `train` con la red resultante entrena la red con `traincgb`.

Ejemplos

Aquí se entrena una red neuronal para predecir los precios medios de la vivienda.

```
[x,t] = house_dataset;

net = feedforwardnet(10,'traincgb');

net = train(net,x,t);

y = net(x)
```

Definiciones

En todos los algoritmos de gradiente conjugado de , la dirección de búsqueda se reajusta periódicamente al negativo del gradiente. El punto de reajuste estándar se produce cuando el número de iteraciones es igual al número de parámetros de la red (pesos y sesgos), pero hay otros métodos de reajuste que pueden mejorar la eficacia del entrenamiento. Uno de estos métodos de reinicio fue propuesto por Powell [Powe77], basado en una versión anterior propuesta por Beale [Beal72]. Esta técnica reinicia si queda muy poca ortogonalidad entre el gradiente actual y el gradiente anterior. Esto se comprueba con la siguiente desigualdad

Si se cumple esta condición, la dirección de búsqueda se reajusta al negativo del gradiente.

La rutina `traincgb` tiene un rendimiento algo mejor que `traincgp` en algunos problemas, aunque el rendimiento en un problema determinado es difícil de predecir. Los requisitos de almacenamiento del algoritmo Powell-Beale (seis vectores) son ligeramente mayores que los de Polak-Ribiére (cuatro vectores).

Algoritmos

`traincgb` puede entrenar cualquier red siempre que sus funciones de peso, entrada neta y transferencia tengan funciones derivadas.

La retropropagación se utiliza para calcular las derivadas del rendimiento `perf` con respecto a las variables de peso y sesgo X. Cada variable se ajusta según lo siguiente:

```
X = X + a*dX;
```

donde dX es la dirección de búsqueda. El parámetro a se selecciona para minimizar el rendimiento a lo largo de la dirección de búsqueda. Se utiliza la función de búsqueda lineal searchFcn para localizar el punto mínimo. La primera dirección de búsqueda es el negativo del gradiente del rendimiento. En las iteraciones sucesivas, la dirección de búsqueda se calcula a partir del nuevo gradiente y de la dirección de búsqueda anterior, según la fórmula

```
dX = -gX + dX_old*Z;
```

donde gX es el gradiente. El parámetro Z puede calcularse de varias formas distintas. La variación Powell-Beale del gradiente conjugado se distingue por dos características. En primer lugar, el algoritmo utiliza una prueba para determinar cuándo reajustar la dirección de búsqueda al negativo del gradiente. En segundo lugar, la dirección de búsqueda se calcula a partir del gradiente negativo, la dirección de búsqueda anterior y la última dirección de búsqueda antes del restablecimiento anterior. Véase Powell, *Mathematical Programming,* Vol. 12, 1977, pp. 241 a 254, para una discusión más detallada del algoritmo.

El entrenamiento se detiene cuando se produce alguna de estas condiciones:

- Se alcanza el número máximo de epochs (repeticiones).

- Se supera la cantidad máxima de time .

- El rendimiento se minimiza hasta el objetivo.

- El gradiente de rendimiento cae por debajo de min_grad .

- El rendimiento de la validación ha aumentado más de max_fail veces desde la última vez que disminuyó (al utilizar la validación).

7.4.6 traincgf: Retropropagación de gradiente conjugado con actualizaciones de Fletcher-Reeves

Sintaxis

```
net.trainFcn = 'traincgf'
[net,tr] = train(net,...)
```

Descripción

traincgf es una función de entrenamiento de la red que actualiza los valores de peso y sesgo según la retropropagación de gradiente conjugado con actualizaciones de Fletcher-Reeves.

net.trainFcn = 'traincgf' establece la propiedad trainFcn de la red.

[net,tr] = train(net,...) entrena la red con traincgf.

El entrenamiento se produce según los parámetros de entrenamiento de `traincgf` , que aquí se muestran con sus valores por defecto:

`net.trainParam.epochs`	`1000`	Maximum number of epochs to train
`net.trainParam.show`	`25`	Epochs between displays (NaN for no displays)
`net.trainParam.showCommandLine`	`false`	Generate command-line output
`net.trainParam.showWindow`	`true`	Show training GUI
`net.trainParam.goal`	`0`	Performance goal
`net.trainParam.time`	`inf`	Maximum time to train in seconds
`net.trainParam.min_grad`	`1e-10`	Minimum performance gradient
`net.trainParam.max_fail`	`6`	Maximum validation failures
`net.trainParam.searchFcn`	`'srchcha'`	Name of line search routine to use

Parámetros relacionados con los métodos de búsqueda de líneas (no todos se utilizan para todos los métodos):

`net.trainParam.scal_tol`	`20`	Divide into delta to determine tolerance for linear search.
`net.trainParam.alpha`	`0.001`	Scale factor that determines sufficient reduction in perf
`net.trainParam.beta`	`0.1`	Scale factor that determines sufficiently large step size
`net.trainParam.delta`	`0.01`	Initial step size in interval location step
`net.trainParam.gama`	`0.1`	Parameter to avoid small reductions in performance, usually set to 0.1(see srch_cha)
`net.trainParam.low_lim`	`0.1`	Lower limit on change in step size
`net.trainParam.up_lim`	`0.5`	Upper limit on change in step size
`net.trainParam.maxstep`	`100`	Maximum step length
`net.trainParam.minstep`	`1.0e-6`	Minimum step length
`net.trainParam.bmax`	`26`	Maximum step size

Uso de la red

Puedes crear una red estándar que utilice `trainscg` con `feedforwardnet` o `cascadeforwardnet` . Para preparar una red personalizada que se entrene con `trainscg` ,

- Establece los parámetros por defecto de `net.trainFcn` a `'trainscg'` . Esto establece los parámetros por defecto de `net.trainParam` a `trainscg's` .

- Ajusta las propiedades de `net.trainParam` a los valores deseados.

- En cualquier caso, llamar a `train` con la red resultante entrena la red con `trainscg` .

Ejemplos

Aquí se entrena una red neuronal para predecir los precios medios de la vivienda.

```
[x,t] = house_dataset;

net = feedforwardnet(10,'traincgf');

net = train(net,x,t);

y = net(x)
```

Definiciones

Todos los algoritmos de gradiente conjugado empiezan buscando en la dirección de descenso más pronunciado (negativo del gradiente) en la primera iteración.

$$\mathbf{p}_0 = -\mathbf{g}_0$$

A continuación, se realiza una búsqueda lineal para determinar la distancia óptima para moverse a lo largo de la dirección de búsqueda actual:

$$\mathbf{x}_{k+1} = \mathbf{x}_k \alpha_k \mathbf{p}_k$$

A continuación, se determina la siguiente dirección de búsqueda de modo que sea conjugada con las direcciones de búsqueda anteriores. El procedimiento general para determinar la nueva dirección de búsqueda consiste en combinar la nueva dirección de descenso más pronunciado con la dirección de búsqueda anterior:

$$\mathbf{p}_k = -\mathbf{g}_k + \beta_k \mathbf{p}_{k-1}$$

Las distintas versiones del algoritmo del gradiente conjugado se distinguen por la forma de calcular la constante β_k . Para la actualización de Fletcher-Reeves el procedimiento es

$$\beta_k = \frac{\mathbf{g}_k^T \mathbf{g}_k}{\mathbf{g}_{k-1}^T \mathbf{g}_{k-1}}$$

Es la relación entre la norma al cuadrado del gradiente actual y la norma al cuadrado del gradiente anterior.

Consulta [FlRe64] o [HDB96] para un análisis del algoritmo de gradiente conjugado de Fletcher-Reeves .

Los algoritmos de gradiente conjugado suelen ser mucho más rápidos que la retropropagación de velocidad de aprendizaje variable, y a veces son más rápidos que `trainrp`, aunque los resultados varían de un problema a otro. Los algoritmos de gradiente conjugado sólo requieren un poco más de almacenamiento que los algoritmos más sencillos. Por lo tanto, estos algoritmos son buenos para redes con un gran número de pesos.

Prueba la demostración de *Diseño de Redes Neuronales* `nnd12cg` [HDB96] para ver una ilustración del rendimiento de un algoritmo de gradiente conjugado.

Algoritmos

`traincgf` puede entrenar cualquier red siempre que sus funciones de peso, entrada neta y transferencia tengan funciones derivadas.

La retropropagación se utiliza para calcular las derivadas del rendimiento `perf` con `respecto` a las variables de peso y sesgo X. Cada variable se ajusta según lo siguiente:

```
X = X + a*dX;
```

donde dX es la dirección de búsqueda. El parámetro a se selecciona para minimizar el rendimiento a lo largo de la dirección de búsqueda. Se utiliza la función de búsqueda lineal `searchFcn` para localizar el punto mínimo. La primera dirección de búsqueda es el negativo del gradiente del rendimiento. En las iteraciones sucesivas, la dirección de búsqueda se calcula a partir del nuevo gradiente y de la dirección de búsqueda anterior, según la fórmula

```
dX = -gX + dX_old*Z;
```

donde gX es el gradiente. El parámetro Z puede calcularse de varias formas distintas. Para la variación de Fletcher-Reeves del gradiente conjugado se calcula según

```
Z = normnew_sqr/norm_sqr;
```

donde `norm_sqr` es el cuadrado de la norma del gradiente anterior y `normnew_sqr` es el cuadrado de la norma del gradiente actual. Consulta la página 78 de Escalas (*Introducción a la optimización no lineal*) para una discusión más detallada del algoritmo.

El entrenamiento se detiene cuando se produce alguna de estas condiciones:

- Se alcanza el número máximo de `epochs` (repeticiones).
- Se supera la cantidad máxima de `time`.
- El rendimiento se minimiza hasta el `objetivo`.
- El gradiente de rendimiento cae por debajo de `min_grad`.

- El rendimiento de la validación ha aumentado más de$^{max\_fail}$ veces desde la última vez que disminuyó (al utilizar la validación).

7.4.7 traincgp: Retropropagación de gradiente conjugado con actualizaciones de Polak-Ribiére

Sintaxis

```
net.trainFcn = 'traincgp'
[net,tr] = train(net,...)
```

Descripción

traincgp es una función de entrenamiento de la red que actualiza los valores de peso y sesgo según la retropropagación de gradiente conjugado con actualizaciones de Polak-Ribiére.

net.trainFcn = 'traincgp' establece la propiedad trainFcn de la red.

[net,tr] = train(net,...) entrena la red con traincgp.

El entrenamiento se produce según los parámetros de entrenamiento de traincgp , que aquí se muestran con sus valores por defecto:

net.trainParam.epochs	1000	Maximum number of epochs to train
net.trainParam.show	25	Epochs between displays (NaN for no displays)
net.trainParam.showCommandLine	false	Generate command-line output
net.trainParam.showWindow	true	Show training GUI
net.trainParam.goal	0	Performance goal
net.trainParam.time	inf	Maximum time to train in seconds
net.trainParam.min_grad	1e-10	Minimum performance gradient
net.trainParam.max_fail	6	Maximum validation failures
net.trainParam.searchFcn	'srchcha'	Name of line search routine to use

Parámetros relacionados con los métodos de búsqueda de líneas (no todos se utilizan para todos los métodos):

`net.trainParam.scal_tol`	20	Divide into delta to determine tolerance for linear search.
`net.trainParam.alpha`	0.001	Scale factor that determines sufficient reduction in perf
`net.trainParam.beta`	0.1	Scale factor that determines sufficiently large step size
`net.trainParam.delta`	0.01	Initial step size in interval location step
`net.trainParam.gama`	0.1	Parameter to avoid small reductions in performance, usually set to 0.1(see srch_cha)
`net.trainParam.low_lim`	0.1	Lower limit on change in step size
`net.trainParam.up_lim`	0.5	Upper limit on change in step size
`net.trainParam.maxstep`	100	Maximum step length
`net.trainParam.minstep`	1.0e-6	Minimum step length
`net.trainParam.bmax`	26	Maximum step size

Uso de la red

Puedes crear una red estándar que utilice

`traincgb` with `feedforwardnet` or `cascadeforwardnet`.

Preparar una red personalizada para entrenarla con `traincgb`,

- Configura `net.trainFcn` to `'traincgb'`. . Esto establece los parámetros por defecto de .`net.trainParam` to `traincgb`'s

- Ajusta las propiedades de `net.trainParam` a los valores deseados.

En cualquier `case` , llamar a `train` con la red resultante entrena la red con `traincgb` .**Ejemplos**

Aquí se entrena una red neuronal para predecir los precios medios de la vivienda.

```
[x,t] = house_dataset;
net = feedforwardnet(10,'traincgp');
net = train(net,x,t);
y = net(x)
```

Definiciones

Polak y Ribiére propusieron otra versión del algoritmo de gradiente conjugado. Al igual que con el algoritmo de Fletcher-Reeves, `traincgf`, la dirección de búsqueda en cada iteración viene determinada por pk=-gk+βkpk-1

Para la actualización de Polak-Ribiére, la constante β_k se calcula mediante

$$\beta_k = \frac{\Delta \mathbf{g}_{k-1}^{T} \mathbf{g}_k}{\mathbf{g}_{k-1}^{T} \mathbf{g}_{k-1}}$$

Es el producto interior del cambio anterior del gradiente con el gradiente actual dividido por la norma al cuadrado del gradiente anterior. Consulta [FlRe64] o [HDB96] para una discusión del algoritmo de gradiente conjugado de Polak-Ribiére.

La rutina `traincgp` tiene un rendimiento similar a `traincgf`. Es difícil predecir qué algoritmo funcionará mejor en un problema determinado. Los requisitos de almacenamiento de Polak-Ribiére (cuatro vectores) son ligeramente mayores que los de Fletcher-Reeves (tres vectores).

Algoritmos

`traincgp` puede entrenar cualquier red siempre que sus funciones de peso, entrada neta y transferencia tengan funciones derivadas.

La retropropagación se utiliza para calcular las derivadas del rendimiento `perf` con respecto a las variables de peso y sesgo X. Cada variable se ajusta según lo siguiente:

```
X = X + a*dX;
```
donde `dX` es la dirección de búsqueda. El parámetro `a` se selecciona para minimizar el rendimiento a lo largo de la dirección de búsqueda. Se utiliza la función de búsqueda lineal `searchFcn` para localizar el punto mínimo. La primera dirección de búsqueda es el negativo del gradiente del rendimiento. En las iteraciones sucesivas, la dirección de búsqueda se calcula a partir del nuevo gradiente y de la dirección de búsqueda anterior, según la fórmula

```
dX = -gX + dX_old*Z;
```
donde `gX` es el gradiente. El parámetro `Z` puede calcularse de varias formas distintas. Para la variación de Polak-Ribiére del gradiente conjugado, se calcula según

```
Z = ((gX - gX_old)'*gX)/norm_sqr;
```

donde `norm_sqr` es el cuadrado de la norma del gradiente anterior, y `gX_old` es el gradiente en la iteración anterior. Consulta la página 78 de Scales (*Introducción a la optimización no lineal*, 1985) para una discusión más detallada del algoritmo.

El entrenamiento se detiene cuando se produce alguna de estas condiciones:

- Se alcanza el número máximo de épocas (repeticiones).
- Se ha superado el `tiempo` máximo.

- El rendimiento se minimiza hasta el objetivo.
- El gradiente de rendimiento cae por debajo de min_grad.
- El rendimiento de la validación ha aumentado más veces que max_fail desde la última vez que disminuyó (al utilizar la validación).

7.4.8 trainoss: Retropropagación secante en un paso

Sintaxis

```
net.trainFcn = 'trainoss'
[net,tr] = train(net,...)
```

Descripción

trainoss es una función de entrenamiento de red que actualiza los valores de peso y sesgo según el método secante de un paso.

net.trainFcn = 'trainoss' sets the network trainFcn property.

[net,tr] = train(net,...) trains the network with trainoss.

El entrenamiento se produce según los parámetros de entrenamiento de Trainoss, que aquí se muestran con sus valores por defecto:

net.trainParam.epochs	1000	Maximum number of epochs to train
net.trainParam.goal	0	Performance goal
net.trainParam.max_fail	6	Maximum validation failures
net.trainParam.min_grad	1e-10	Minimum performance gradient
net.trainParam.searchFcn	'srchbac'	Name of line search routine to use
net.trainParam.show	25	Epochs between displays (NaN for no displays)
net.trainParam.showCommandLine	false	Generate command-line output
net.trainParam.showWindow	true	Show training GUI
net.trainParam.time	inf	Maximum time to train in seconds

Parámetros relacionados con los métodos de búsqueda de líneas (no todos se utilizan para todos los métodos):

net.trainParam.scal_tol	20	Divide into delta to determine tolerance for linear search.
net.trainParam.alpha	0.001	Scale factor that determines sufficient reduction in perf
net.trainParam.beta	0.1	Scale factor that determines sufficiently large step size
net.trainParam.delta	0.01	Initial step size in interval location step
net.trainParam.gama	0.1	Parameter to avoid small reductions in performance, usually set to 0.1(see srch_cha)
net.trainParam.low_lim	0.1	Lower limit on change in step size
net.trainParam.up_lim	0.5	Upper limit on change in step size
net.trainParam.maxstep	100	Maximum step length
net.trainParam.minstep	1.0e-6	Minimum step length
net.trainParam.bmax	26	Maximum step size

Uso de la red

Puedes crear una red estándar que utilice trainoss con feedforwardnet o cascadeforwardnet. Para preparar una red personalizada que se entrene con trainoss:

- Set net.trainFcn to 'trainoss'. This sets net.trainParam to trainoss's default parameters.
- Set net.trainParam properties to desired values.

En cualquiera de los casos, llamar a entrenar con la red resultante entrena a la red con trainoss.

Ejemplos

Aquí se entrena una red neuronal para predecir los precios medios de la vivienda.

```
[x,t] = house_dataset;

net = feedforwardnet(10,'trainoss');

net = train(net,x,t);

y = net(x)
```

Definiciones

Como el algoritmo BFGS requiere más almacenamiento y cálculo en cada iteración que los algoritmos de gradiente conjugado, se necesita una aproximación secante con menores requisitos de almacenamiento y cálculo. El método secante de un paso (OSS) es un intento de tender un puente entre los algoritmos de gradiente conjugado y los algoritmos cuasi-Newton (secantes). Este algoritmo no almacena la matriz hessiana completa; supone que, en cada iteración, la hessiana anterior era la matriz identidad. Esto tiene la ventaja adicional de que la nueva dirección de búsqueda puede calcularse sin calcular la inversa de la matriz.

El método secante de un paso se describe en [Batt92]. Este algoritmo requiere menos almacenamiento y cálculo por época que el algoritmo BFGS. Requiere algo más de almacenamiento y cálculo por época que los algoritmos de gradiente conjugado. Puede considerarse un compromiso entre los algoritmos completos cuasi-Newton y los algoritmos de gradiente conjugado.

Algoritmos

`trainoss` puede entrenar cualquier red siempre que sus funciones de peso, entrada neta y transferencia tengan funciones derivadas.

La retropropagación se utiliza para calcular las derivadas del rendimiento `perf` con respecto a las variables de peso y sesgo X. Cada variable se ajusta según lo siguiente:

$$X = X + a*dX;$$

donde dX es la dirección de búsqueda. El parámetro a se selecciona para minimizar el rendimiento a lo largo de la dirección de búsqueda. Se utiliza la función de búsqueda lineal `searchFcn` para localizar el punto mínimo. La primera dirección de búsqueda es el negativo del gradiente del rendimiento. En las iteraciones sucesivas, la dirección de búsqueda se calcula a partir del nuevo gradiente y de los pasos y gradientes anteriores, según la siguiente fórmula:

$$dX = -gX + Ac*X\_step + Bc*dgX;$$

donde gX es el gradiente, X_paso es el cambio en los pesos en la iteración anterior, y dgX es el cambio en el gradiente desde la última iteración. Consulta Battiti (*Neural Computation,* Vol. 4, 1992, pp. 141-166) para una discusión más detallada del algoritmo secante de un paso.

El entrenamiento se detiene cuando se produce alguna de estas condiciones:

- Se alcanza el número máximo de `épocas` (repeticiones).
- Se ha superado el `tiempo` máximo.
- El rendimiento se minimiza hasta el `objetivo`.
- El gradiente de rendimiento cae por debajo de `min_grad`.
- El rendimiento de la validación ha aumentado más veces que `max_fail` desde la última vez que disminuyó (al utilizar la validación).

7.4.9 traingdx: Descenso gradual con impulso y retropropagación adaptativa de la tasa de aprendizaje

Sintaxis

```
net.trainFcn = 'traingdx'
[net,tr] = train(net,...)
```

Descripción

traingdx es una función de entrenamiento de la red que actualiza los valores de peso y sesgo según el momento de descenso de gradiente y una tasa de aprendizaje adaptativa.

net.trainFcn = 'traingdx' establece la propiedad trainFcn de la red.

[net,tr] = train(net,...) entrena la red con traingdx.

El entrenamiento se produce según los parámetros de entrenamiento traingdx, que aquí se muestran con sus valores por defecto:

net.trainParam.epochs	1000	Maximum number of epochs to train
net.trainParam.goal	0	Performance goal
net.trainParam.lr	0.01	Learning rate
net.trainParam.lr_inc	1.05	Ratio to increase learning rate
net.trainParam.lr_dec	0.7	Ratio to decrease learning rate
net.trainParam.max_fail	6	Maximum validation failures
net.trainParam.max_perf_inc	1.04	Maximum performance increase
net.trainParam.mc	0.9	Momentum constant
net.trainParam.min_grad	1e-5	Minimum performance gradient
net.trainParam.show	25	Epochs between displays (NaN for no displays)
net.trainParam.showCommandLine	false	Generate command-line output
net.trainParam.showWindow	true	Show training GUI
net.trainParam.time	inf	Maximum time to train in seconds

Uso de la red

Puedes crear una red estándar que utilice traingdx con feedforwardnet o cascadeforwardnet. Para preparar una red personalizada que se entrene con traingdx,

- Set net.trainFcn to 'traingdx'. This sets net.trainParam to traingdx's default parameters.
- Set net.trainParam properties to desired values.

En cualquier caso, llamar a `entrenar` con la red resultante entrena la red con `traingdx`.

Consulta los ejemplos en `help feedforwardnet` y `help cascadeforwardnet`.

Definiciones

La función `traingdx` combina la tasa de aprendizaje adaptativa con el entrenamiento por impulso. Se invoca del mismo modo que `traingda`, salvo que tiene el coeficiente de impulso `mc` como parámetro de entrenamiento adicional.

Algoritmos

`traingdx` puede entrenar cualquier red siempre que sus funciones de peso, entrada neta y transferencia tengan funciones derivadas.

La retropropagación se utiliza para calcular las derivadas del rendimiento `perf` con respecto a las variables de peso y sesgo X. Cada variable se ajusta según el descenso de gradiente con impulso,

```
dX = mc*dXprev + lr*mc*dperf/dX
```

donde `dXprev` es el cambio anterior del peso o sesgo.

En cada época, si el rendimiento disminuye hacia el objetivo, la tasa de aprendizaje se incrementa en el factor `lr_inc`. Si el rendimiento aumenta más que el factor `max_perf_inc`, la tasa de aprendizaje se ajusta por el factor `lr_dec` y no se realiza el cambio que aumentó el rendimiento.

El entrenamiento se detiene cuando se produce alguna de estas condiciones:

- Se alcanza el número máximo de `épocas` (repeticiones).
- Se ha superado el `tiempo` máximo.
- El rendimiento se minimiza hasta el `objetivo`.
- El gradiente de rendimiento cae por debajo de `min_grad`.
- El rendimiento de la validación ha aumentado más veces que `max_fail` desde la última vez que disminuyó (al utilizar la validación).

7.4.10 traingdm: Descenso gradual con retropropagación de impulso

Sintaxis

```
net.trainFcn = 'traingdm'
[net,tr] = train(net,...)
```

Descripción

traingdm es una función de entrenamiento de la red que actualiza los valores de peso y sesgo según el descenso de gradiente con impulso.

net.trainFcn = 'traingdm' sets the network trainFcn property.

[net,tr] = train(net,...) trains the network with traingdm.

El entrenamiento se produce según los parámetros de entrenamiento de traingdm, mostrados aquí con sus valores por defecto:

net.trainParam.epochs	1000	Maximum number of epochs to train
net.trainParam.goal	0	Performance goal
net.trainParam.lr	0.01	Learning rate
net.trainParam.max_fail	6	Maximum validation failures
net.trainParam.mc	0.9	Momentum constant
net.trainParam.min_grad	1e-5	Minimum performance gradient
net.trainParam.show	25	Epochs between showing progress
net.trainParam.showCommandLine	false	Generate command-line output
net.trainParam.showWindow	true	Show training GUI
net.trainParam.time	inf	Maximum time to train in seconds

Uso de la red

Puedes crear una red estándar que utilice traingdm con feedforwardnet o cascadeforwardnet. Para preparar una red personalizada para entrenarla con traingdm,

1. Set net.trainFcn to 'traingdm'. This sets net.trainParam to traingdm's default parameters.

2. Set net.trainParam properties to desired values.

En cualquier caso, llamar a entrenar con la red resultante entrena la red con traingdm.

See help feedforwardnet and help cascadeforwardnet for examples.

Definiciones

Además del `traingd`, existen otras tres variantes del descenso gradiente.

El descenso gradiente con impulso, implementado por `traingdm`, permite que una red responda no sólo al gradiente local, sino también a las tendencias recientes en la superficie de error. Actuando como un filtro de paso bajo, el impulso permite a la red ignorar pequeños rasgos de la superficie de error. Sin impulso, una red puede quedarse atascada en un mínimo local poco profundo. Con impulso, una red puede deslizarse a través de dicho mínimo. Consulta la página 12-9 de [HDB96] para saber más sobre el impulso.

El descenso gradiente con impulso depende de dos parámetros de entrenamiento. El parámetro `lr` indica la velocidad de aprendizaje, similar a la del descenso gradiente simple. El parámetro `mc` es la constante de impulso que define la cantidad de impulso. `mc` se establece entre 0 (ningún impulso) y valores cercanos a 1 (mucho impulso). Una constante de impulso de 1 da como resultado una red que es completamente insensible al gradiente local y, por tanto, no aprende correctamente).

```
p = [-1 -1 2 2; 0 5 0 5];

t = [-1 -1 1 1];

net = feedforwardnet(3,'traingdm');

net.trainParam.lr = 0.05;

net.trainParam.mc = 0.9;

net = train(net,p,t);

y = net(p)
```

Prueba la demostración nnd12mo [HDB96] de *Neural Network Design* para ver una ilustración del rendimiento del algoritmo de impulso por lotes.

Algoritmos

`traingdm` puede entrenar cualquier red siempre que sus funciones de peso, entrada neta y transferencia tengan funciones derivadas.

La retropropagación se utiliza para calcular las derivadas del rendimiento `perf` con respecto a las variables de peso y sesgo X. Cada variable se ajusta según el descenso de gradiente con impulso,

```
dX = mc*dXprev + lr*(1-mc)*dperf/dX
```

donde `dXprev` es el cambio anterior del peso o sesgo.

El entrenamiento se detiene cuando se produce alguna de estas condiciones:

- Se alcanza el número máximo de épocas (repeticiones).
- Se ha superado el tiempo máximo.
- El rendimiento se minimiza hasta el objetivo.
- El gradiente de rendimiento cae por debajo de min_grad.
- El rendimiento de la validación ha aumentado más veces que max_fail desde la última vez que disminuyó (al utilizar la validación).

7.4.11 traingd: Retropropagación con descenso gradual

Sintaxis

```
net.trainFcn = 'traingd'
[net,tr] = train(net,...)
```

Descripción

traingd es una función de entrenamiento de la red que actualiza los valores de peso y sesgo según el descenso gradiente.

net.trainFcn = 'traingd' sets the network trainFcn property.

[net,tr] = train(net,...) trains the network with traingd.

El entrenamiento se produce según los parámetros de entrenamiento traingd, mostrados aquí con sus valores por defecto:

net.trainParam.epochs	1000	Maximum number of epochs to train
net.trainParam.goal	0	Performance goal
net.trainParam.showCommandLine	false	Generate command-line output
net.trainParam.showWindow	true	Show training GUI
net.trainParam.lr	0.01	Learning rate
net.trainParam.max_fail	6	Maximum validation failures
net.trainParam.min_grad	1e-5	Minimum performance gradient
net.trainParam.show	25	Epochs between displays (NaN for no displays)
net.trainParam.time	inf	Maximum time to train in seconds

Uso de la red

Puedes crear una red estándar que utilice traingd con feedforwardnet o cascadeforwardnet. Para preparar una red personalizada que se entrene con traingd,

- Set net.trainFcn to 'traingd'. This sets net.trainParam to traingd's default parameters.

- Set net.trainParam properties to desired values.

En cualquier caso, llamar a entrenar con la red resultante entrena la red con entrenad.

Consulta los ejemplos en help feedforwardnet y help cascadeforwardnet.

Definiciones

La función de entrenamiento de descenso más pronunciado por lotes es traingd. Los pesos y los sesgos se actualizan en la dirección del gradiente negativo de la función de rendimiento. Si quieres entrenar una red utilizando el descenso más pronunciado por lotes, debes establecer la red entrenarFcn en traingd, y luego llamar a la función entrenar. Sólo hay una función de entrenamiento asociada a una red determinada.

Hay siete parámetros de entrenamiento asociados a traingd:

- epochs
- show
- goal
- time
- min_grad
- max_fail
- lr

La tasa de aprendizaje lr se multiplica por el negativo del gradiente para determinar los cambios en los pesos y sesgos. Cuanto mayor sea la tasa de aprendizaje, mayor será el paso. Si la tasa de aprendizaje se hace demasiado grande, el algoritmo se vuelve inestable. Si la tasa de aprendizaje se hace demasiado pequeña, el algoritmo tarda mucho en converger. Consulta la página 12-8 de [HDB96] para una discusión sobre la elección de la tasa de aprendizaje.

El estado de entrenamiento se muestra cada show iteraciones del algoritmo. (Si mostrar se establece como NaN, el estado de entrenamiento no se muestra nunca.) Los demás parámetros determinan cuándo se detiene el entrenamiento. El entrenamiento se detiene si el número de iteraciones supera las épocas, si la función de rendimiento cae por debajo del objetivo, si la magnitud del gradiente es menor que mingrad, o si el tiempo de entrenamiento es mayor que el tiempo segundos. max_fail, que se asocia a la técnica de parada anticipada, se trata en Mejorar la generalización.

El código siguiente crea un conjunto de entrenamiento de entradas `p` y objetivos `t`. Para el entrenamiento por lotes, todos los vectores de entrada se colocan en una matriz.

```
p = [-1 -1 2 2; 0 5 0 5];
t = [-1 -1 1 1];
```

Crea la red feedforward.

```
net = feedforwardnet(3,'traingd');
```

En este sencillo ejemplo, desactiva una función que se introduce más adelante.

```
net.divideFcn = '';
```

Llegados a este punto, puede que quieras modificar algunos de los parámetros de entrenamiento por defecto.

```
net.trainParam.show = 50;
net.trainParam.lr = 0.05;
net.trainParam.epochs = 300;
net.trainParam.goal = 1e-5;
```

Si quieres utilizar los parámetros de entrenamiento por defecto, los comandos anteriores no son necesarios.

Ahora estás preparado para entrenar la red.

```
[net,tr] = train(net,p,t);
```

El registro de formación `tr` contiene información sobre el progreso de la formación.

Ahora puedes simular la red entrenada para obtener su respuesta a las entradas del conjunto de entrenamiento.

```
a = net(p)

a =

    -1.0026   -0.9962    1.0010    0.9960
```

Prueba la demostración de *Diseño de Redes Neuronales* `nnd12sd1` [HDB96] para ver una ilustración del rendimiento del algoritmo de descenso de gradiente por lotes.

Algoritmos

`traingd` puede entrenar cualquier red siempre que sus funciones de peso, entrada neta y transferencia tengan funciones derivadas.

La retropropagación se utiliza para calcular las derivadas del rendimiento `perf` con `respecto` a las variables de peso y sesgo X. Cada variable se ajusta según el descenso gradiente:

```
dX = lr * dperf/dX
```

El entrenamiento se detiene cuando se produce alguna de estas condiciones:

- Se alcanza el número máximo de `épocas` (repeticiones).
- Se ha superado el `tiempo` máximo.
- El rendimiento se minimiza hasta el `objetivo`.
- El gradiente de rendimiento cae por debajo de `min_grad`.
- El rendimiento de la validación ha aumentado más veces que `max_fail` desde la última vez que disminuyó (al utilizar la validación).

APRENDIZAJE PROFUNDO. ANALIZAR Y DESPLEGAR LA RED NEURONAL ENTRENADA

8.1 ANALIZAR EL RENDIMIENTO DE LA RED NEURONAL

Una vez finalizado el entrenamiento en Entrenar y aplicar redes neuronales multicapa, puedes comprobar el rendimiento de la red y determinar si es necesario realizar algún cambio en el proceso de entrenamiento, en la arquitectura de la red o en los conjuntos de datos. Comprueba primero el registro de entrenamiento, tr, que fue el segundo argumento devuelto por la función de entrenamiento.

La estructura que se muestra a continuación contiene toda la información relativa al entrenamiento de la red. Por ejemplo, tr.trainInd, tr.valInd y tr.testInd contienen los índices de los puntos de datos que se utilizaron en los conjuntos de entrenamiento, validación y prueba, respectivamente. Si quieres volver a entrenar la red utilizando la misma división de datos, puedes establecer

net.divideFcn como 'divideInd', net.divideParam.trainInd como tr.trainInd, net.divideParam.valInd como tr.valInd, net.divideParam.testInd como tr.testInd.

```
tr

tr =

  struct with fields:

          trainFcn: 'trainlm'
        trainParam: [1×1 struct]
        performFcn: 'mse'
      performParam: [1×1 struct]
          derivFcn: 'defaultderiv'
         divideFcn: 'dividerand'
        divideMode: 'sample'
       divideParam: [1×1 struct]
          trainInd: [1×354 double]
            valInd: [1×76 double]
           testInd: [1×76 double]
              stop: 'Validation stop.'
        num_epochs: 12
         trainMask: {[1×506 double]}
           valMask: {[1×506 double]}
          testMask: {[1×506 double]}
        best_epoch: 6
              goal: 0
            states: {1×8 cell}
             epoch: [0 1 2 3 4 5 6 7 8 9 10 11 12]
              time: [1×13 double]
              perf: [1×13 double]
             vperf: [1×13 double]
             tperf: [1×13 double]
                mu: [1×13 double]
          gradient: [1×13 double]
          val_fail: [0 0 0 0 0 1 0 1 2 3 4 5 6]
         best_perf: 7.0111
        best_vperf: 10.3333
        best_tperf: 10.6567
```

La estructura tr también realiza un seguimiento de diversas variables durante el transcurso del entrenamiento, como el valor de la función de rendimiento, la magnitud del gradiente, etc. Puedes utilizar el registro de entrenamiento para trazar el progreso del rendimiento utilizando el comando plotperf:

plotperf(tr)

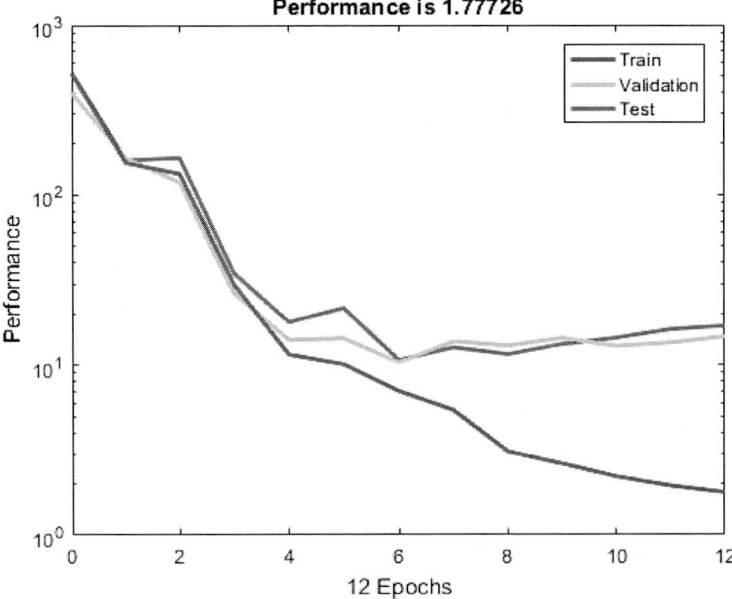

La propiedad `tr.best_epoch` indica la iteración en la que el rendimiento de validación alcanzó un mínimo. El entrenamiento continuó durante 6 iteraciones más antes de detenerse.

Esta cifra no indica ningún problema importante con el entrenamiento. Las curvas de validación y de prueba son muy similares. Si la curva de prueba hubiera aumentado significativamente antes de que lo hiciera la curva de validación, es posible que se hubiera producido algún sobreajuste.

El siguiente paso para validar la red es crear un gráfico de regresión, que muestre la relación entre las salidas de la red y los objetivos. Si el entrenamiento fuera perfecto, las salidas de la red y los objetivos serían exactamente iguales, pero la relación rara vez es perfecta en la práctica. Para el ejemplo de la vivienda, podemos crear un gráfico de regresión con los siguientes comandos. El primer comando calcula la respuesta de la red entrenada a todas las entradas del conjunto de datos. Los seis comandos siguientes extraen las salidas y los objetivos que pertenecen a los subconjuntos de entrenamiento, validación y prueba. El comando final crea tres gráficos de regresión para entrenamiento, prueba y validación.

```
houseOutputs = net(houseInputs);
trOut = houseOutputs(tr.trainInd);
vOut = houseOutputs(tr.valInd);
tsOut = houseOutputs(tr.testInd);
trTarg = houseTargets(tr.trainInd);
vTarg = houseTargets(tr.valInd);
tsTarg = houseTargets(tr.testInd);
plotregression(trTarg,trOut,'Train',vTarg,vOut,'Validation',...
tsTarg,tsOut,'Testing')
```

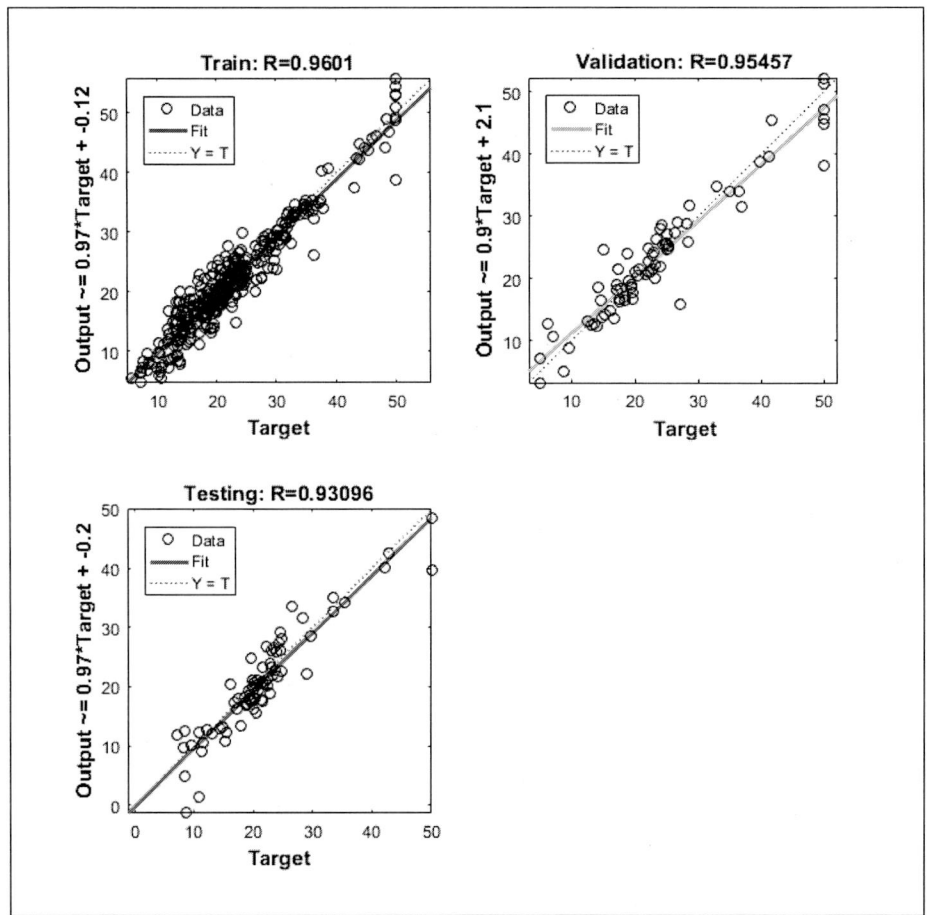

Los tres gráficos representan los datos de entrenamiento, validación y prueba. La línea discontinua de cada gráfico representa el resultado perfecto: resultados = objetivos. La línea continua representa la línea de regresión lineal de mejor ajuste entre los resultados y los objetivos. El valor R es una indicación de la relación entre los resultados y los objetivos. Si R = 1, indica que existe una relación lineal exacta entre los resultados y los objetivos. Si R se aproxima a cero, significa que no hay relación lineal entre los resultados y los objetivos.

Para este ejemplo, los datos de entrenamiento indican un buen ajuste. Los resultados de validación y prueba también muestran valores R superiores a 0,9. El diagrama de dispersión es útil para mostrar que ciertos puntos de datos tienen un ajuste deficiente. Por ejemplo, hay un punto de datos en el conjunto de prueba cuya salida de la red se aproxima a 35, mientras que el valor objetivo correspondiente es aproximadamente 12. El siguiente paso sería investigar este punto de datos para determinar si representa una extrapolación (es decir, si está fuera del conjunto de datos de entrenamiento). Si es así, habría que incluirlo en el conjunto de entrenamiento, y recoger datos adicionales para utilizarlos en el conjunto de prueba.

8.2 MEJORAR LOS RESULTADOS

Si la red no es lo suficientemente precisa, puedes intentar inicializar la red y volver a entrenarla. Cada vez que inicialices una red feedforward, los parámetros de la red serán diferentes y pueden producir soluciones distintas.

```
net = init(net);
net = train(net,houseInputs,houseTargets);
```

Como segundo enfoque, puedes aumentar el número de neuronas ocultas por encima de 20. Un mayor número de neuronas en la capa oculta da más flexibilidad a la red, porque ésta tiene más parámetros que puede optimizar. (Aumenta el tamaño de la capa gradualmente. Si haces que la capa oculta sea demasiado grande, puedes provocar que el problema no esté suficientemente caracterizado y la red deba optimizar más parámetros de los que hay vectores de datos para restringir esos parámetros).

Una tercera opción es probar una función de entrenamiento diferente. Entrenamiento de regularización bayesiana con `entrenbr` por ejemplo, a veces puede producir una mejor capacidad de generalización que utilizando la parada anticipada.

Por último, prueba a utilizar datos de entrenamiento adicionales. Proporcionar datos adicionales a la red tiene más probabilidades de producir una red que generalice bien a los nuevos datos.

8.3 FUNCIONES Y HERRAMIENTAS DE DESPLIEGUE PARA REDES ENTRENADAS

La función `genFunción` permite crear en MATLAB® funciones independientes para una red neuronal entrenada. El código generado contiene toda la información necesaria para simular una red neuronal, incluidos los ajustes, los valores de peso y sesgo, las funciones del módulo y los cálculos.

La función MATLAB generada puede utilizarse para inspeccionar los cálculos exactos de simulación que realiza una red neuronal concreta, y facilita la implantación de redes neuronales para muchos fines con una amplia variedad de productos y herramientas de implantación de MATLAB.

La función genFunción se introduce en los paneles de despliegue de las herramientas nftool, nctool, nprtool y ntstool. Para obtener información sobre las funciones de estas herramientas, consulta Ajustar datos con una red neuronal, Clasificar patrones con una red neuronal, Agrupar datos con un mapa autoorganizativo y Predicción y modelado de series temporales con redes neuronales.

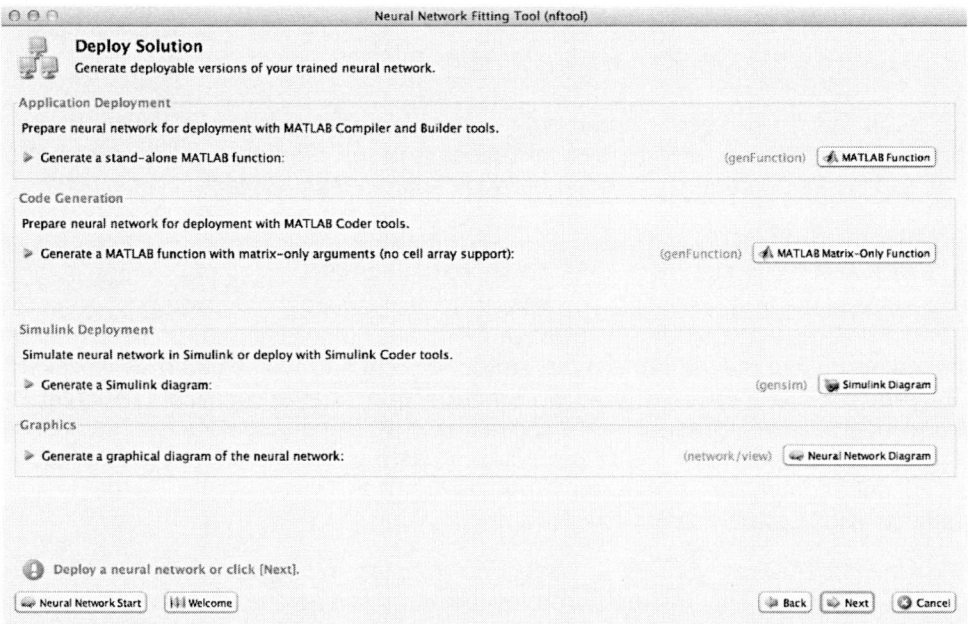

Los guiones avanzados generados en el panel Guardar resultados de cada una de estas herramientas incluyen un ejemplo de despliegue de redes con genFunction.

8.4 GENERAR FUNCIONES DE RED NEURONAL PARA EL DESPLIEGUE DE APLICACIONES

La función genFunción genera una función autónoma de MATLAB para simular cualquier red neuronal entrenada y prepararla para su despliegue. Esto puede ser útil para varias tareas:

- Documentar las transformaciones de entrada-salida de una red neuronal utilizada como plantilla de cálculo para reimplementaciones manuales de la red

- Utiliza el bloque Función de MATLAB para crear un bloque de Simulink ®
- Utiliza MATLAB Compiler™ para:
  - Generar ejecutables independientes
  - Generar complementos Excel ®
- Utiliza el compilador MATLAB SDK™ para:
  - Generar bibliotecas C/C++
  - Generar componentes .COM
  - Genera componentes Java ®
  - Generar componentes .NET
- Utiliza MATLAB Coder™ para:
  - Generar código C/C++
  - Generar funciones MEX eficientes

`genFunction(net,'pathname')` takes a neural network and file path, and produces a standalone MATLAB function file `filename.m`.

`genFunction(...,'MatrixOnly','yes')` overrides the default cell/matrix notation and instead generates a function that uses only matrix arguments compatible with MATLAB Coder tools. For static networks, the matrix columns are interpreted as independent samples. For dynamic networks, the matrix columns are interpreted as a series of time steps. The default value is `'no'`.

`genFunction(___,'ShowLinks','no')` disables the default behavior of displaying links to generated help and source code. The default is `'yes'`.

Aquí se entrena una red estática y se calculan sus salidas.

```
[x,t] = house_dataset;
houseNet = feedforwardnet(10);
houseNet = train(houseNet,x,t);
y = houseNet(x);
```

El código siguiente genera, prueba y muestra una función MATLAB con la misma interfaz que el objeto red neuronal.

```
genFunction(houseNet,'houseFcn');
y2 = houseFcn(x);
accuracy2 = max(abs(y-y2))
edit houseFcn
```

Puedes compilar la nueva función con las herramientas del compilador de MATLAB (se requiere licencia) en una biblioteca compartida/vinculada dinámicamente con `mcc`.

```
mcc -W lib:libHouse -T link:lib houseFcn
```

El siguiente código genera otra versión de la función MATLAB que sólo admite argumentos matriciales (no matrices de celdas). Esta función se prueba. Luego se utiliza para generar una función MEX con la herramienta codegen de MATLAB Coder (requiere licencia), que también se prueba.

```
genFunction(houseNet,'houseFcn','MatrixOnly','yes');
y3 = houseFcn(x);
accuracy3 = max(abs(y-y3))

x1Type = coder.typeof(double(0),[13 Inf]); % Coder type of input 1
codegen houseFcn.m -config:mex -o houseCodeGen -args {x1Type}
y4 = houseCodeGen(x);
accuracy4 = max(abs(y-y4))
```

Aquí se entrena una red dinámica y se calculan sus salidas.

```
[x,t] = maglev_dataset;
maglevNet = narxnet(1:2,1:2,10);
[X,Xi,Ai,T] = preparets(maglevNet,x,{},t);
maglevNet = train(maglevNet,X,T,Xi,Ai);
[y,xf,af] = maglevNet(X,Xi,Ai);
```

A continuación, se genera una función MATLAB y se prueba. A continuación, la función se utiliza para crear una biblioteca compartida/vinculada dinámicamente con mcc.

```
genFunction(maglevNet,'maglevFcn');
[y2,xf,af] = maglevFcn(X,Xi,Ai);
accuracy2 = max(abs(cell2mat(y)-cell2mat(y2)))
mcc -W lib:libMaglev -T link:lib maglevFcn
```

El código siguiente genera otra versión de la función MATLAB que sólo admite argumentos matriciales (no matrices de celdas). Esta función se prueba. Después se utiliza para generar una función MEX con la herramienta codegen de MATLAB Coder, que también se prueba.

```
genFunction(maglevNet,'maglevFcn','MatrixOnly','yes');
x1 = cell2mat(X(1,:)); % Convert each input to matrix
x2 = cell2mat(X(2,:));
xi1 = cell2mat(Xi(1,:)); % Convert each input state to matrix
xi2 = cell2mat(Xi(2,:));
[y3,xf1,xf2] = maglevFcn(x1,x2,xi1,xi2);
accuracy3 = max(abs(cell2mat(y)-y3))

x1Type = coder.typeof(double(0),[1 Inf]); % Coder type of input 1
x2Type = coder.typeof(double(0),[1 Inf]); % Coder type of input 2
xi1Type = coder.typeof(double(0),[1 2]); % Coder type of input 1
states
xi2Type = coder.typeof(double(0),[1 2]); % Coder type of input 2
states
codegen maglevFcn.m -config:mex -o maglevNetCodeGen ...
                    -args {x1Type x2Type xi1Type xi2Type}
[y4,xf1,xf2] = maglevNetCodeGen(x1,x2,xi1,xi2);
dynamic_codegen_accuracy = max(abs(cell2mat(y)-y4))
```

8.5 DESPLIEGUE DE DIAGRAMAS SIMULINK DE REDES NEURONALES

La función gensim genera descripciones de bloques de redes para que puedas simularlas con el software Simulink® .

```
gensim(net,st)
```

El segundo argumento de gensim determina el tiempo de muestreo, que normalmente se elige para que sea algún valor real positivo.

Si una red no tiene retrasos asociados a sus pesos de entrada o a los pesos de capa, este valor se puede establecer en -1. Un valor de -1 hace que gensim genere una red con muestreo continuo.

8.5.1 Ejemplo

He aquí un problema sencillo que define un conjunto de entradas p y sus correspondientes objetivos t.

```
p = [1 2 3 4 5];

t = [1 3 5 7 9];
```

El código siguiente diseña una capa lineal para resolver este problema.

```
net = newlind(p,t)
```

Puedes probar la red en tus entradas originales con `sim`.

```
y = sim(net,p)
```

Los resultados muestran que la red ha resuelto el problema.

```
y =

    1.0000    3.0000    5.0000    7.0000    9.0000
```

Llama a `gensim` como se indica a continuación para generar una versión Simulink de la red.

```
gensim(net,-1)
```

El segundo argumento es -1, por lo que el bloque de red resultante muestrea continuamente.

La llamada a `gensim` abre el siguiente Editor Simulink, que muestra un sistema formado por la red lineal conectada a una entrada de muestra y a un osciloscopio.

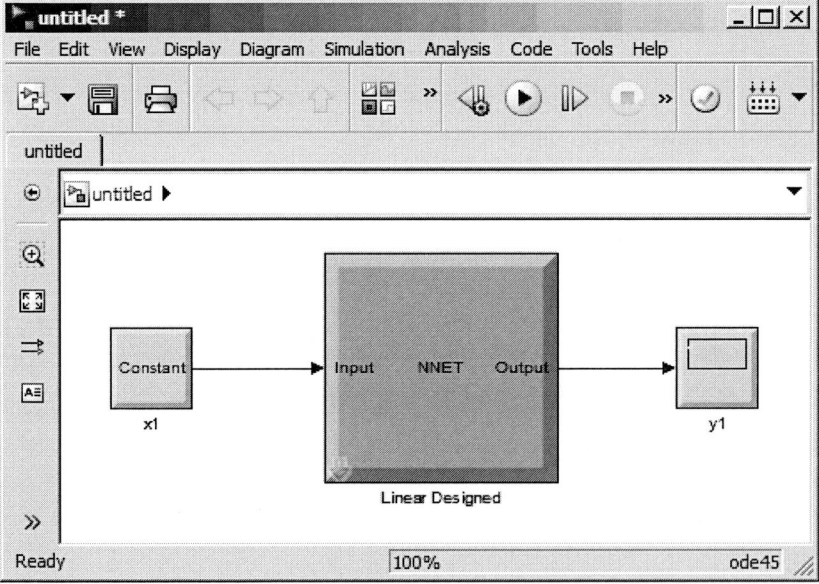

Para probar la red, haz doble clic en el bloque de entrada Constante x1 de la izquierda.

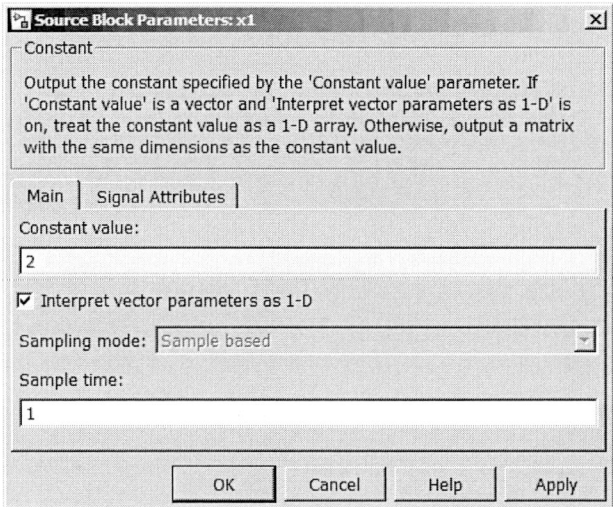

El bloque de entrada es en realidad un bloque Constante estándar. Cambia el valor de la constante del valor inicial generado aleatoriamente a 2, y luego haz clic en **Aceptar**.

Selecciona la opción de menú **Simulación > Ejecutar**. Simulink tarda un momento en simular el sistema.

Cuando finalice la simulación, haz doble clic en el bloque de salida y1 de la derecha para ver la siguiente visualización de la respuesta de la red.

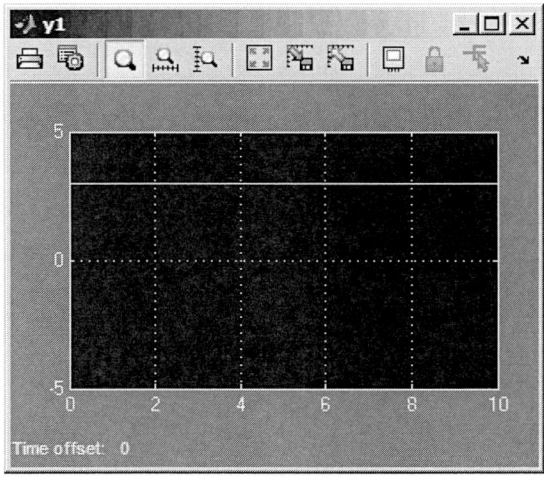

Observa que la salida es 3, que es la salida correcta para una entrada de 2.

8.5.2 Ejercicios propuestos

Aquí tienes un par de ejercicios que puedes probar.

Cambiar la señal de entrada

Sustituye el bloque de entrada constante por un generador de señales del conjunto de bloques Fuentes estándar de Simulink. Simula el sistema y visualiza la respuesta de la red.

Utiliza un Tiempo de Muestra Discreto

Recrea la red, pero con un tiempo de muestreo discreto de 0,5, en lugar de un muestreo continuo.

```
gensim(red,0,5)
```

De nuevo, sustituye la entrada constante por un generador de señales. Simula el sistema y observa la respuesta de la red.

8.6 DESPLIEGAEGAR EL ENTRENAMIENTO DE LAS REDES NEURONALES

Utiliza MATLAB® Runtime para desplegar funciones que puedan entrenar un modelo. Puedes desplegar código MATLAB que entrene redes neuronales como se describe en Crear aplicación autónoma desde la línea de comandos y Empaquetar aplicación autónoma con la aplicación Compilador de aplicaciones.

Los siguientes métodos y funciones NO son compatibles con el modo desplegado:

*   Training progress dialog, `nntraintool`.
*   `genFunction` and `gensim` to generate MATLAB code or Simulink® blocks
*   `view` method
*   `nctool`, `nftool`, `nnstart`, `nprtool`, `ntstool`
*   Plot functions (such
    as `plotperform`, `plottrainstate`, `ploterrhist`, `plotregression`, `plotfit`
    , and so on)
*   `perceptron`, `newlind`, `elmannet`, and `newhop` functions

He aquí un ejemplo de cómo puedes desplegar el entrenamiento de una red. Crea un script para entrenar una red neuronal, por ejemplo, `mynntraining.m`:

```
% Create the predictor and response (target)
x = [0.054 0.78 0.13 0.47 0.34 0.79 0.53 0.6 0.65 0.75 0.084 0.91
0.83
     0.53 0.93 0.57 0.012 0.16 0.31 0.17 0.26 0.69 0.45 0.23 0.15
0.54];
t = [0.46 0.079 0.42 0.48 0.95 0.63 0.48 0.51 0.16 0.51 1 0.28
0.3];
% Create and display the network
net = fitnet();
disp('Training fitnet')
% Train the network using the data in x and t
net = train(net,x,t);
% Predict the responses using the trained network
y = net(x);
% Measure the performance
perf = perform(net,y,t)
```

Compila el script mynntraining.m, bien utilizando la interfaz de MATLAB Compiler™, como se describe en Empaquetar aplicación autónoma con la aplicación Compilador de aplicaciones, o bien utilizando la línea de comandos:

```
mcc -m 'mynntraining.m'
```

mcc invoca al compilador de MATLAB para compilar código en el prompt. La bandera -m compila una función MATLAB y genera un ejecutable independiente. El archivo EXE se encuentra ahora en tu ordenador local, en el directorio de trabajo.

Para ejecutar la aplicación EXE compilada en ordenadores que no tengan MATLAB instalado, tienes que descargar e instalar MATLAB Runtime. El archivo readme.txt creado en tu carpeta de trabajo tiene más información sobre los requisitos de despliegue.

APRENDIZAJE PROFUNDO Y BIG DATA. COMPUTACIÓN PARALELA Y GPU. ESCALABILIDAD Y EFICIENCIA DEL ENTRENAMIENTO

9.1 REDES NEURONALES CON CÁLCULO PARALELO Y EN LA GPU

9.1.1 Modos de paralelismo

Las redes neuronales son algoritmos intrínsecamente paralelos. Las CPU multinúcleo, las unidades de procesamiento gráfico (GPU) y los clusters de ordenadores con varias CPU y GPU pueden aprovechar este paralelismo.

Parallel Computing Toolbox™, cuando se utiliza junto con Neural Network Toolbox™, permite que el entrenamiento y la simulación de redes neuronales aprovechen cada modo de paralelismo.

Por ejemplo, a continuación, se muestra una sesión estándar de entrenamiento y simulación de un solo hilo:

```
[x,t] = house_dataset;
net1 = feedforwardnet(10);
net2 = train(net1,x,t);
y = net2(x);
```

Los dos pasos que puedes paralelizar en esta sesión son la llamada a entrenar y la llamada implícita a sim (donde se llama a la red net2 como función).

En Neural Network Toolbox puedes dividir cualquier dato, como x y t en el código de ejemplo anterior, entre muestras. Si x y t contienen sólo una muestra cada uno, no hay paralelismo. Pero si x y t contienen cientos o miles de muestras, el paralelismo puede proporcionar ventajas tanto de velocidad como de tamaño del problema.

9.1.2 Informática distribuida

Parallel Computing Toolbox permite que el entrenamiento y la simulación de redes neuronales se ejecuten en varios núcleos de CPU de un único PC, o en varias CPU de varios ordenadores de una red utilizando MATLAB® Distributed Computing Server™.

Utilizar varios núcleos puede acelerar los cálculos. Utilizar varios ordenadores puede permitirte resolver problemas utilizando conjuntos de datos demasiado grandes para caber en la RAM de un solo ordenador. El único límite al tamaño del problema es la cantidad total de RAM disponible en todos los ordenadores.

Para gestionar las configuraciones de clúster, utiliza el Gestor de **Perfiles de Clúster** desde la pestaña **Inicio** de MATLAB Menú **Entorno Paralelo** > **Gestionar Perfiles de Clúster**.

Para abrir un grupo de trabajadores de MATLAB utilizando el perfil de clúster por defecto, que suele ser el de los núcleos de la CPU local, utiliza este comando:

```
pool = parpool
```

```
Starting parallel pool (parpool) using the 'local' profile ...
connected to 4 workers.
```

Cuando se ejecuta parpool, muestra el número de trabajadores disponibles en el pool. Otra forma de determinar el número de trabajadores es consultar el pool:

```
pool.NumWorkers
```

```
    4
```

Ahora puedes entrenar y simular la red neuronal con datos divididos por muestras entre todos los trabajadores. Para ello, establece el parámetro de entrenamiento y simulación "useParallel" en "yes".

```
net2 = train(net1,x,t,'useParallel','yes')
y = net2(x,'useParallel','yes')
```

Utiliza el argumento "mostrarRecursos" para verificar que los cálculos se ejecutaron en varios trabajadores.

```
net2 = train(net1,x,t,'useParallel','yes','showResources','yes');
y = net2(x,'useParallel','yes','showResources','yes');
```

MATLAB indica qué recursos se han utilizado. Por ejemplo:

```
Computing Resources:

Parallel Workers
  Worker 1 on MyComputer, MEX on PCWIN64
  Worker 2 on MyComputer, MEX on PCWIN64
  Worker 3 on MyComputer, MEX on PCWIN64
  Worker 4 on MyComputer, MEX on PCWIN64
```

Cuando se llama a entrenar y a sim, dividen los datos de la matriz de entrada o de la matriz de celdas en valores compuestos distribuidos antes del entrenamiento y la simulación. Cuando sim ha calculado un Compuesto, este resultado se convierte de nuevo a la misma matriz o matriz de celdas antes de ser devuelto.

Sin embargo, puede que quieras realizar esta división de datos manualmente si:

- El tamaño del problema es demasiado grande para el ordenador central. Definir manualmente los elementos de Valores compuestos secuencialmente permite definir problemas mucho mayores.

- Se sabe que algunos trabajadores están en ordenadores más rápidos o con más memoria que otros. Puedes distribuir los datos con distintos números de muestras por trabajador. Esto se llama equilibrar la carga.

El código siguiente crea secuencialmente una serie de conjuntos de datos aleatorios y los guarda en archivos separados:

```
pool = gcp;
for i=1:pool.NumWorkers
  x = rand(2,1000);
  save(['inputs' num2str(i)],'x');
  t = x(1,:) .* x(2,:) + 2 * (x(1,:) + x(2,:));
  save(['targets' num2str(i)],'t');
  clear x t
end
```

Como los datos se definieron secuencialmente, puedes definir un conjunto de datos total mayor del que cabe en la memoria del PC anfitrión. En la memoria del PC sólo debe caber un subconjunto de datos cada vez.

Ahora puedes cargar los conjuntos de datos secuencialmente en trabajadores paralelos, y entrenar y simular una red con los datos compuestos. Cuando se llama a entrenar o simular con datos compuestos, el argumento "usarParalelo" se establece automáticamente en "sí". Cuando utilices datos compuestos, configura manualmente las entradas y salidas de la red para que coincidan con uno de los conjuntos de datos utilizando la función configurar antes de entrenar.

```
xc = Composite;
tc = Composite;
for i=1:pool.NumWorkers
  data = load(['inputs' num2str(i)],'x');
  xc{i} = data.x;
  data = load(['targets' num2str(i)],'t');
  tc{i} = data.t;
  clear data
end
net2 = configure(net1,xc{1},tc{1});
net2 = train(net2,xc,tc);
yc = net2(xc);
```

Para convertir la salida Compuesta devuelta por sim, puedes acceder a cada uno de sus elementos, por separado si te preocupan las limitaciones de memoria.

```
for i=1:pool.NumWorkers
  yi = yc{i}
end
```

Combina el valor Compuesto en un valor local si no te preocupan las limitaciones de memoria.

```
y = {yc{:}};
```

Cuando se equilibra la carga, ocurre el mismo proceso, pero, en lugar de que cada conjunto de datos tenga el mismo número de muestras (1000 en el ejemplo anterior), el número de muestras puede ajustarse para aprovechar mejor las diferencias de memoria y velocidad de los ordenadores centrales de los trabajadores.

No es necesario que cada trabajador tenga datos. Si el elemento i de un valor Compuesto no está definido, el trabajador i no se utilizará en el cálculo.

9.1.3 Cálculo en una sola GPU

El número de núcleos, el tamaño de la memoria y la eficiencia de la velocidad de las tarjetas GPU crecen rápidamente con cada nueva generación. Mientras que los videojuegos se han beneficiado durante mucho tiempo de la mejora del rendimiento de las GPU, estas tarjetas son ahora lo suficientemente flexibles como para realizar tareas generales de cálculo numérico, como el entrenamiento de redes neuronales.

Para conocer los últimos requisitos de la GPU, consulta la página web de Parallel Computing Toolbox; o consulta MATLAB para determinar si tu PC tiene una GPU compatible. Esta función devuelve el número de GPUs de tu sistema:

```
count = gpuDeviceCount

count =

     1
```

Si el resultado es una o varias, puedes consultar cada GPU por índice para conocer sus características. Esto incluye su nombre, número de multiprocesadores, SIMDWidth de cada multiprocesador y memoria total.


```
gpu1 = gpuDevice(1)

gpu1 =

  CUDADevice with properties:

                      Name: 'GeForce GTX 470'
                     Index: 1
         ComputeCapability: '2.0'
            SupportsDouble: 1
             DriverVersion: 4.1000
        MaxThreadsPerBlock: 1024
         MaxShmemPerBlock: 49152
        MaxThreadBlockSize: [1024 1024 64]
               MaxGridSize: [65535 65535 1]
                 SIMDWidth: 32
               TotalMemory: 1.3422e+09
           AvailableMemory: 1.1056e+09
        MultiprocessorCount: 14
              ClockRateKHz: 1215000
               ComputeMode: 'Default'
       GPUOverlapsTransfers: 1
    KernelExecutionTimeout: 1
          CanMapHostMemory: 1
           DeviceSupported: 1
            DeviceSelected: 1
```

La forma más sencilla de aprovechar la GPU es especificar la llamada a `tren` y `sim` con el argumento de parámetro "useGPU" establecido en "yes" ("no" es el valor por defecto).

```
net2 = train(net1,x,t,'useGPU','yes')
y = net2(x,'useGPU','yes')
```

Si `net1` tiene la función de entrenamiento por defecto `trainlm`, verás una advertencia de que los cálculos de la GPU no admiten el entrenamiento jacobiano, sólo el entrenamiento de gradiente. Así que la función de entrenamiento se cambia automáticamente a la función de entrenamiento de gradiente `trainscg`. Para evitar el aviso, puedes especificar la función antes del entrenamiento:

```
net1.trainFcn = 'trainscg';
```

Para verificar que el entrenamiento y la simulación se producen en el dispositivo GPU, solicita que se muestren los recursos informáticos:

```
net2 = train(net1,x,t,'useGPU','yes','showResources','yes')
y = net2(x,'useGPU','yes','showResources','yes')
```

Cada una de las líneas de código anteriores produce el siguiente resumen de recursos:

```
Computing Resources:
GPU device #1, GeForce GTX 470
```

Muchas funciones de MATLAB se ejecutan automáticamente en una GPU cuando alguno de los argumentos de entrada es un gpuArray. Normalmente mueves matrices hacia y desde la GPU con las funciones `gpuArray` y `gather`. Sin embargo, para que los cálculos de redes neuronales en una GPU sean eficientes, es necesario transponer las matrices y rellenar las columnas para que el primer elemento de cada columna se alinee correctamente en la memoria de la GPU. Neural Network Toolbox proporciona una función especial llamada `nndata2gpu` para trasladar una matriz a una GPU y organizarla adecuadamente:

```
xg = nndata2gpu(x);
tg = nndata2gpu(t);
```

Ahora puedes entrenar y simular la red utilizando los datos convertidos ya en la GPU, sin tener que especificar el argumento "useGPU". A continuación, convierte y devuelve la matriz GPU resultante a MATLAB con la función complementaria `gpu2nndata`.

Antes de entrenar con datos de gpuArray, las entradas y salidas de la red deben configurarse manualmente con matrices normales de MATLAB mediante la función `configurar`:

```
net2 = configure(net1,x,t);  % Configure with MATLAB arrays
net2 = train(net2,xg,tg);     % Execute on GPU with NNET formatted
gpuArrays
yg = net2(xg);                % Execute on GPU
y = gpu2nndata(yg);           % Transfer array to local workspace
```

En las GPU y otros tipos de hardware en los que tal vez quieras desplegar tus redes neuronales, suele ocurrir que la función exponencial exp no se implementa con hardware, sino con una biblioteca de software. Esto puede ralentizar las redes neuronales que utilizan la función de transferencia sigmoidea tansig. Una función alternativa es la función sigmoide de Elliot, cuya expresión no incluye una llamada a ninguna función de orden superior:

$$(equation) \quad a = n \ / \ (1 + abs(n))$$

Antes del entrenamiento, las capas tansig de la red pueden convertirse en capas elliotsig del siguiente modo

```
for i=1:net.numLayers
  if strcmp(net.layers{i}.transferFcn,'tansig')
    net.layers{i}.transferFcn = 'elliotsig';
  end
end
```

Ahora el entrenamiento y la simulación pueden ser más rápidos en la GPU y el hardware de despliegue más sencillo.

9.1.4 GPU Computación Distribuida

El cálculo distribuido y el GPU computing pueden combinarse para ejecutar cálculos en múltiples CPUs y/o GPUs en un único ordenador, o en un clúster con el Servidor de Cálculo Distribuido de MATLAB.

La forma más sencilla de hacerlo es especificar tren y sim para ello, utilizando el pool paralelo determinado por el perfil de cluster que utilices. La opción "mostrarRecursos" es especialmente recomendable en este caso, para verificar que se está empleando el hardware esperado:

```
net2 =
train(net1,x,t,'useParallel','yes','useGPU','yes','showResources','
yes')
y =
net2(x,'useParallel','yes','useGPU','yes','showResources','yes')
```

Estas líneas de código utilizan todos los trabajadores disponibles en el pool paralelo. Un trabajador por cada GPU única emplea esa GPU, mientras que los demás trabajadores funcionan como CPUs. En algunos casos, puede ser más rápido utilizar sólo las GPUs. Por ejemplo, si un único ordenador tiene tres GPUs y cuatro trabajadores cada una, los tres trabajadores acelerados por las tres GPUs podrían ver limitada su velocidad por el cuarto trabajador de la CPU. En estos casos, puedes especificar que `train` y `sim` utilicen sólo trabajadores con GPU únicas.

```
net2 =
train(net1,x,t,'useParallel','yes','useGPU','only','showResources',
'yes')
y =
net2(x,'useParallel','yes','useGPU','only','showResources','yes')
```

Al igual que con la computación distribuida simple, la computación distribuida en la GPU puede beneficiarse de los valores Compuestos creados manualmente. Definir tú mismo los valores Compuestos te permite indicar qué trabajadores utilizar, cuántas muestras asignar a cada trabajador y qué trabajadores utilizan GPUs.

Por ejemplo, si tienes cuatro trabajadores y sólo tres GPUs, puedes definir conjuntos de datos más grandes para los trabajadores de la GPU. Aquí se crea un conjunto de datos aleatorio con diferentes cargas de muestra por elemento Compuesto:

```
numSamples = [1000 1000 1000 300];
xc = Composite;
tc = Composite;
for i=1:4
  xi = rand(2,numSamples(i));
  ti = xi(1,:).^2 + 3*xi(2,:);
  xc{i} = xi;
  tc{i} = ti;
end
```

Ahora puedes especificar que el `tren` y la `simulación` utilicen las tres GPU disponibles:

```
net2 = configure(net1,xc{1},tc{1});
net2 = train(net2,xc,tc,'useGPU','yes','showResources','yes');
yc = net2(xc,'showResources','yes');
```

Para garantizar que las GPUs son utilizadas por los tres primeros trabajadores, convierte manualmente los elementos Composite de cada trabajador en gpuArrays. Cada trabajador realiza esta transformación dentro de un bloque `spmd` de ejecución paralela.

```
spmd
  if labindex <= 3
    xc = nndata2gpu(xc);
    tc = nndata2gpu(tc);
  end
end
```

Ahora los datos especifican cuándo utilizar las GPU, por lo que no es necesario indicar a `train` y `sim` que lo hagan.

```
net2 = configure(net1,xc{1},tc{1});
net2 = train(net2,xc,tc,'showResources','yes');
yc = net2(xc,'showResources','yes');
```

Asegúrate de que cada GPU es utilizada sólo por un trabajador, para que los cálculos sean más eficientes. Si varios trabajadores asignan datos gpuArray en la misma GPU, el cálculo seguirá funcionando, pero será más lento, porque la GPU operará sobre los datos de los múltiples trabajadores secuencialmente.

9.1.5 Aprendizaje profundo

Entrenar una red neuronal convolucional (CNN, ConvNet) requiere la caja de herramientas de cálculo paralelo y una GPU NVIDIA® con capacidad de cálculo 3.0 o superior habilitada para CUDA®. Tienes la opción de elegir el entorno de ejecución (CPU o GPU) para extraer características, predecir respuestas o clasificar observaciones (ver `activaciones`, `predecir` y `clasificar`).

9.1.6 Series temporales paralelas

Para las redes de series temporales, basta con utilizar valores de matriz de celdas para x y t, y opcionalmente incluir estados de retardo de entrada inicial `xi` y estados de retardo de capa inicial `ai`, según sea necesario.

```
net2 = train(net1,x,t,xi,ai,'useGPU','yes')
y = net2(x,xi,ai,'useParallel','yes','useGPU','yes')

net2 = train(net1,x,t,xi,ai,'useParallel','yes')
y = net2(x,xi,ai,'useParallel','yes','useGPU','only')

net2 = train(net1,x,t,xi,ai,'useParallel','yes','useGPU','only')
y = net2(x,xi,ai,'useParallel','yes','useGPU','only')
```

Ten en cuenta que el paralelismo se produce a través de muestras, o en el caso de series temporales a través de series diferentes. Sin embargo, si la red sólo tiene retardos de entrada, sin retardos de capa, las entradas retardadas pueden precalcularse de modo que, a efectos de cálculo, los pasos temporales se conviertan en muestras diferentes y puedan paralelizarse. Éste es el caso de redes como `timedelaynet` y las versiones de bucle abierto de `narxnet` y `narnet`. Si una red tiene retardos de capa, el tiempo no se puede "aplanar" a efectos de cálculo, por lo que los datos de una sola serie no se pueden paralelizar. Éste es el caso de redes como `layrecnet` y las versiones de bucle cerrado de `narxnet` y `narnet`. Sin embargo, si los datos constan de varias secuencias, se pueden paralelizar entre las distintas secuencias.

9.1.7 Disponibilidad paralela, Fallbacks y Feedback

Como ya hemos dicho, puedes consultar MATLAB para descubrir los recursos paralelos disponibles en ese momento.

Para ver qué GPUs están disponibles en el ordenador anfitrión:

```
gpuCount = gpuDeviceCount
for i=1:gpuCount
  gpuDevice(i)
end
```

Para ver cuántos trabajadores se están ejecutando en el grupo paralelo actual:

```
poolSize = pool.NumWorkers
```

Para ver las GPUs disponibles en un pool paralelo que se ejecuta en un cluster de PCs utilizando el Servidor de Computación Distribuida MATLAB:

```
spmd
  worker.index = labindex;
  worker.name = system('hostname');
  worker.gpuCount = gpuDeviceCount;
  try
    worker.gpuInfo = gpuDevice;
  catch
    worker.gpuInfo = [];
  end
  worker
end
```

Cuando 'useParallel' o 'useGPU' se establecen en 'yes', pero los trabajadores paralelos o de GPU no están disponibles, la convención es que cuando se solicitan recursos, se utilizan si están disponibles. El cálculo se realiza sin error aunque no lo estén. Este proceso de pasar de los recursos solicitados a los recursos reales ocurre como sigue:

- Si 'useParallel' es 'yes' pero Parallel Computing Toolbox no está disponible, o un pool paralelo no está abierto, entonces el cálculo vuelve a MATLAB de un solo hilo.

- Si 'useGPU' es 'yes' pero el gpuDevice de la sesión actual de MATLAB no está asignado o no es compatible, el cálculo vuelve a la CPU.

- Si 'useParallel' y 'useGPU' son 'yes', entonces cada trabajador con una GPU única utiliza esa GPU, y los demás trabajadores vuelven a la CPU.

- Si 'useParallel' es 'yes' y 'useGPU' es 'only', se utilizan los trabajadores con GPU única. Los demás trabajadores no se utilizan, a menos que ningún trabajador tenga GPU. En el caso de que no haya GPUs, todos los trabajadores utilizan CPUs.

Si no estás seguro de qué hardware se está utilizando realmente, comprueba gpuDeviceCount, gpuDevice y pool.NumWorkers para asegurarte de que el hardware deseado está disponible, y llama a train y sim con "showResources" en "yes" para verificar qué recursos se utilizaron realmente.

9.2 GUARDAR AUTOMÁTICAMENTE LOS PUNTOS DE CONTROL DURANTE EL ENTRENAMIENTO DE LA RED NEURONAL

Durante el entrenamiento de la red neuronal, los resultados intermedios se pueden guardar periódicamente en un archivo MAT para recuperarlos si el ordenador falla o si interrumpes el proceso de entrenamiento. Esto ayuda a proteger el valor de los entrenamientos largos, que, de otro modo, si se interrumpieran, tendrían que reiniciarse por completo. Esta función es especialmente útil para largas sesiones de entrenamiento en paralelo, que es más probable que se interrumpan por fallos en los recursos informáticos.

Los guardados de punto de comprobación se activan con el argumento opcional de entrenamiento "ArchivoPuntoCheque", seguido del nombre o ruta del archivo de punto de comprobación. Si sólo especificas un nombre de archivo, éste se coloca por defecto en el directorio de trabajo. El archivo debe tener la extensión .mat, pero si no se especifica, se añade automáticamente. En este ejemplo, los puntos de control se guardan en el archivo llamado MiPuntoDeControl.mat en el directorio de trabajo actual.

```
[x,t] = house_dataset;
net = feedforwardnet(10);
net2 = train(net,x,t,'CheckpointFile','MyCheckpoint.mat');
22-Mar-2013 04:49:05 First Checkpoint #1:
/WorkingDir/MyCheckpoint.mat
22-Mar-2013 04:49:06 Final Checkpoint #2:
/WorkingDir/MyCheckpoint.mat
```

Por defecto, los puntos de control se guardan como máximo una vez cada 60 segundos. Para el ejemplo de entrenamiento corto anterior, esto da como resultado sólo dos puntos de control guardados: uno al principio y otro al final del entrenamiento.

El argumento de entrenamiento opcional 'RetrasoPuntoControl' puede cambiar la frecuencia de los guardados. Por ejemplo, aquí el retraso mínimo del punto de control se establece en 10 segundos para un problema de series temporales en el que se entrena una red neuronal para modelar un imán levitando.

```
[x,t] = maglev_dataset;
net = narxnet(1:2,1:2,10);
[X,Xi,Ai,T] = preparets(net,x,{},t);
net2 =
train(net,X,T,Xi,Ai,'CheckpointFile','MyCheckpoint.mat','Checkpoint
Delay',10);
22-Mar-2013 04:59:28 First Checkpoint #1:
/WorkingDir/MyCheckpoint.mat
22-Mar-2013 04:59:38 Write Checkpoint #2:
/WorkingDir/MyCheckpoint.mat
22-Mar-2013 04:59:48 Write Checkpoint #3:
/WorkingDir/MyCheckpoint.mat
22-Mar-2013 04:59:58 Write Checkpoint #4:
/WorkingDir/MyCheckpoint.mat
22-Mar-2013 05:00:08 Write Checkpoint #5:
/WorkingDir/MyCheckpoint.mat
22-Mar-2013 05:00:09 Final Checkpoint #6:
/WorkingDir/MyCheckpoint.mat
```

Tras un fallo del ordenador o una interrupción del entrenamiento, puedes recargar la estructura de puntos de control que contiene la mejor red neuronal obtenida antes de la interrupción, y el registro de entrenamiento. En este caso, el valor del campo de etapa es 'Final', lo que indica que el último guardado fue en la última época porque el entrenamiento se completó con éxito. El punto de control de la primera época se indica con 'Primero', y los puntos de control intermedios con 'Escribir'.

```
load('MyCheckpoint.mat')
checkpoint =

        file: '/WorkdingDir/MyCheckpoint.mat'
        time: [2013 3 22 5 0 9.0712]
      number: 6
       stage: 'Final'
         net: [1x1 network]
          tr: [1x1 struct]
```

Puedes reanudar el entrenamiento desde el último punto de control recargando el conjunto de datos (si es necesario), y luego llamando a entrenar con la red recuperada.

```
net = checkpoint.net;
[x,t] = maglev_dataset;
load('MyCheckpoint.mat');
[X,Xi,Ai,T] = preparets(net,x,{},t);
net2 =
train(net,X,T,Xi,Ai,'CheckpointFile','MyCheckpoint.mat','Checkpoint
Delay',10);
```

9.3 OPTIMIZAR LA VELOCIDAD DE ENTRENAMIENTO Y LA MEMORIA DE LA RED NEURONAL

9.3.1 Reducción de memoria

Dependiendo de la red neuronal concreta, la simulación y los cálculos del gradiente pueden realizarse en MATLAB® o en MEX. MEX es más eficiente en memoria, pero MATLAB puede hacerse más eficiente en memoria a cambio de tiempo.

Para determinar si se está utilizando MATLAB o MEX, utiliza la opción "mostrarRecursos", como se muestra en esta forma general de la sintaxis:

```
net2 = train(net1,x,t,'showResources','yes')
```

Si se utiliza MATLAB y las limitaciones de memoria son un problema, la cantidad de almacenamiento temporal necesaria puede reducirse en un factor N, a cambio de realizar los cálculos N veces de forma secuencial en cada uno de los N subconjuntos de datos.

```
net2 = train(net1,x,t,'reduction',N);
```

Esto se llama reducción de memoria.

9.3.2 Sigmoide de Elliot

Es posible que algunos equipos informáticos sencillos no admitan directamente la función exponencial, y las implementaciones de software pueden ser lentas. La sigmoide de Elliot elliotsig desempeña el mismo papel que la función sigmoide simétrica tansig, pero evita la función exponencial.

Aquí tienes un gráfico de la sigmoide de Elliot:

```
n = -10:0.01:10;
a = elliotsig(n);
plot(n,a)
```

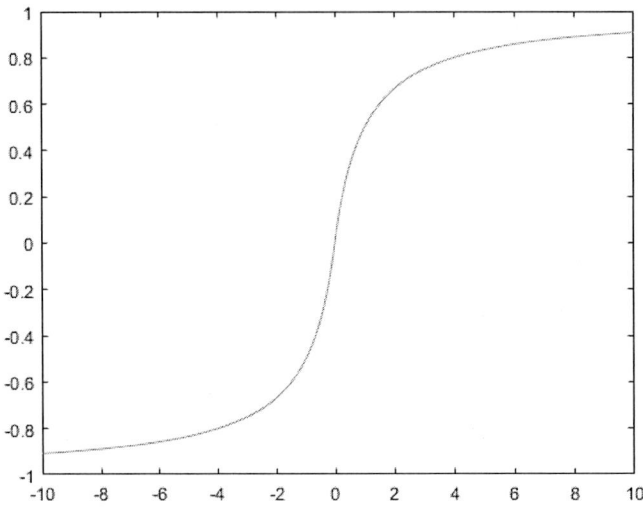

A continuación, se compara elliotsig con tansig.

```
a2 = tansig(n);
h = plot(n,a,n,a2);
legend(h,'elliotsig','tansig','Location','NorthWest')
```

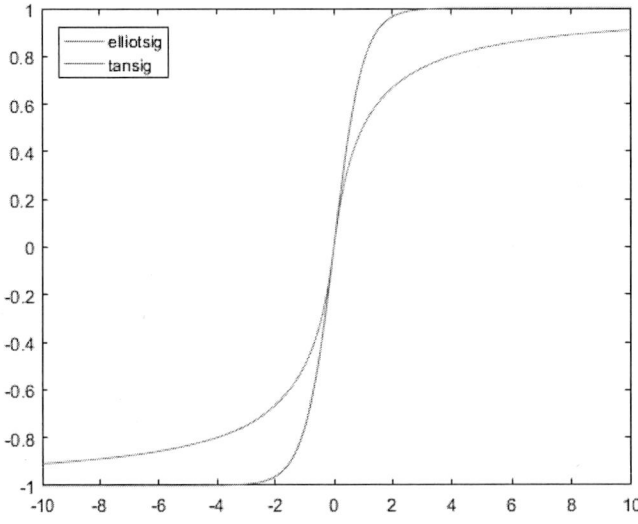

Para entrenar una red neuronal utilizando elliotsig en lugar de tansig, transforma las funciones de transferencia de la red:

```
[x,t] = house_dataset;

net = feedforwardnet;

view(net)

net.layers{1}.transferFcn = 'elliotsig';

view(net)

net = train(net,x,t);

y = net(x)
```

Aquí se comparan los tiempos de ejecución de elliotsig y tansig. elliotsig es aproximadamente cuatro veces más rápido en el sistema de prueba.

```
n = rand(1000,1000);

tic,for i=1:100,a=tansig(n); end, tansigTime = toc;

tic,for i=1:100,a=elliotsig(n); end, elliotTime = toc;

speedup = tansigTime / elliotTime

speedup =

    4.1406
```

Sin embargo, aunque la simulación es más rápida con elliotsig, no se garantiza que el entrenamiento sea más rápido, debido a las diferentes formas de las dos funciones de transferencia. Aquí se entrenan 10 redes cada una para tansig y elliotsig, pero los tiempos de entrenamiento varían significativamente incluso en el mismo problema con la misma red.

```
[x,t] = house_dataset;

tansigNet = feedforwardnet;

tansigNet.trainParam.showWindow = false;

elliotNet = tansigNet;

elliotNet.layers{1}.transferFcn = 'elliotsig';

for i=1:10, tic, net = train(tansigNet,x,t); tansigTime = toc,
end

for i=1:10, tic, net = train(elliotNet,x,t), elliotTime = toc,
end
```

APRENDIZAJE PROFUNDO. SOLUCIONES ÓPTIMAS

10.1 REPRESENTAR OBJETIVOS DESCONOCIDOS

10.1.1 Elegir las funciones de procesamiento de entrada-salida de la red neuronal

Este tema presenta parte del flujo de trabajo típico de una red multicapa.

El entrenamiento de la red neuronal puede ser más eficaz si realizas ciertos pasos de preprocesamiento en las entradas y objetivos de la red. Esta sección describe varias rutinas de preprocesamiento de que puedes utilizar. (Las más comunes se proporcionan automáticamente cuando creas una red, y pasan a formar parte del objeto red, de modo que siempre que se utilice la red, los datos que entran en ella se preprocesan del mismo modo).

Por ejemplo, en las redes multicapa se suelen utilizar funciones de transferencia sigmoideas en las capas ocultas. Estas funciones se saturan esencialmente cuando la entrada de la red es superior a tres (exp (-3) $\cong$ 0,05). Si esto ocurre al principio del proceso de entrenamiento, los gradientes serán muy pequeños y el entrenamiento de la red será muy lento. En la primera capa de la red, la entrada neta es el producto de la entrada por el peso más el sesgo. Si la entrada es muy grande, el peso debe ser muy pequeño para evitar que la función de transferencia se sature. Es práctica habitual normalizar las entradas antes de aplicarlas a la red.

Generalmente, el paso de normalización se aplica tanto a los vectores de entrada como a los vectores objetivo del conjunto de datos. De este modo, la salida de la red siempre cae dentro de un rango normalizado. A continuación, la salida de la red se puede transformar inversamente a las unidades de los datos objetivo originales cuando la red se utilice sobre el terreno.

Es más fácil pensar que la red neuronal tiene un bloque de preprocesamiento que aparece entre la entrada y la primera capa de la red y un bloque de postprocesamiento que aparece entre la última capa de la red y la salida, como se muestra en la figura siguiente.

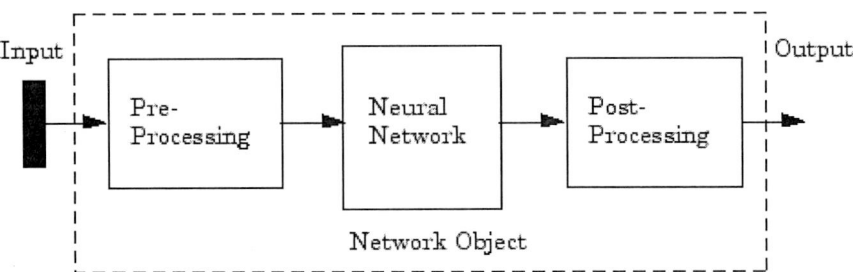

La mayoría de las funciones de creación de redes de la caja de herramientas, incluidas las funciones de creación de redes multicapa, como `feedforwardnet`asignan automáticamente funciones de procesamiento a las entradas y salidas de tu red. Estas funciones transforman los valores de entrada y salida que proporciones en valores más adecuados para el entrenamiento de la red.

Puedes anular las funciones predeterminadas de procesamiento de entrada y salida ajustando las propiedades de la red después de crearla.

Para ver una lista de celdas de las funciones de procesamiento asignadas a la entrada de una red, accede a esta propiedad:

```
net.inputs{1}.processFcns
```

donde el índice 1 se refiere al primer vector de entrada. (Sólo hay un vector de entrada para la red feedforward.) Para ver las funciones de procesamiento devueltas por la salida de una red de dos capas, accede a esta propiedad de red:

```
net.outputs{2}.processFcns
```

donde el índice 2 se refiere al vector de salida procedente de la segunda capa. (Para la red feedforward, sólo hay un vector de salida, y procede de la última capa). Puedes utilizar estas propiedades para cambiar las funciones de procesamiento que quieres que tu red aplique a las entradas y salidas. Sin embargo, los valores por defecto suelen proporcionar un rendimiento excelente.

Varias funciones de procesamiento tienen parámetros que personalizan su funcionamiento. Puedes acceder o cambiar los parámetros de la función de procesado de entrada ith para la entrada de red del siguiente modo:

```
net.inputs{1}.processParams{i}
```

Puedes acceder o cambiar los parámetros de la función de procesamiento de salida ith para la salida de red asociada a la segunda capa, de la siguiente manera:

```
net.outputs{2}.processParams{i}
```

Para funciones de creación de redes multicapa, como `feedforwardnet`las funciones de procesamiento de entrada por defecto son `eliminarfilas constantes` y `mapminmax`. Para las salidas, las funciones de procesamiento por defecto son también `eliminarfilas constantes` y `mapminmax`.

En la tabla siguiente se enumeran las funciones de preprocesamiento y postprocesamiento más habituales. En la mayoría de los casos, no necesitarás utilizarlas directamente, ya que los pasos de preprocesamiento pasan a formar parte del objeto red. Cuando simules o entrenes la red, el preprocesamiento y el postprocesamiento se harán automáticamente.

Function	Algorithm
mapminmax	Normalize inputs/targets to fall in the range $[-1, 1]$
mapstd	Normalize inputs/targets to have zero mean and unity variance
processpca	Extract principal components from the input vector
fixunknowns	Process unknown inputs
removeconstantrows	Remove inputs/targets that are constant

10.1.2 Representar objetivos desconocidos

Los objetivos desconocidos o "no nos importa" pueden representarse con valores NaN. No queremos que los valores desconocidos de los objetivos repercutan en el entrenamiento, pero si una red tiene varias salidas, algunos elementos de cualquier vector objetivo pueden ser conocidos mientras que otros son desconocidos. Una solución sería eliminar del conjunto de entrenamiento el vector objetivo parcialmente desconocido y su vector de entrada asociado, pero eso implica la pérdida de los valores objetivo buenos. Una solución mejor es representar esos objetivos desconocidos con valores NaN. Todas las funciones de rendimiento de la caja de herramientas ignorarán esos objetivos para calcular el rendimiento y las derivadas del rendimiento.

10.2 CONFIGURAR LAS ENTRADAS Y SALIDAS DE LA RED NEURONAL

Una vez creada una red neuronal, hay que configurarla. El paso de configuración consiste en examinar los datos de entrada y de destino, ajustar los tamaños de entrada y salida de la red para que coincidan con los datos, y elegir los ajustes para procesar las entradas y salidas que permitan el mejor rendimiento de la red. Normalmente, el paso de configuración se realiza automáticamente, cuando se llama a la función de entrenamiento. Sin embargo, puede hacerse manualmente, utilizando la función de configuración. Por ejemplo, para configurar la red que creaste anteriormente para aproximar una función seno, emite los siguientes comandos:

```
p = -2:.1:2;

t = sin(pi*p/2);

net1 = configure(net,p,t);
```

Has proporcionado a la red un conjunto de entradas y objetivos (salidas deseadas de la red) a modo de ejemplo. Con esta información, la función configurar puede ajustar los tamaños de entrada y salida de la red para que coincidan con los datos.

Después de la configuración, si vuelves a mirar el peso entre la capa 1 y la capa 2, puedes ver que la dimensión del peso es de 1 por 20. Esto se debe a que el objetivo de esta red es un escalar.

```
net1.layerWeights{2,1}

    Neural Network Weight

          delays: 0
          initFcn: (none)
        initConfig: .inputSize
            learn: true
          learnFcn: 'learngdm'
        learnParam: .lr, .mc
            size: [1 10]
        weightFcn: 'dotprod'
      weightParam: (none)
          userdata: (your custom info)
```

Además de establecer las dimensiones adecuadas para los pesos, el paso de configuración también define los ajustes para el procesamiento de entradas y salidas. El procesamiento de las entradas puede situarse en el subobjeto entradas:

```
net1.inputs{1}

    Neural Network Input

              name: 'Input'
    feedbackOutput: []
        processFcns: {'removeconstantrows', mapminmax}
     processParams: {1x2 cell array of 2 params}
   processSettings: {1x2 cell array of 2 settings}
    processedRange: [1x2 double]
     processedSize: 1
             range: [1x2 double]
              size: 1
          userdata: (your custom info)
```

Antes de que la entrada se aplique a la red, será procesada por dos funciones: eliminar filas constantes y mapminmax. Éstas se tratan en profundidad en Redes neuronales multicapa y entrenamiento por retropropagación, por lo que no abordaremos los detalles aquí. Estas funciones de procesamiento pueden tener algunos parámetros de procesamiento , que están contenidos en el subobjeto net1.inputs{1}.processParam. Éstos tienen valores por defecto que puedes anular. Las funciones de procesamiento también pueden tener parámetros de configuración que dependen de los datos de muestra. Éstos se encuentran en net1.inputs{1}.processSettings y se establecen durante el proceso de configuración. Por ejemplo, el parámetro mapminmaxnormaliza los datos para que todas las entradas estén comprendidas en el intervalo [-1, 1]. Sus ajustes de configuración incluyen los valores mínimo y máximo de los datos de muestra, que necesita para realizar la normalización correcta.

Como norma general, utilizamos el término "parámetro", como en parámetros de proceso, parámetros de entrenamiento, etc., para denotar las constantes que tienen valores por defecto asignados por el software cuando se crea la red (y que puedes anular). Utilizamos el término "ajuste de configuración", como en ajuste de configuración del proceso, para denotar las constantes que asigna el software a partir de un análisis de datos de muestra. Estos ajustes no tienen valores por defecto y, en general, no deben anularse.

10.3 DIVIDIR LOS DATOS PARA UN ENTRENAMIENTO ÓPTIMO DE LA RED NEURONAL

Cuando se entrenan redes multicapa, la práctica general es dividir primero los datos en tres subconjuntos. El primer subconjunto es el conjunto de entrenamiento , que se utiliza para calcular el gradiente y actualizar los pesos y sesgos de la red. El segundo subconjunto es el conjunto de validación. El error en el conjunto de validación se controla durante el proceso de entrenamiento. Normalmente, el error de validación disminuye durante la fase inicial del entrenamiento, al igual que el error del conjunto de entrenamiento. Sin embargo, cuando la red empieza a sobreajustar los datos, el error en el conjunto de validación suele empezar a aumentar. Los pesos y sesgos de la red se guardan en el mínimo del error del conjunto de validación.

El error del conjunto de prueba no se utiliza durante el entrenamiento, pero sirve para comparar distintos modelos. También es útil trazar el error del conjunto de prueba durante el proceso de entrenamiento. Si el error del conjunto de prueba alcanza un mínimo en un número de iteración significativamente distinto del error del conjunto de validación, esto podría indicar una mala división del conjunto de datos.

Hay cuatro funciones para dividir los datos en conjuntos de entrenamiento, validación y prueba. Son `divisory` (por defecto), `dividirbloque`, `dividireny` `divideind`. Normalmente, la división de los datos se realiza automáticamente cuando entrenas la red.

Function	Algorithm
dividerand	Divide the data randomly (default)
divideblock	Divide the data into contiguous blocks
divideint	Divide the data using an interleaved selection
divideind	Divide the data by index

Puedes acceder o cambiar la función de división de tu red con esta propiedad:

`net.divideFcn`

Cada una de las funciones de división toma parámetros que personalizan su comportamiento. Estos valores se almacenan y pueden modificarse con la siguiente propiedad de red:

`net.divideParam`

A la función dividir se accede automáticamente cada vez que se entrena la red, y se utiliza para dividir los datos en subconjuntos de entrenamiento, validación y prueba. Si `net.divideFcn` se establece en 'divisory(por defecto), los datos se dividen aleatoriamente en los tres subconjuntos utilizando los parámetros de división net.divideParam.`trainRatio`, net.divideParam.`valRatio` y net.divideParam.`testRatio`. La fracción de datos que se coloca en el conjunto de entrenamiento es `trainRatio/(trainRatio+valRatio+testRatio)`, con una fórmula similar para los otros dos conjuntos. Los ratios por defecto para entrenamiento, prueba y validación son 0,7, 0,15 y 0,15, respectivamente.

Si `net.divideFcn` está ajustado a 'dividirbloque', los datos se dividen en tres subconjuntos utilizando tres bloques contiguos del conjunto de datos original (el entrenamiento toma el primer bloque, la validación el segundo y la prueba el tercero). La fracción de los datos originales que va a cada subconjunto viene determinada por los mismos tres parámetros de división utilizados para divisory.

Si net.divideFcn tiene el valor 'dividirint', los datos se dividen mediante un método intercalado, como cuando se reparte una baraja de cartas. Se hace de forma que diferentes porcentajes de datos vayan a los tres subconjuntos. La fracción de los datos originales que va a cada subconjunto viene determinada por los mismos tres parámetros de división utilizados para divisory.

Cuando net.divideFcn se ajusta a 'divideindlos datos se dividen por índices. Los índices de los tres subconjuntos se definen mediante los parámetros de división net.divideParam.trainInd, net.divideParam.valInd y net.divideParam.testInd. La asignación por defecto para estos índices es la matriz nula, por lo que debes establecer los índices cuando utilices esta opción.

10.4 ELEGIR UNA FUNCIÓN DE ENTRENAMIENTO DE RED NEURONAL MULTICAPA

Es muy difícil saber qué algoritmo de entrenamiento será el más rápido para un problema determinado. Depende de muchos factores, como la complejidad del problema, el número de puntos de datos del conjunto de entrenamiento, el número de pesos y sesgos de la red, el objetivo de error y si la red se utiliza para el reconocimiento de patrones (análisis discriminante) o para la aproximación de funciones (regresión). En esta sección se comparan los distintos algoritmos de entrenamiento. Las redes feedforward se entrenan en seis problemas diferentes. Tres de los problemas pertenecen a la categoría de reconocimiento de patrones y los otros tres a la de aproximación de funciones. Dos de los problemas son simples problemas "de juguete", mientras que los otros cuatro son problemas del "mundo real". Se utilizan redes con distintas arquitecturas y complejidades, y las redes se entrenan con distintos niveles de precisión.

La siguiente tabla enumera los algoritmos que se prueban y las siglas utilizadas para identificarlos.

Acronym	Algorithm	Description
LM	trainlm	Levenberg-Marquardt
BFG	trainbfg	BFGS Quasi-Newton
RP	trainrp	Resilient Backpropagation
SCG	trainscg	Scaled Conjugate Gradient
CGB	traincgb	Conjugate Gradient with Powell/Beale Restarts
CGF	traincgf	Fletcher-Powell Conjugate Gradient
CGP	traincgp	Polak-Ribiére Conjugate Gradient
OSS	trainoss	One Step Secant
GDX	traingdx	Variable Learning Rate Backpropagation

En la tabla siguiente se enumeran los seis problemas de referencia y algunas características de las redes, los procesos de entrenamiento y los ordenadores utilizados.

Problem Title	Problem Type	Network Structure	Error Goal	Computer
SIN	Function approximation	1-5-1	0.002	Sun Sparc 2
PARITY	Pattern recognition	3-10-10-1	0.001	Sun Sparc 2
ENGINE	Function approximation	2-30-2	0.005	Sun Enterprise 4000
CANCER	Pattern recognition	9-5-5-2	0.012	Sun Sparc 2
CHOLESTEROL	Function approximation	21-15-3	0.027	Sun Sparc 20
DIABETES	Pattern recognition	8-15-15-2	0.05	Sun Sparc 20

10.4.1 Conjunto de datos SIN

El primer conjunto de datos de referencia es un problema sencillo de aproximación de funciones. Una red 1-5-1, con `tansig` en la capa oculta y una función de transferencia lineal en la capa de salida, para aproximar un único período de una onda sinusoidal. La tabla siguiente resume los resultados del entrenamiento de la red utilizando nueve algoritmos de entrenamiento diferentes. Cada entrada de la tabla representa 30 ensayos diferentes, en los que se utilizan distintos pesos iniciales aleatorios en cada ensayo. En cada caso, la red se entrena hasta que el error cuadrático es inferior a 0,002. El algoritmo más rápido para este problema es el algoritmo de Levenberg-Marquardt. Por término medio, es más de cuatro veces más rápido que el siguiente algoritmo más rápido. Éste es el tipo de problema para el que el algoritmo LM es más adecuado: un problema de aproximación de funciones en el que la red tiene menos de cien pesos y la aproximación debe ser muy precisa.

Algorithm	Mean Time (s)	Ratio	Min. Time (s)	Max. Time (s)	Std. (s)
LM	1.14	1.00	0.65	1.83	0.38
BFG	5.22	4.58	3.17	14.38	2.08
RP	5.67	4.97	2.66	17.24	3.72
SCG	6.09	5.34	3.18	23.64	3.81
CGB	6.61	5.80	2.99	23.65	3.67
CGF	7.86	6.89	3.57	31.23	4.76
CGP	8.24	7.23	4.07	32.32	5.03
OSS	9.64	8.46	3.97	59.63	9.79
GDX	27.69	24.29	17.21	258.15	43.65

El rendimiento de los distintos algoritmos puede verse afectado por la precisión exigida a la aproximación. Esto se muestra en la siguiente figura, que traza el error cuadrático medio frente al tiempo de ejecución (media de los 30 ensayos) de varios algoritmos representativos. Aquí puedes ver que el error del algoritmo LM disminuye mucho más rápidamente con el tiempo que el de los otros algoritmos mostrados.

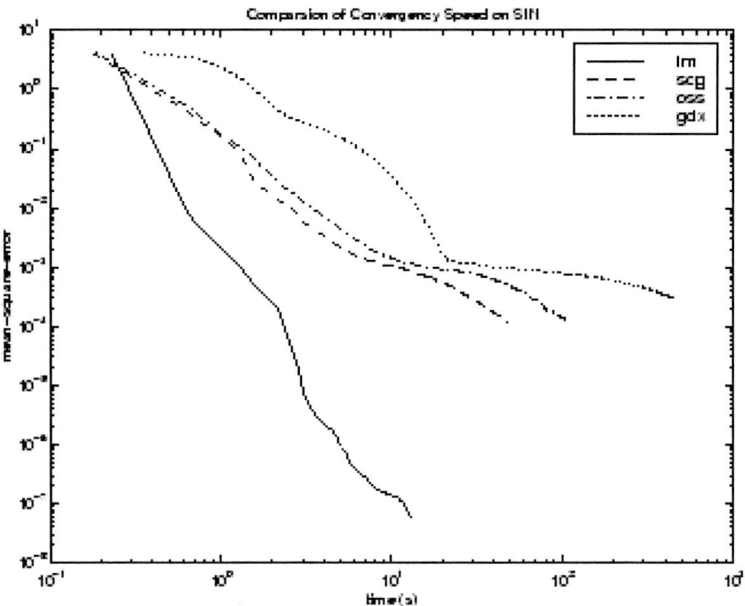

La relación entre los algoritmos se ilustra mejor en la siguiente figura, que traza el tiempo necesario para converger frente al objetivo de convergencia del error cuadrático medio. Aquí puedes ver que, a medida que se reduce el objetivo de error, la mejora proporcionada por el algoritmo LM es más pronunciada. Algunos algoritmos funcionan mejor a medida que se reduce el objetivo de error (LM y BFG), y otros algoritmos se degradan a medida que se reduce el objetivo de error (OSS y GDX).

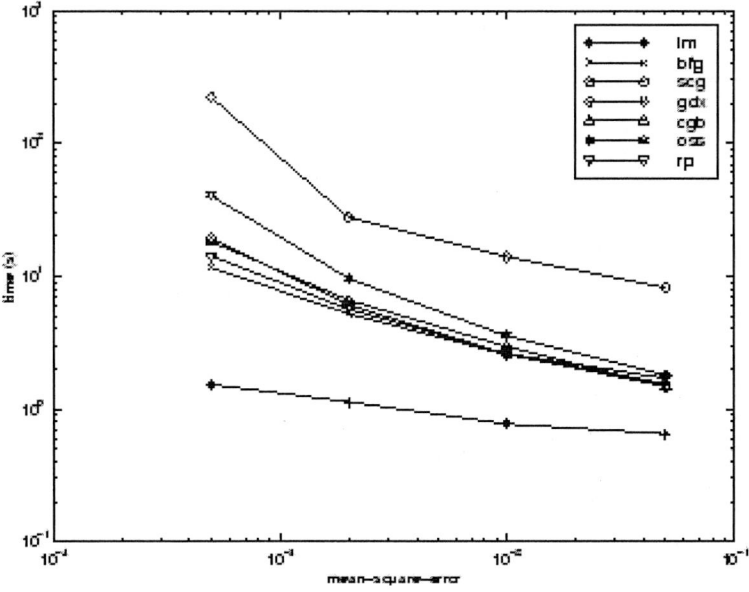

10.4.2 Conjunto de datos PARITY

El segundo problema de referencia es un sencillo problema de reconocimiento de patrones: detectar la paridad de un número de 3 bits. Si el número de unos del patrón de entrada es impar, la red debe emitir un 1; en caso contrario, debe emitir un -1. La red utilizada para este problema es una red 3-10-10-1 con neuronas tansig en cada capa. La tabla siguiente resume los resultados del entrenamiento de esta red con los nueve algoritmos diferentes. Cada entrada de la tabla representa 30 ensayos diferentes, en los que se utilizan distintos pesos iniciales aleatorios en cada ensayo. En cada caso, la red se entrena hasta que el error cuadrático es inferior a 0,001.

El algoritmo más rápido para este problema es el algoritmo de retropropagación resistente, aunque los algoritmos de gradiente conjugado (en particular, el algoritmo de gradiente conjugado escalado) son casi igual de rápidos. Observa que el algoritmo LM no funciona bien en este problema. En general, el algoritmo LM no funciona tan bien en problemas de reconocimiento de patrones como en problemas de aproximación de funciones. El algoritmo LM está diseñado para problemas de mínimos cuadrados que son aproximadamente lineales. Como las neuronas de salida en los problemas de reconocimiento de patrones suelen estar saturadas, no operarás en la región lineal.

Algorithm	Mean Time (s)	Ratio	Min. Time (s)	Max. Time (s)	Std. (s)
RP	3.73	1.00	2.35	6.89	1.26
SCG	4.09	1.10	2.36	7.48	1.56
CGP	5.13	1.38	3.50	8.73	1.05
CGB	5.30	1.42	3.91	11.59	1.35
CGF	6.62	1.77	3.96	28.05	4.32
OSS	8.00	2.14	5.06	14.41	1.92
LM	13.07	3.50	6.48	23.78	4.96
BFG	19.68	5.28	14.19	26.64	2.85
GDX	27.07	7.26	25.21	28.52	0.86

Como ocurre con los problemas de aproximación de funciones, el rendimiento de los distintos algoritmos puede verse afectado por la precisión exigida a la red. Esto se muestra en la siguiente figura, que traza el error cuadrático medio frente al tiempo de ejecución de algunos algoritmos típicos. El algoritmo LM converge rápidamente a partir de cierto punto, pero sólo después de que los demás algoritmos ya hayan convergido.

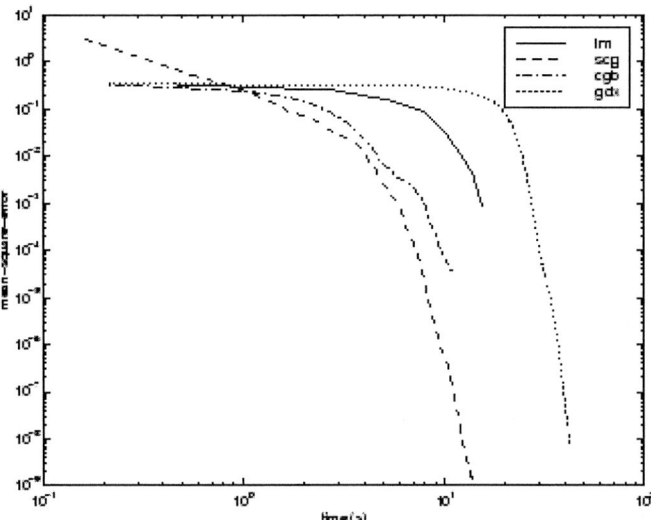

La relación entre los algoritmos se ilustra mejor en la siguiente figura, que traza el tiempo necesario para converger frente al objetivo de convergencia del error cuadrático medio. De nuevo puedes ver que algunos algoritmos se degradan a medida que se reduce el objetivo de error (OSS y BFG).

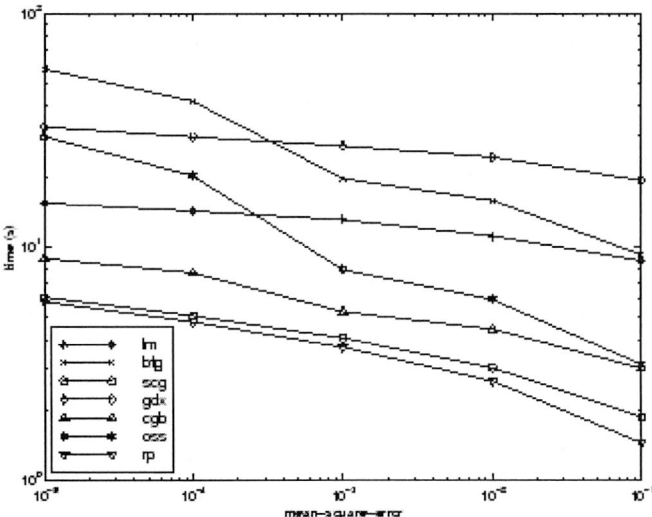

10.4.3 Conjunto de datos ENGINE

El tercer problema de referencia es un problema realista de aproximación de funciones (o regresión no lineal). Los datos se obtienen del funcionamiento de un motor. Las entradas de la red son el régimen del motor y los niveles de combustible, y las salidas de la red son el par y los niveles de emisiones. La red utilizada para este problema es una red 2-30-2 con neuronas tansig en la capa oculta y neuronas lineales en la capa de salida. La tabla siguiente resume los resultados del entrenamiento de esta red con los nueve algoritmos diferentes. Cada entrada de la tabla representa 30 ensayos diferentes (10 ensayos para RP y GDX debido a las limitaciones de tiempo), en los que se utilizan diferentes pesos iniciales aleatorios en cada ensayo. En cada caso, la red se entrena hasta que el error cuadrático es inferior a 0,005. El algoritmo más rápido para este problema es el algoritmo LM, aunque el algoritmo cuasi-Newton BFGS y los algoritmos de gradiente conjugado (en particular el algoritmo de gradiente conjugado escalado) son casi igual de rápidos. Aunque se trata de un problema de aproximación de funciones, el algoritmo LM no es tan claramente superior como lo fue en el conjunto de datos SIN. En este caso, el número de pesos y sesgos de la red es mucho mayor que el utilizado en el problema SIN (152 frente a 16), y las ventajas del algoritmo LM disminuyen a medida que aumenta el número de parámetros de la red.

Algorithm	Mean Time (s)	Ratio	Min. Time (s)	Max. Time (s)	Std. (s)
LM	18.45	1.00	12.01	30.03	4.27
BFG	27.12	1.47	16.42	47.36	5.95
SCG	36.02	1.95	19.39	52.45	7.78
CGF	37.93	2.06	18.89	50.34	6.12
CGB	39.93	2.16	23.33	55.42	7.50
CGP	44.30	2.40	24.99	71.55	9.89
OSS	48.71	2.64	23.51	80.90	12.33
RP	65.91	3.57	31.83	134.31	34.24
GDX	188.50	10.22	81.59	279.90	66.67

La siguiente figura representa el error cuadrático medio frente al tiempo de ejecución de algunos algoritmos típicos. El rendimiento del algoritmo LM mejora con el tiempo en relación con los demás algoritmos.

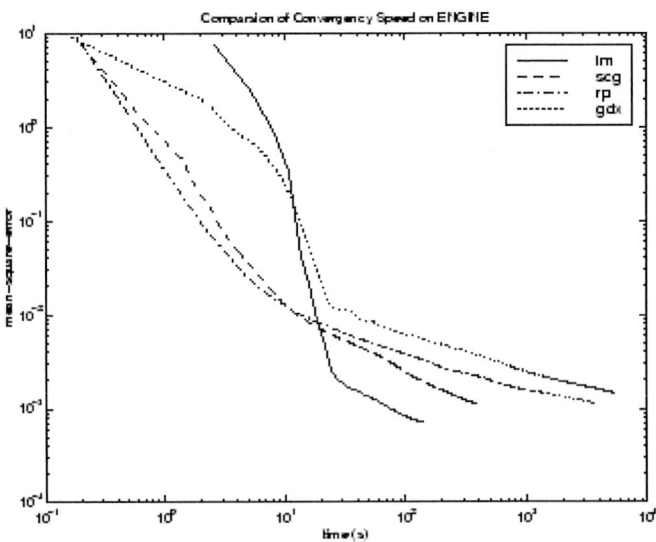

La relación entre los algoritmos se ilustra mejor en la siguiente figura, que traza el tiempo necesario para converger frente al objetivo de convergencia del error cuadrático medio. De nuevo puedes ver que algunos algoritmos se degradan a medida que se reduce el objetivo de error (GDX y RP), mientras que el algoritmo LM mejora.

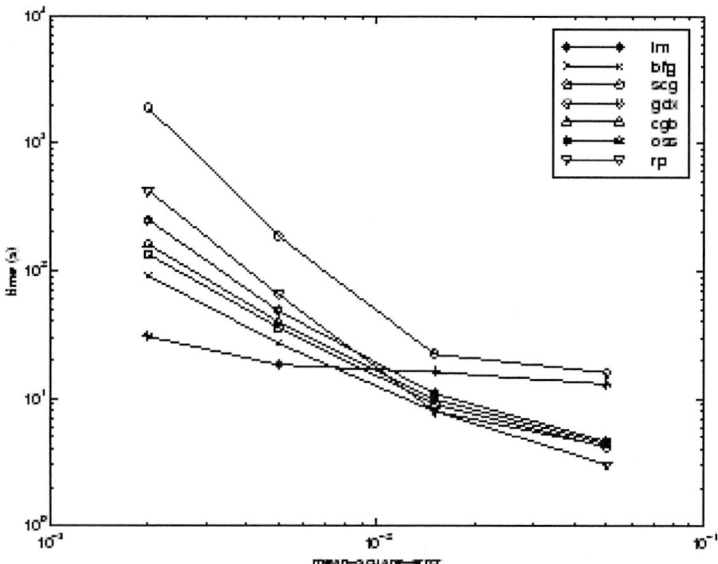

10.4.4 Conjunto de datos CÁNCER

El cuarto problema de referencia es un problema realista de reconocimiento de patrones (o análisis discriminante no lineal). El objetivo de la red es clasificar un tumor como benigno o maligno basándose en las descripciones celulares recogidas mediante examen microscópico. Los atributos de entrada incluyen el grosor de los grumos, la uniformidad del tamaño y la forma de las células, la cantidad de adhesión marginal y la frecuencia de núcleos desnudos. Los datos se obtuvieron de los Hospitales de la Universidad de Wisconsin, Madison, del Dr. William H. Wolberg. La red utilizada para este problema es una red 9-5-5-2 con neuronas tansig en todas las capas. La tabla siguiente resume los resultados del entrenamiento de esta red con los nueve algoritmos diferentes. Cada entrada de la tabla representa 30 ensayos diferentes, en los que se utilizan distintos pesos iniciales aleatorios en cada ensayo. En cada caso, la red se entrena hasta que el error cuadrático es inferior a 0,012. Unas pocas ejecuciones no convergieron para algunos de los algoritmos, por lo que sólo se utilizó el 75% superior de las ejecuciones de cada algoritmo para obtener las estadísticas.

Los algoritmos de gradiente conjugado y de retropropagación resistente proporcionan una convergencia rápida, y el algoritmo LM también es razonablemente rápido. Al igual que con el conjunto de datos de paridad, el algoritmo LM no funciona tan bien en problemas de reconocimiento de patrones como en problemas de aproximación de funciones.

Algorithm	Mean Time (s)	Ratio	Min. Time (s)	Max. Time (s)	Std. (s)
CGB	80.27	1.00	55.07	102.31	13.17
RP	83.41	1.04	59.51	109.39	13.44
SCG	86.58	1.08	41.21	112.19	18.25
CGP	87.70	1.09	56.35	116.37	18.03
CGF	110.05	1.37	63.33	171.53	30.13
LM	110.33	1.37	58.94	201.07	38.20
BFG	209.60	2.61	118.92	318.18	58.44
GDX	313.22	3.90	166.48	446.43	75.44
OSS	463.87	5.78	250.62	599.99	97.35

La siguiente figura representa el error cuadrático medio frente al tiempo de ejecución de algunos algoritmos típicos. Para este problema no hay tanta variación en el rendimiento como en los problemas anteriores.

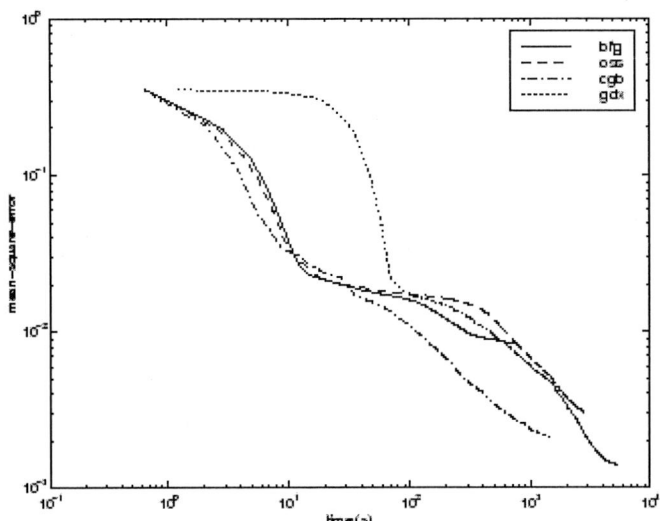

La relación entre los algoritmos se ilustra mejor en la siguiente figura, que traza el tiempo necesario para converger frente al objetivo de convergencia del error cuadrático medio. De nuevo puedes ver que algunos algoritmos se degradan a medida que se reduce el objetivo de error (OSS y BFG), mientras que el algoritmo LM mejora. Es típico del algoritmo LM en cualquier problema que su rendimiento mejore respecto a otros algoritmos a medida que se reduce el objetivo de error.

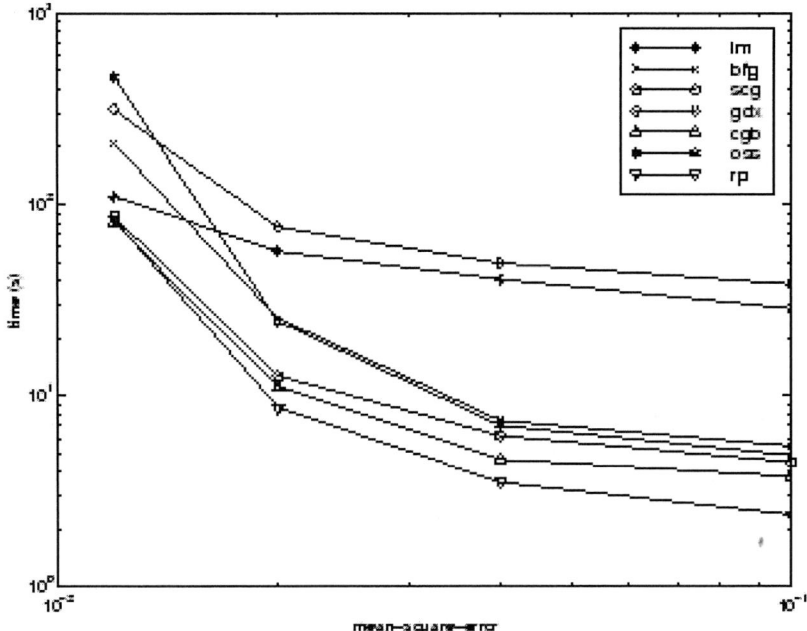

10.4.5 Conjunto de datos COLESTEROL

El quinto problema de referencia es un problema realista de aproximación de funciones (o regresión no lineal). El objetivo de la red es predecir los niveles de colesterol (ldl, hdl y vldl) a partir de las mediciones de 21 componentes espectrales. Los datos se obtuvieron del Dr. Neil Purdie, del Departamento de Química de la Universidad Estatal de Oklahoma [PuLu92]. La red utilizada para este problema es una red 21-15-3 con neuronas tansig en las capas ocultas y neuronas lineales en la capa de salida. La tabla siguiente resume los resultados del entrenamiento de esta red con los nueve algoritmos diferentes. Cada entrada de la tabla representa 20 ensayos diferentes (10 ensayos para RP y GDX), en los que se utilizan diferentes pesos iniciales aleatorios en cada ensayo. En cada caso, la red se entrena hasta que el error cuadrático es inferior a 0,027.

El algoritmo de gradiente conjugado escalado es el que mejor funciona en este problema, aunque todos los algoritmos de gradiente conjugado funcionan bien. El algoritmo LM no funciona tan bien en este problema de aproximación de funciones como en los otros dos. Esto se debe a que el número de pesos y sesgos de la red ha vuelto a aumentar (378 frente a 152 frente a 16). A medida que aumenta el número de parámetros, el cálculo necesario en el algoritmo LM aumenta geométricamente.

Algorithm	Mean Time (s)	Ratio	Min. Time (s)	Max. Time (s)	Std. (s)
SCG	99.73	1.00	83.10	113.40	9.93
CGP	121.54	1.22	101.76	162.49	16.34
CGB	124.06	1.2	107.64	146.90	14.62
CGF	136.04	1.36	106.46	167.28	17.67
LM	261.50	2.62	103.52	398.45	102.06
OSS	268.55	2.69	197.84	372.99	56.79
BFG	550.92	5.52	471.61	676.39	46.59
RP	1519.00	15.23	581.17	2256.10	557.34
GDX	3169.50	31.78	2514.90	4168.20	610.52

La siguiente figura representa el error cuadrático medio frente al tiempo de ejecución de algunos algoritmos típicos. Para este problema, puedes ver que el algoritmo LM es capaz de llevar el error cuadrático medio a un nivel más bajo que los demás algoritmos. Los algoritmos SCG y RP proporcionan la convergencia inicial más rápida.

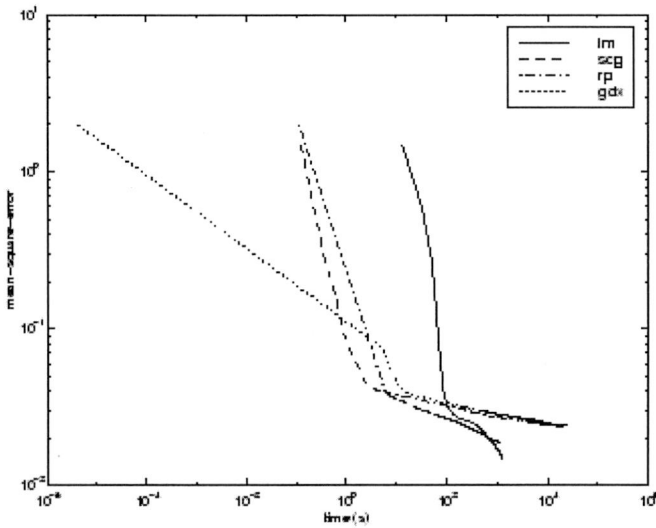

La relación entre los algoritmos se ilustra mejor en la siguiente figura, que traza el tiempo necesario para converger frente al objetivo de convergencia del error cuadrático medio. Puedes ver que los algoritmos LM y BFG mejoran respecto a los demás algoritmos a medida que se reduce el objetivo de error.

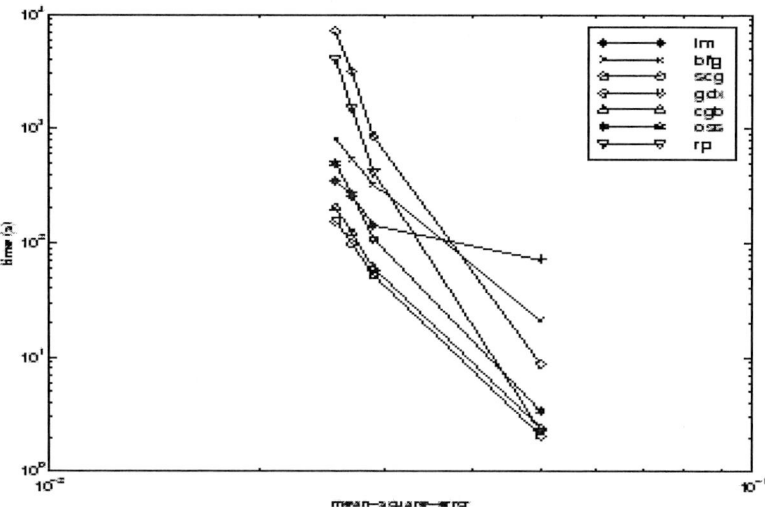

10.4.6 Conjunto de datos sobre la DIABETES

El sexto problema de referencia es un problema de reconocimiento de patrones. El objetivo de la red es decidir si un individuo tiene diabetes, basándose en datos personales (edad, número de veces que ha estado embarazada) y en los resultados de exámenes médicos (por ejemplo, tensión arterial, índice de masa corporal, resultado de la prueba de tolerancia a la glucosa, etc.). Los datos se obtuvieron de la base de datos de aprendizaje automático de la Universidad de California, Irvine. La red utilizada para este problema es una red 8-15-15-2 con neuronas tansig en todas las capas. La tabla siguiente resume los resultados del entrenamiento de esta red con los nueve algoritmos diferentes. Cada entrada de la tabla representa 10 ensayos diferentes, en los que se utilizan distintos pesos iniciales aleatorios en cada ensayo. En cada caso, la red se entrena hasta que el error cuadrático es inferior a 0,05.

Los algoritmos de gradiente conjugado y de retropropagación resistente proporcionan una convergencia rápida. Los resultados de este problema son coherentes con los de los demás problemas de reconocimiento de patrones considerados. El algoritmo RP funciona bien en todos los problemas de reconocimiento de patrones. Esto es razonable, porque ese algoritmo se diseñó para superar las dificultades causadas por el entrenamiento con funciones sigmoides, que tienen pendientes muy pequeñas cuando operan lejos del punto central. Para los problemas de reconocimiento de patrones, utilizas funciones de transferencia sigmoideas en la capa de salida, y quieres que la red opere en las colas de la función sigmoidea.

Algorithm	Mean Time (s)	Ratio	Min. Time (s)	Max. Time (s)	Std. (s)
RP	323.90	1.00	187.43	576.90	111.37
SCG	390.53	1.21	267.99	487.17	75.07
CGB	394.67	1.22	312.25	558.21	85.38
CGP	415.90	1.28	320.62	614.62	94.77
OSS	784.00	2.42	706.89	936.52	76.37
CGF	784.50	2.42	629.42	1082.20	144.63
LM	1028.10	3.17	802.01	1269.50	166.31
BFG	1821.00	5.62	1415.80	3254.50	546.36
GDX	7687.00	23.73	5169.20	10350.00	2015.00

La siguiente figura representa el error cuadrático medio frente al tiempo de ejecución de algunos algoritmos típicos. Como en otros problemas, ves que el SCG y el RP tienen una convergencia inicial rápida, mientras que el algoritmo LM es capaz de proporcionar un error final menor.

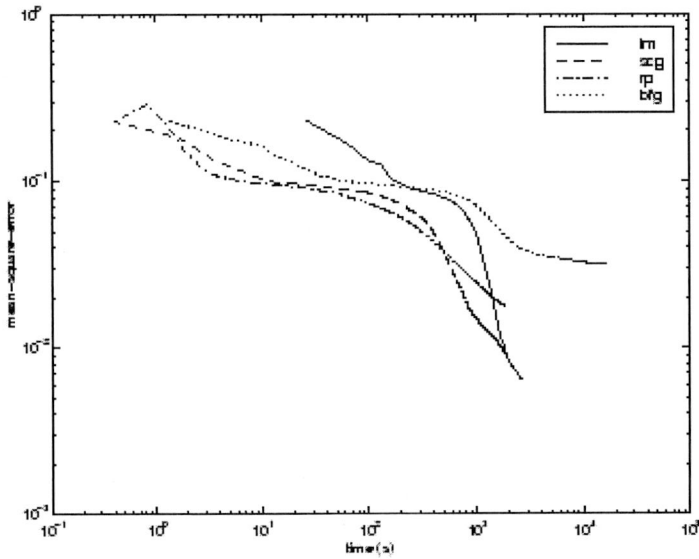

La relación entre los algoritmos se ilustra mejor en la siguiente figura, que traza el tiempo necesario para converger frente al objetivo de convergencia del error cuadrático medio. En este caso, puedes ver que el algoritmo BFG se degrada a medida que se reduce el objetivo de error, mientras que el algoritmo LM mejora. El algoritmo RP es el mejor, excepto en el objetivo de error más pequeño, donde SCG es mejor.

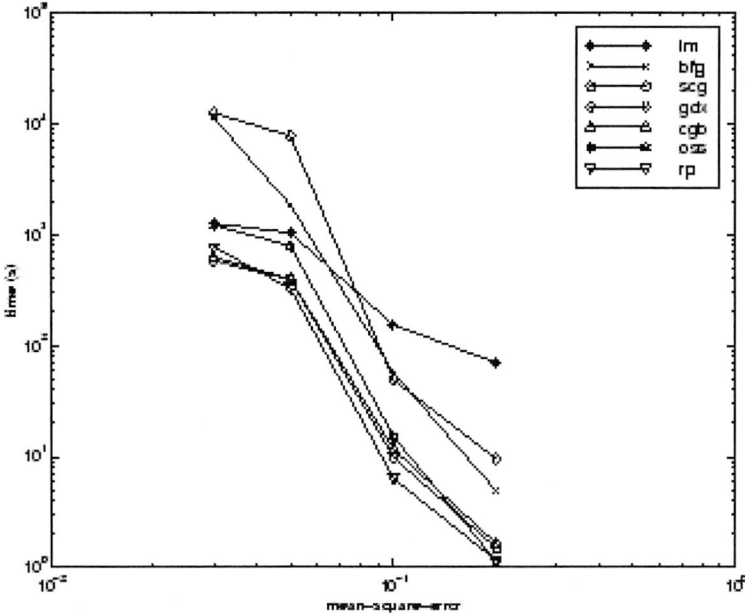

10.4.7 Resumen

Hay varias características de los algoritmos que pueden deducirse de los experimentos descritos. En general, en problemas de aproximación de funciones, para redes que contengan hasta unos cientos de pesos, el algoritmo de Levenberg-Marquardt tendrá la convergencia más rápida. Esta ventaja es especialmente notable si se requiere un entrenamiento muy preciso. En muchos casos `trainlm` es capaz de obtener errores cuadráticos medios más bajos que cualquiera de los otros algoritmos probados. Sin embargo, a medida que aumenta el número de pesos de la red, la ventaja de `trainlm` disminuye. Además `trainlm` es relativamente pobre en problemas de reconocimiento de patrones. Los requisitos de almacenamiento de `trainlm` son mayores que los de los demás algoritmos probados. Ajustando el parámetro `mem_reduc`, comentado anteriormente, se pueden reducir los requisitos de almacenamiento, pero a costa de aumentar el tiempo de ejecución.

El `trainrp` es el algoritmo más rápido en problemas de reconocimiento de patrones. Sin embargo, no rinde bien en problemas de aproximación de funciones. Su rendimiento también se degrada a medida que se reduce el objetivo de error. Los requisitos de memoria de este algoritmo son relativamente pequeños en comparación con los demás algoritmos considerados.

Los algoritmos de gradiente conjugado, en particular `trainscg`parecen funcionar bien en una gran variedad de problemas, sobre todo en redes con un gran número de pesos. El algoritmo SCG es casi tan rápido como el algoritmo LM en problemas de aproximación de funciones (más rápido para redes grandes) y es casi tan rápido como `trainrp` en problemas de reconocimiento de patrones. Su rendimiento no se degrada tan rápidamente como `trainrp` cuando se reduce el error. Los algoritmos de gradiente conjugado tienen unos requisitos de memoria relativamente modestos.

El rendimiento de `trenbfg` es similar al de `trenlm`. No requiere tanto almacenamiento como `trainlm`pero el cálculo necesario aumenta geométricamente con el tamaño de la red, porque en cada iteración hay que calcular el equivalente de una matriz inversa.

El algoritmo de tasa de aprendizaje variable `traingdx` suele ser mucho más lento que los otros métodos, y tiene aproximadamente los mismos requisitos de almacenamiento que `trainrp`pero puede ser útil para algunos problemas. Hay ciertas situaciones en las que es mejor converger más lentamente. Por ejemplo, al utilizar la parada anticipada puedes obtener resultados incoherentes si utilizas un algoritmo que converge demasiado rápido. Podrías sobrepasar el punto en el que se minimiza el error en el conjunto de validación.

10.5 MEJORAR LA GENERALIZACIÓN DE LA RED NEURONAL Y EVITAR EL SOBREAJUSTE

Uno de los problemas que se producen durante el entrenamiento de una red neuronal se denomina sobreajuste. El error en el conjunto de entrenamiento se reduce a un valor muy pequeño, pero cuando se presentan nuevos datos a la red, el error es grande. La red ha memorizado los ejemplos de entrenamiento, pero no ha aprendido a generalizar a situaciones nuevas.

La siguiente figura muestra la respuesta de una red neuronal 1-20-1 que ha sido entrenada para aproximarse a una función sinusoidal ruidosa. La línea de puntos muestra la función sinusoidal subyacente, los símbolos + indican las mediciones ruidosas y la línea continua indica la respuesta de la red neuronal. Está claro que esta red ha sobreajustado los datos y no generalizará bien.

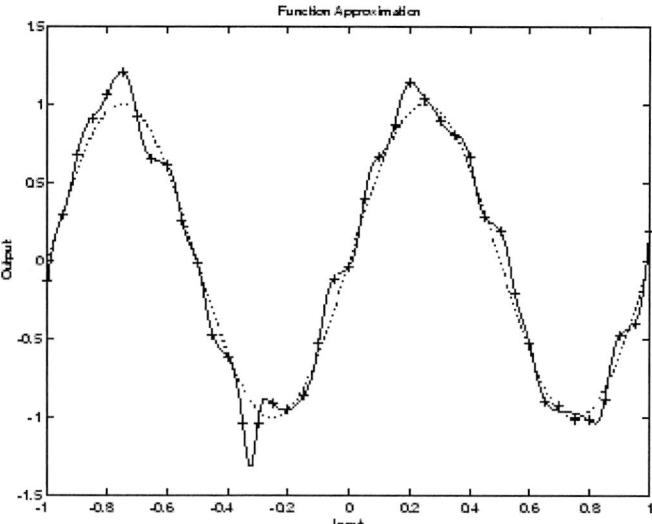

Un método para mejorar la generalización de la red consiste en utilizar una red que sea lo suficientemente grande como para proporcionar un ajuste adecuado. Cuanto mayor sea la red que utilices, más complejas serán las funciones que la red pueda crear. Si utilizas una red lo suficientemente pequeña, no tendrá suficiente potencia para sobreajustar los datos. Ejecuta el ejemplo de *diseño de redes neuronales* nnd11gn [HDB96] para investigar cómo reducir el tamaño de una red puede evitar el sobreajuste.

Por desgracia, es difícil saber de antemano qué tamaño debe tener una red para una aplicación concreta. Hay otros dos métodos para mejorar la generalización que se implementan en el software Neural Network Toolbox™: la regularización y la parada anticipada. En las secciones siguientes se describen estas dos técnicas y las rutinas para aplicarlas.

Ten en cuenta que si el número de parámetros de la red es mucho menor que el número total de puntos del conjunto de entrenamiento, entonces hay poca o ninguna posibilidad de sobreajuste. Si puedes recopilar fácilmente más datos y aumentar el tamaño del conjunto de entrenamiento, entonces no hay necesidad de preocuparse por las siguientes técnicas para evitar el sobreajuste. El resto de esta sección sólo se aplica a aquellas situaciones en las que quieras aprovechar al máximo un suministro limitado de datos.

10.5.1 Reentrenamiento de redes neuronales

Normalmente, cada sesión de entrenamiento de retropropagación comienza con diferentes pesos y sesgos iniciales, y diferentes divisiones de los datos en conjuntos de entrenamiento, validación y prueba. Estas condiciones diferentes pueden dar lugar a soluciones muy distintas para el mismo problema. Es una buena idea entrenar varias redes para asegurarse de que se encuentra una red con una buena generalización.

Aquí se carga un conjunto de datos y se divide en dos partes: un 90% para diseñar redes y un 10% para probarlas todas.

```
[x,t] = house_dataset;
Q = size(x,2);
Q1 = floor(Q*0.90);
Q2 = Q-Q1;
ind = randperm(Q);
ind1 = ind(1:Q1);
ind2 = ind(Q1+(1:Q2));
x1 = x(:,ind1);
t1 = t(:,ind1);
x2 = x(:,ind2);
t2 = t(:,ind2);
```

A continuación, se elige una arquitectura de red y se entrena diez veces en la primera parte del conjunto de datos, con el error cuadrático medio de cada red en la segunda parte del conjunto de datos.

```
net = feedforwardnet(10);
numNN = 10;
NN = cell(1,numNN);
perfs = zeros(1,numNN);
for i=1:numNN
  disp(['Training ' num2str(i) '/' num2str(numNN)])
  NN{i} = train(net,x1,t1);
  y2 = NN{i}(x2);
  perfs(i) = mse(net,t2,y2);
end
```

Cada red se entrenará partiendo de pesos y sesgos iniciales distintos, y con una división diferente del primer conjunto de datos en conjuntos de entrenamiento, validación y prueba. Ten en cuenta que los conjuntos de prueba son una buena medida de la generalización para cada red respectiva, pero no para todas las redes, porque los datos que son un conjunto de prueba para una red probablemente serán utilizados para el entrenamiento o la validación por otras redes neuronales. Por eso se dividió el conjunto de datos original en dos partes, para garantizar que se conserva un conjunto de pruebas completamente independiente.

La red neuronal con menor rendimiento es la que mejor generalizó a la segunda parte del conjunto de datos.

10.5.2 Redes neuronales múltiples

Otra forma sencilla de mejorar la generalización, sobre todo cuando se debe a datos ruidosos o a un conjunto de datos pequeño, es entrenar varias redes neuronales y promediar sus resultados.

Por ejemplo, aquí se entrenan 10 redes neuronales en un problema pequeño y se comparan sus errores medios al cuadrado con el error medio al cuadrado de su media.

En primer lugar, se carga el conjunto de datos y se divide en un conjunto de diseño y otro de prueba.

```
[x,t] = house_dataset;
Q = size(x,2);
Q1 = floor(Q*0.90);
Q2 = Q-Q1;
ind = randperm(Q);
ind1 = ind(1:Q1);
ind2 = ind(Q1+(1:Q2));
x1 = x(:,ind1);
t1 = t(:,ind1);
x2 = x(:,ind2);
t2 = t(:,ind2);
```

A continuación, se entrenan diez redes neuronales.

```
net = feedforwardnet(10);
numNN = 10;
nets = cell(1,numNN);
for i=1:numNN
  disp(['Training ' num2str(i) '/' num2str(numNN)])
  nets{i} = train(net,x1,t1);
end
```

A continuación, se prueba cada red en el segundo conjunto de datos y se calculan tanto los rendimientos individuales como el rendimiento de la salida media.

```
perfs = zeros(1,numNN);
y2Total = 0;
for i=1:numNN
  neti = nets{i};
  y2 = neti(x2);
  perfs(i) = mse(neti,t2,y2);
  y2Total = y2Total + y2;
end
perfs
y2AverageOutput = y2Total / numNN;
perfAveragedOutputs = mse(nets{1},t2,y2AverageOutput)
```

Es probable que el error cuadrático medio del resultado medio sea inferior a la mayoría de los resultados individuales, quizá no a todos. Es probable que se generalice mejor a nuevos datos adicionales.

Para algunos problemas muy difíciles, se pueden entrenar cien redes y tomar la media de sus salidas para cualquier entrada. Esto es especialmente útil para un conjunto de datos pequeño y ruidoso junto con la función de entrenamiento de Regularización Bayesiana `entrenarbr` que se describe a continuación.

10.5.3 Parada anticipada

El método por defecto para mejorar la generalización se denomina *parada anticipada*. Esta técnica se proporciona automáticamente para todas las funciones de creación de redes supervisadas, incluidas las funciones de creación de redes de retropropagación como `feedforwardnet`.

En esta técnica, los datos disponibles se dividen en tres subconjuntos. El primer subconjunto es el conjunto de entrenamiento, que se utiliza para calcular el gradiente y actualizar los pesos y sesgos de la red. El segundo subconjunto es el conjunto de validación. El error en el conjunto de validación se controla durante el proceso de entrenamiento. Normalmente, el error de validación disminuye durante la fase inicial del entrenamiento, al igual que el error del conjunto de entrenamiento. Sin embargo, cuando la red empieza a sobreajustar los datos, el error del conjunto de validación suele empezar a aumentar. Cuando el error de validación aumenta durante un número especificado de iteraciones (`net.trainParam.max_fail`), se detiene el entrenamiento y se devuelven los pesos y sesgos al mínimo del error de validación.

El error del conjunto de pruebas no se utiliza durante el entrenamiento, pero sirve para comparar diferentes modelos. También es útil trazar el error del conjunto de prueba durante el proceso de entrenamiento. Si el error del conjunto de prueba alcanza un mínimo en un número de iteración significativamente distinto del error del conjunto de validación, esto podría indicar una mala división del conjunto de datos.

Hay cuatro funciones para dividir los datos en conjuntos de entrenamiento, validación y prueba. Son divisory (por defecto), dividebloque divideinty divideind. Puedes acceder o cambiar la función de división de tu red con esta propiedad:

```
net.divideFcn
```

Cada una de estas funciones toma parámetros que personalizan su comportamiento. Estos valores se almacenan y pueden modificarse con la siguiente propiedad de red:

```
net.divideParam
```

10.5.4 División de Datos de Índices (divideind)

Crea un problema de prueba sencillo. Para el conjunto de datos completo, genera una onda sinusoidal ruidosa con 201 puntos de entrada que vayan de -1 a 1 en pasos de 0,01:

```
p = [-1:0.01:1];
t = sin(2*pi*p)+0.1*randn(size(p));
```

Divide los datos por índices, de modo que las muestras sucesivas se asignen sucesivamente al conjunto de entrenamiento, al conjunto de validación y al conjunto de prueba:

```
trainInd = 1:3:201
valInd = 2:3:201;
testInd = 3:3:201;
[trainP,valP,testP] = divideind(p,trainInd,valInd,testInd);
[trainT,valT,testT] = divideind(t,trainInd,valInd,testInd);
```

10.5.5 División aleatoria de datos (dividerand)

Puedes dividir los datos de entrada aleatoriamente, de modo que el 60% de las muestras se asignen al conjunto de entrenamiento, el 20% al conjunto de validación y el 20% al conjunto de prueba, como se indica a continuación:

```
[trainP,valP,testP,trainInd,valInd,testInd] = dividerand(p);
```

Esta función no sólo divide los datos de entrada, sino que también devuelve índices para que puedas dividir los datos de destino en consecuencia utilizando dividirind:

```
[trainT,valT,testT] = divideind(t,trainInd,valInd,testInd);
```

10.5.6 División de datos en bloques (divideblock)

También puedes dividir los datos de entrada aleatoriamente, de forma que el primer 60% de las muestras se asignen al conjunto de entrenamiento, el 20% siguiente al conjunto de validación y el último 20% al conjunto de prueba, como se indica a continuación:

```
[trainP,valP,testP,trainInd,valInd,testInd] = divideblock(p);
```

Divide los datos de destino según corresponda utilizando dividirind:

```
[trainT,valT,testT] = divideind(t,trainInd,valInd,testInd);
```

10.5.7 División de datos entrelazados (divideint)

Otra forma de dividir los datos de entrada es intercalar muestras entre el conjunto de entrenamiento, el conjunto de validación y el conjunto de prueba según porcentajes. Puedes intercalar el 60% de las muestras en el conjunto de entrenamiento, el 20% en el conjunto de validación y el 20% en el conjunto de prueba, de la siguiente manera:

```
[trainP,valP,testP,trainInd,valInd,testInd] = divideint(p);
```

Divide los datos de destino según corresponda utilizando dividirind.

```
[trainT,valT,testT] = divideind(t,trainInd,valInd,testInd);
```

10.5.8 Regularización

Otro método para mejorar la generalización se llama regularización . Esto implica modificar la función de rendimiento, que normalmente se elige para que sea la suma de cuadrados de los errores de la red en el conjunto de entrenamiento. En la siguiente sección se explica cómo se puede modificar la función de rendimiento, y en la siguiente se describe una rutina que establece automáticamente la función de rendimiento óptima para conseguir la mejor generalización.

10.5.9 Función de rendimiento modificada

La función de rendimiento típica de utilizada para entrenar redes neuronales feedforward es la suma media de los cuadrados de los errores de la red.

$$F = mse = \frac{1}{N} \sum_{i=1}^{N} (e_i)^2 = \frac{1}{N} \sum_{i=1}^{N} (t_i - \alpha_i)^2$$

Es posible mejorar la generalización si modificas la función de rendimiento añadiendo un término que consista en la media de la suma de cuadrados de los pesos y sesgos de la red $msereg = \gamma * msw + (1 - \gamma) * mse$, donde γ es el coeficiente de rendimiento, y

$$msw = \frac{1}{n} \sum_{j=1}^{n} w_j^2$$

Utilizar esta función de rendimiento hace que la red tenga pesos y sesgos más pequeños, y esto obliga a que la respuesta de la red sea más suave y menos propensa a sobreajustarse.

El código siguiente reinicializa la red anterior y la vuelve a entrenar utilizando el algoritmo BFGS con la función de rendimiento regularizada. Aquí la relación de rendimiento se establece en 0,5, lo que da la misma importancia a los errores cuadráticos medios y a los pesos cuadráticos medios. (La división de los datos se anula fijando net.divideFcn para que los efectos de msereg queden aislados de la parada anticipada).

```
[x,t] = simplefit_dataset;
net = feedforwardnet(10,'trainbfg');
net.divideFcn = '';
net.trainParam.epochs = 300;
net.trainParam.goal = 1e-5;
net.performParam.regularization = 0.5;
net = train(net,x,t);
```

El problema de la regularización es que resulta difícil determinar el valor óptimo del parámetro de la relación de rendimiento. Si haces este parámetro demasiado grande, puedes obtener un sobreajuste. Si la relación es demasiado pequeña, la red no se ajusta adecuadamente a los datos de entrenamiento. En la siguiente sección se describe una rutina que ajusta automáticamente los parámetros de regularización.

10.5.10 Regularización automatizada (trainbr)

Es deseable determinar los parámetros óptimos de regularización de de forma automatizada. Un enfoque de este proceso es el marco bayesiano de David MacKay [MacK92]. En este marco, se supone que los pesos y los sesgos de la red son variables aleatorias con distribuciones especificadas. Los parámetros de regularización están relacionados con las varianzas desconocidas asociadas a estas distribuciones. Entonces puedes estimar estos parámetros mediante técnicas estadísticas.

Una discusión detallada de la regularización bayesiana está fuera del alcance de esta guía del usuario. Puedes encontrar una discusión detallada sobre el uso de la regularización bayesiana, en combinación con el entrenamiento de Levenberg-Marquardt, en [FoHa97].

La regularización bayesiana se ha implementado en la función `trainbr`. El código siguiente muestra cómo puedes entrenar una red 1-20-1 utilizando esta función para aproximar la onda sinusoidal ruidosa que se muestra en la figura de Mejorar la generalización de la red neuronal y evitar el sobreajuste. (La división de datos se anula configurando `net.divideFcn` para que los efectos de `trenbr`queden aislados de la parada temprana).

```
x = -1:0.05:1;
t = sin(2*pi*x) + 0.1*randn(size(x));
net = feedforwardnet(20,'trainbr');
net = train(net,x,t);
```

Una característica de este algoritmo es que proporciona una medida de cuántos parámetros de red (pesos y sesgos) están siendo utilizados eficazmente por la red. En este caso, la red entrenada final utiliza aproximadamente 12 parámetros (indicados por #Par en la impresión) de los 61 pesos y sesgos totales de la red 1-20-1. Este número efectivo de parámetros debería seguir siendo aproximadamente el mismo, independientemente de lo grande que sea el número de parámetros de la red. (Esto supone que la red se ha entrenado durante un número suficiente de iteraciones para garantizar la convergencia).

El `entrenarbr` suele funcionar mejor cuando las entradas y los objetivos de la red se escalan de modo que caigan aproximadamente en el intervalo [-1,1]. Éste es el caso del problema de prueba. Si tus entradas y objetivos no se encuentran en este intervalo, puedes utilizar la función `mapminmax` o `mapstd` para realizar el escalado, como se describe en Elegir funciones de procesamiento de entrada-salida de redes neuronales. Las redes creadas con `feedforwardnet` incluyen `mapminmax` como función de procesamiento de entrada y salida por defecto.

La siguiente figura muestra la respuesta de la red entrenada. A diferencia de la figura anterior, en la que una red 1-20-1 sobreajusta los datos, aquí ves que la respuesta de la red se aproxima mucho a la función sinusoidal subyacente (línea de puntos) y, por tanto, la red generalizará bien a nuevas entradas. Podrías haber probado con una red aún mayor, pero la respuesta de la red nunca sobreajustaría los datos. Esto elimina las conjeturas necesarias para determinar el tamaño óptimo de la red.

Al utilizar `entrenbres` importante dejar que el algoritmo funcione hasta que el número efectivo de parámetros haya convergido. El entrenamiento puede detenerse con el mensaje "Máximo MU alcanzado". Esto es típico, y es una buena indicación de que el algoritmo ha convergido realmente. También puedes saber que el algoritmo ha convergido si la suma de errores al cuadrado (SSE) y la suma de pesos al cuadrado (SSW) son relativamente constantes a lo largo de varias iteraciones. Cuando esto ocurra, puedes hacer clic en el **botón Detener** entrenamiento de la ventana de entrenamiento.

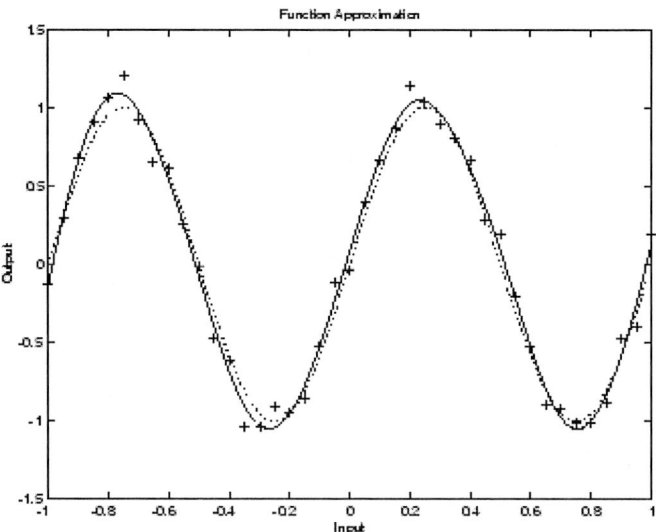

10.5.11 Parada anticipada y regularización

La parada temprana y la regularización pueden garantizar la generalización de la red cuando las aplicas correctamente.

Para la parada anticipada, debes tener cuidado de no utilizar un algoritmo que converja demasiado rápido. Si utilizas un algoritmo rápido (como `trainlm`), ajusta los parámetros de entrenamiento para que la convergencia sea relativamente lenta. Por ejemplo, fija `mu` en un valor relativamente grande, como 1, y fija `mu_dec` y `mu_inc` en valores cercanos a 1, como 0,8 y 1,5, respectivamente. Las funciones de entrenamiento `trainscg` y `trainbr` suelen funcionar bien con la parada anticipada.

Con la parada anticipada, la elección del conjunto de validación también es importante. El conjunto de validación debe ser representativo de todos los puntos del conjunto de entrenamiento.

Cuando utilices la regularización bayesiana, es importante entrenar la red hasta que alcance la convergencia. La suma cuadrática del error, la suma cuadrática de los pesos y el número efectivo de parámetros deben alcanzar valores constantes cuando la red haya convergido.

Tanto con la parada anticipada como con la regularización, conviene entrenar la red partiendo de varias condiciones iniciales distintas. Es posible que cualquiera de los dos métodos falle en determinadas circunstancias. Probando varias condiciones iniciales distintas, puedes verificar el sólido rendimiento de la red.

Cuando el conjunto de datos es pequeño y estás entrenando redes de aproximación de funciones, la regularización bayesiana proporciona un mejor rendimiento de generalización que la parada anticipada. Esto se debe a que la regularización bayesiana no requiere que un conjunto de datos de validación esté separado del conjunto de datos de entrenamiento; utiliza todos los datos.

Para dar una idea del rendimiento de los algoritmos, tanto la parada anticipada como la regularización bayesiana se probaron en varios conjuntos de datos de referencia de, que se enumeran en la tabla siguiente.

Data Set Title	Number of Points	Network	Description
BALL	67	2-10-1	Dual-sensor calibration for a ball position measurement
SINE (5% N)	41	1-15-1	Single-cycle sine wave with Gaussian noise at 5% level
SINE (2% N)	41	1-15-1	Single-cycle sine wave with Gaussian noise at 2% level
ENGINE (ALL)	1199	2-30-2	Engine sensor—full data set
ENGINE (1/4)	300	2-30-2	Engine sensor—1/4 of data set
CHOLEST (ALL)	264	5-15-3	Cholesterol measurement—full data set
CHOLEST (1/2)	132	5-15-3	Cholesterol measurement—1/2 data set

Estos conjuntos de datos son de distintos tamaños, con diferentes números de entradas y objetivos. Con dos de los conjuntos de datos, las redes se entrenaron una vez utilizando todos los datos y luego se volvieron a entrenar utilizando sólo una fracción de los datos. Esto ilustra cómo la ventaja de la regularización bayesiana se hace más notable cuando los conjuntos de datos son más pequeños. Todos los conjuntos de datos se obtienen de sistemas físicos, excepto los conjuntos de datos SINE. Estos dos se crearon artificialmente añadiendo varios niveles de ruido a un solo ciclo de una onda sinusoidal. El rendimiento de los algoritmos en estos dos conjuntos de datos ilustra el efecto del ruido.

La tabla siguiente resume el rendimiento de la parada anticipada (ES) y la regularización bayesiana (BR) en los siete conjuntos de pruebas. (El `trainscg` para las pruebas de parada anticipada. Otros algoritmos ofrecen un rendimiento similar).

Error cuadrático medio del conjunto de pruebas

Method	Ball	Engine (All)	Engine (1/4)	Choles (All)	Choles (1/2)	Sine (5% N)	Sine (2% N)
ES	1.2e-1	1.3e-2	1.9e-2	1.2e-1	1.4e-1	1.7e-1	1.3e-1
BR	1.3e-3	2.6e-3	4.7e-3	1.2e-1	9.3e-2	3.0e-2	6.3e-3
ES/BR	92	5	4	1	1.5	5.7	21

Puedes ver que la regularización bayesiana funciona mejor que la parada anticipada en la mayoría de los casos. La mejora del rendimiento es más notable cuando el conjunto de datos es pequeño, o si hay poco ruido en el conjunto de datos. El conjunto de datos BALL, por ejemplo, se obtuvo de sensores que tenían muy poco ruido.

Aunque el rendimiento de generalización de la regularización bayesiana suele ser mejor que la parada anticipada, no siempre es así. Además, la forma de regularización bayesiana implementada en la caja de herramientas no funciona tan bien en problemas de reconocimiento de patrones como en problemas de aproximación de funciones. Esto se debe a que la aproximación al hessiano que se utiliza en el algoritmo de Levenberg-Marquardt no es tan precisa cuando la salida de la red está saturada, como ocurriría en los problemas de reconocimiento de patrones. Otra desventaja del método de regularización bayesiana es que suele tardar más en converger que la parada anticipada.

10.5.12 Análisis postentrenamiento (regresión)

El rendimiento de una red entrenada en puede medirse hasta cierto punto por los errores en los conjuntos de entrenamiento, validación y prueba, pero a menudo es útil investigar la respuesta de la red con más detalle. Una opción es realizar un análisis de regresión entre la respuesta de la red y los objetivos correspondientes. La rutina regresión está diseñada para realizar este análisis.

Los siguientes comandos ilustran cómo realizar un análisis de regresión en una red entrenada.

```
x = [-1:.05:1];
t = sin(2*pi*x)+0.1*randn(size(x));
net = feedforwardnet(10);
net = train(net,x,t);
y = net(x);
[r,m,b] = regression(t,y)
r =
    0.9935
m =
    0.9874
b =
    -0.0067
```

La salida de la red y los objetivos correspondientes se pasan a la regresión. Ésta devuelve tres parámetros. Los dos primeros, mand b, corresponden a la pendiente y la *intersección y* de la mejor regresión lineal que relaciona los objetivos con las salidas de la red. Si hubiera un ajuste perfecto (salidas exactamente iguales a objetivos), la pendiente sería 1 y la *intersección y* sería 0. En este ejemplo, puedes ver que los números están muy próximos. La tercera variable que devuelve la regresión es el coeficiente de correlación (valor R) entre las salidas y los objetivos. Es una medida de lo bien que los objetivos explican la variación de la salida. Si este número es igual a 1, entonces existe una correlación perfecta entre los objetivos y los resultados. En el ejemplo, el número es muy próximo a 1, lo que indica un buen ajuste.

La siguiente figura ilustra el resultado gráfico proporcionado por la regresión. Los resultados de la red se representan frente a los objetivos como círculos abiertos. El mejor ajuste lineal se indica con una línea discontinua. El ajuste perfecto (salida igual a los objetivos) se indica con la línea continua. En este ejemplo, es difícil distinguir la línea de mejor ajuste lineal de la línea de ajuste perfecto, porque el ajuste es muy bueno.

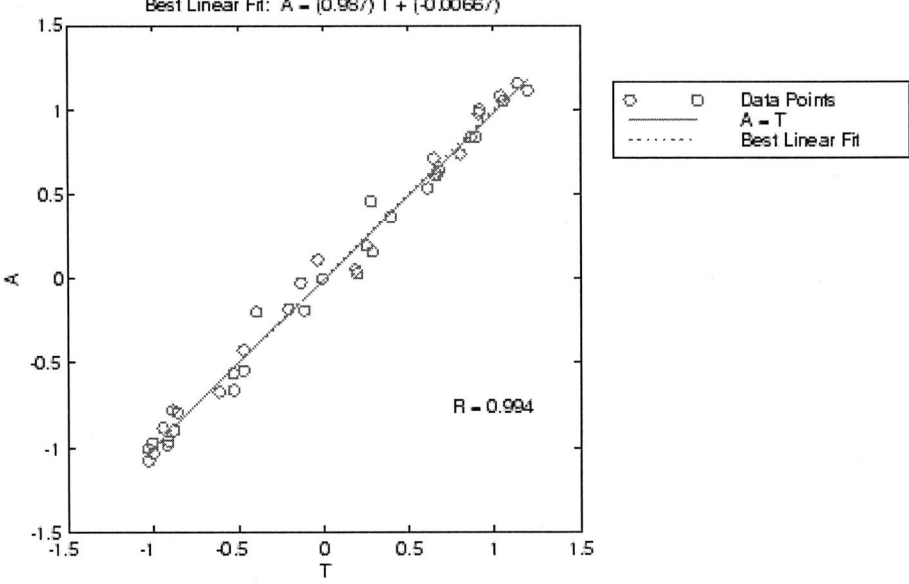

10.6 ENTRENAR REDES NEURONALES CON PONDERACIONES DE ERROR

En la función de rendimiento de error cuadrático medio por defecto (ver Entrenar y aplicar redes neuronales multicapa), cada error cuadrático contribuye en la misma cantidad a la función de rendimiento, de la siguiente manera:

$$F = mse = \frac{1}{N} \sum_{i=1}^{N} (e_i)^2 = \frac{1}{N} \sum_{i=1}^{N} (t_i - a_i)^2$$

Sin embargo, la caja de herramientas te permite ponderar cada error al cuadrado individualmente de la siguiente manera:

$$F = mse = \frac{1}{N} \sum_{i=1}^{N} w_i^e (e_i)^2 = \frac{1}{N} \sum_{i=1}^{N} w_i^e (t_i - a_i)^2$$

El objeto de ponderación de errores debe tener las mismas dimensiones que los datos objetivo. De este modo, los errores se pueden ponderar según el paso de tiempo, el número de muestra, el número de señal o el número de elemento. A continuación, se muestra un ejemplo en el que se ponderan más los errores del final de una secuencia temporal que los errores del principio de la misma. El objeto de ponderación de errores se pasa como último argumento en la llamada a `entrenar`.

```
y = laser_dataset;
y = y(1:600);
ind = 1:600;
ew = 0.99.^(600-ind);
figure
plot(ew)
ew = con2seq(ew);
ftdnn_net = timedelaynet([1:8],10);
ftdnn_net.trainParam.epochs = 1000;
ftdnn_net.divideFcn = '';
[p,Pi,Ai,t,ew1] = preparets(ftdnn_net,y,y,{},ew);
[ftdnn_net1,tr] = train(ftdnn_net,p,t,Pi,Ai,ew1);
```

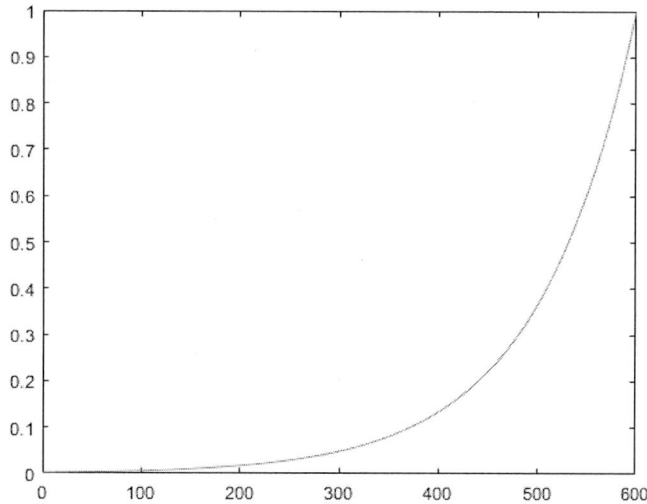

La figura ilustra la ponderación del error para este ejemplo. Hay 600 pasos temporales en los datos de entrenamiento, y los errores se ponderan exponencialmente, teniendo el último error al cuadrado una ponderación de 1, y el error al cuadrado en el primer paso temporal una ponderación de 0,0024.

La respuesta de la red entrenada se muestra en la siguiente figura. Si comparas esta respuesta con la respuesta de la red que se entrenó sin ponderación exponencial de los errores al cuadrado, como se muestra en Diseño de redes neuronales con retardo temporal de series temporales, puedes ver que los errores ocurridos más tarde en la secuencia son más pequeños que los errores ocurridos más temprano en la secuencia. Los errores que se produjeron más tarde son más pequeños porque contribuyeron más al índice de rendimiento ponderado que los errores anteriores.

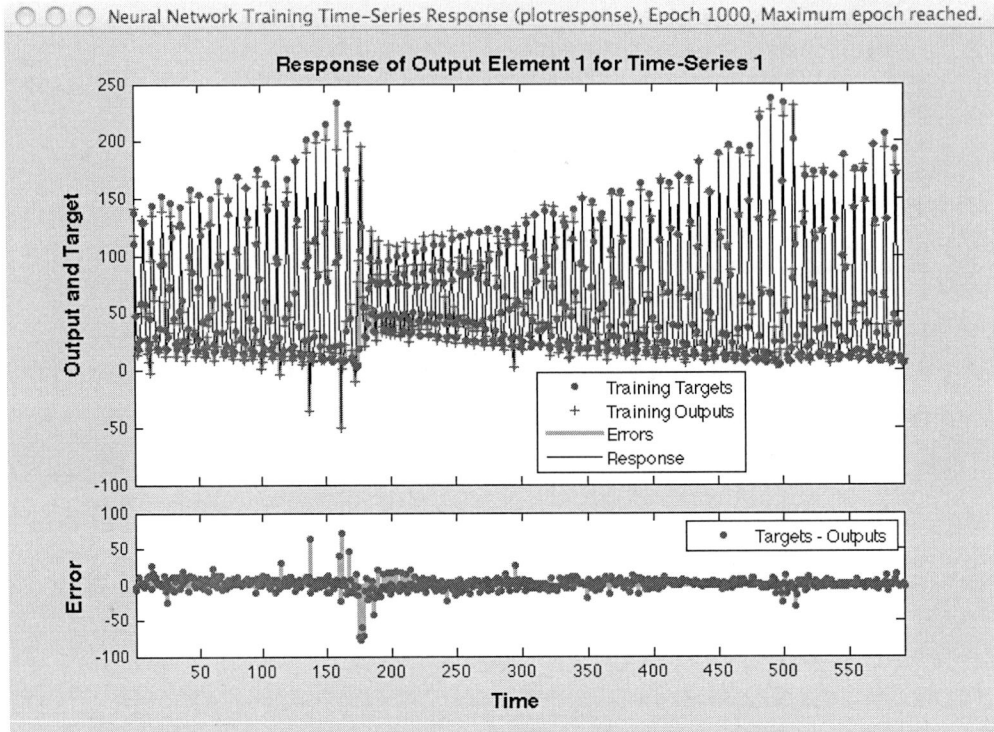

10.7 NORMALIZAR ERRORES DE MÚLTIPLES SALIDAS

La función de rendimiento más utilizada para entrenar redes neuronales es el error cuadrático medio (mse). Sin embargo, con múltiples salidas que tienen diferentes rangos de valores, el entrenamiento con el error cuadrático medio tiende a optimizar la precisión en el elemento de salida con el rango de valores más amplio en relación con el elemento de salida con un rango más pequeño.

Por ejemplo, aquí dos elementos objetivo tienen rangos muy diferentes:

```
x = -1:0.01:1;
t1 = 100*sin(x);
t2 = 0.01*cos(x);
t = [t1; t2];
```

El rango de t1 es 200 (de un mínimo de -100 a un máximo de 100), mientras que el rango de t2 es sólo 0,02 (de -0,01 a 0,01). El rango de t1 es 10.000 veces mayor que el rango de t2.

Si creas y entrenas una red neuronal sobre esto para minimizar el error cuadrático medio, el entrenamiento favorece la precisión relativa del primer elemento de salida sobre el segundo.

```
net = feedforwardnet(5);
net1 = train(net,x,t);
y = net1(x);
```

Aquí puedes ver que la red ha aprendido a ajustarse muy bien al primer elemento de salida.

```
figure(1)
plot(x,y(1,:),x,t(1,:))
```

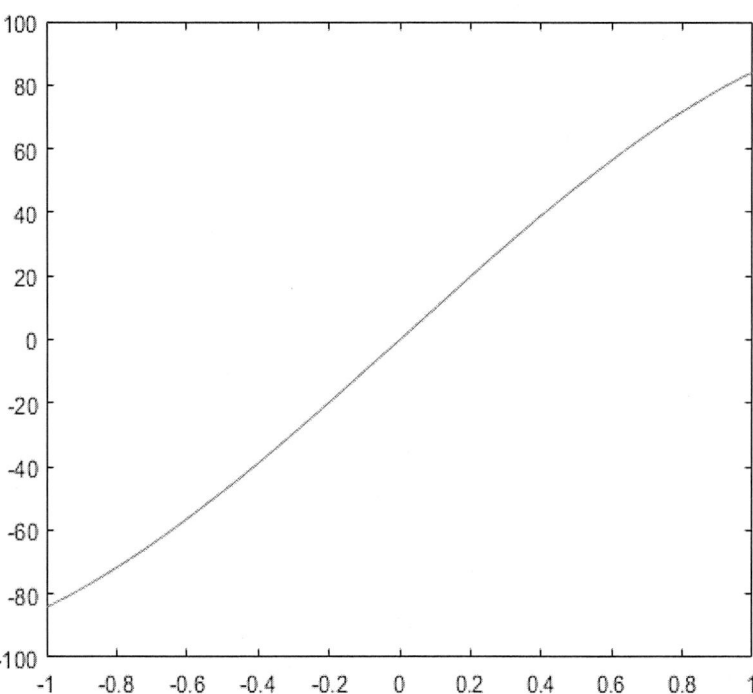

Sin embargo, la función del segundo elemento no se ajusta tan bien.

```
figure(2)
plot(x,y(2,:),x,t(2,:))
```

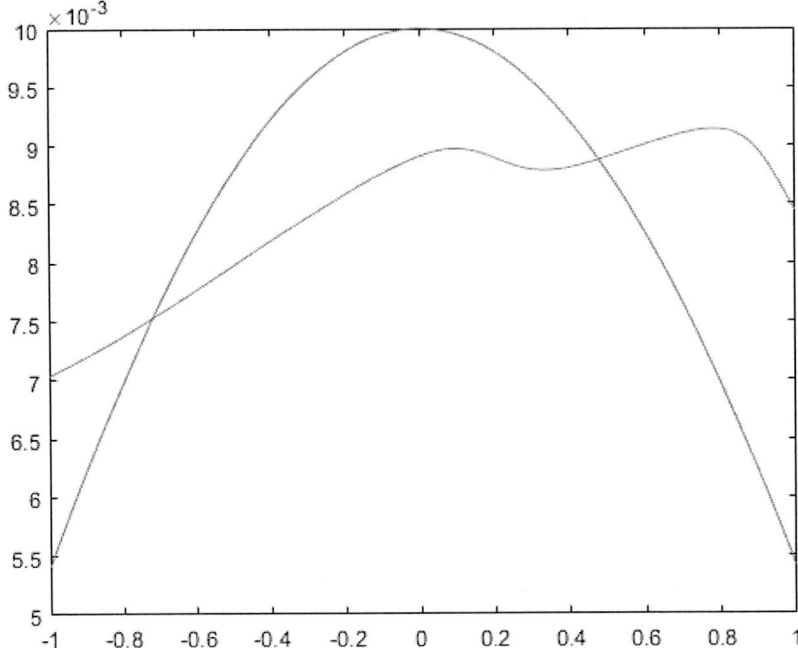

Para ajustar ambos elementos de salida igual de bien en un sentido relativo, establece el parámetro de rendimiento de normalización en "estándar". Entonces se calculan los errores de las medidas de rendimiento como si cada elemento de salida tuviera un rango de 2 (es decir, como si los valores de cada elemento de salida oscilaran entre -1 y 1, en lugar de sus diferentes rangos).

```
net.performParam.normalization = 'standard';
net2 = train(net,x,t);
y = net2(x);
```

Ahora los dos elementos de salida encajan bien.

```
figure(3)
plot(x,y(1,:),x,t(1,:))
```

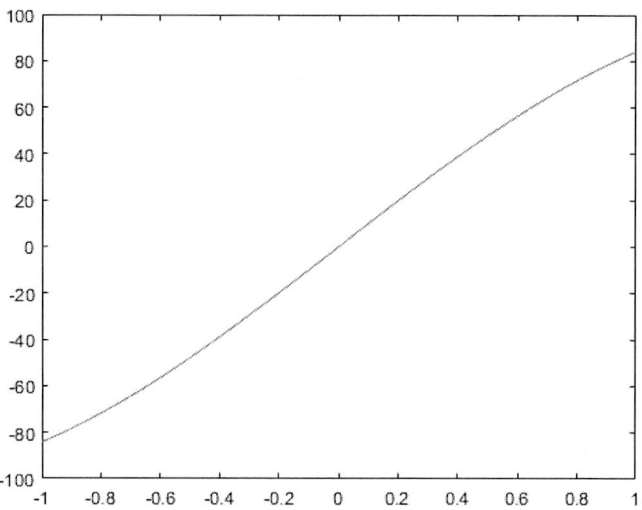

```
figure(4)
plot(x,y(2,:),x,t(2,:))
```

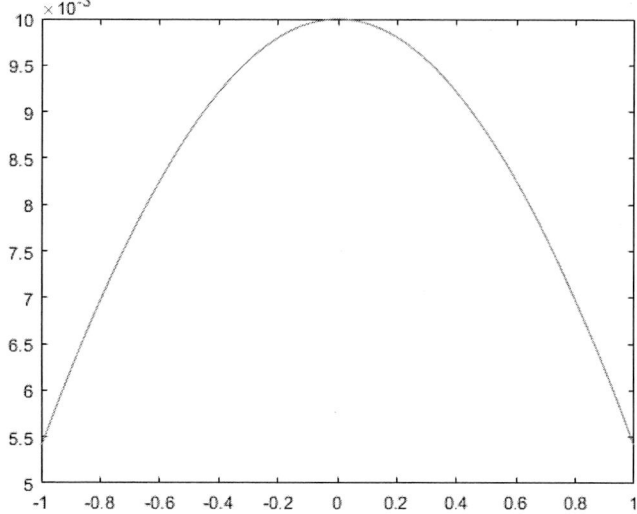

APRENDIZAJE PROFUNDO Y CLASIFICACIÓN. EJEMPLOS

11.1 EJEMPLO DE CLASIFICACIÓN

Este ejemplo ilustra el uso de una red neuronal como clasificador para identificar el sexo de los cangrejos a partir de sus dimensiones físicas.

En este ejemplo intentamos construir un clasificador que pueda identificar el sexo de un cangrejo a partir de sus medidas físicas. Se consideran seis características físicas de un cangrejo: especie, aleta delantera, anchura trasera, longitud, anchura y profundidad. El problema consiste en identificar el sexo de un cangrejo a partir de los valores observados para cada una de estas 6 características físicas.

11.1.1 ¿Por qué redes neuronales?

Las redes neuronales han demostrado su eficacia como clasificadores y son especialmente adecuadas para abordar problemas no lineales. Dada la naturaleza no lineal de los fenómenos del mundo real, como la clasificación de cangrejos, las redes neuronales son sin duda un buen candidato para resolver el problema.

Los seis caracteres físicos actuarán como entradas de una red neuronal y el sexo del cangrejo será el objetivo. Dada una entrada, que constituye los seis valores observados para los caracteres físicos de un cangrejo, se espera que la red neuronal identifique si el cangrejo es macho o hembra.

Esto se consigue presentando entradas previamente registradas a una red neuronal y ajustándola después para que produzca las salidas objetivo deseadas. Este proceso se denomina entrenamiento de la red neuronal.

11.1.2 Preparación de los datos

Los datos para los problemas de clasificación se configuran para una red neuronal organizando los datos en dos matrices, la matriz de entrada X y la matriz objetivo T.

Cada i-ésima columna de la matriz de entrada tendrá seis elementos que representarán la especie de un cangrejo, la fontallip, la anchura trasera, la longitud, la anchura y la profundidad.

Cada columna correspondiente de la matriz objetivo tendrá dos elementos. Los cangrejos hembra se representan con un uno en el primer elemento, los cangrejos macho con un uno en el segundo elemento. (Todos los demás elementos son cero).

Aquí se carga el conjunto de datos.

```
[x,t] = crab_dataset;
size(x)
size(t)
ans =

    6    200


ans =

    2    200
```

11.1.3 Construir el clasificador de red neuronal

El siguiente paso es crear una red neuronal que aprenda a identificar el sexo de los cangrejos.

Como la red neuronal comienza con pesos iniciales aleatorios, los resultados de este ejemplo diferirán ligeramente cada vez que se ejecute. La semilla aleatoria está ajustada para evitar esta aleatoriedad. Sin embargo, esto no es necesario para tus propias aplicaciones.

```
setdemorandstream(491218382)
```

Las redes neuronales de alimentación directa de dos capas (es decir, de una capa oculta) pueden aprender cualquier relación entrada-salida si hay suficientes neuronas en la capa oculta. Las capas que no son de salida se llaman capas ocultas.

Probaremos con una sola capa oculta de 10 neuronas para este ejemplo. En general, los problemas más difíciles requieren más neuronas, y quizá más capas. Los problemas más sencillos requieren menos neuronas.

La entrada y la salida tienen tamaños de 0 porque la red aún no se ha configurado para que coincida con nuestros datos de entrada y de destino. Esto ocurrirá cuando se entrene la red.

```
net = patternnet(10);
view(net)
```

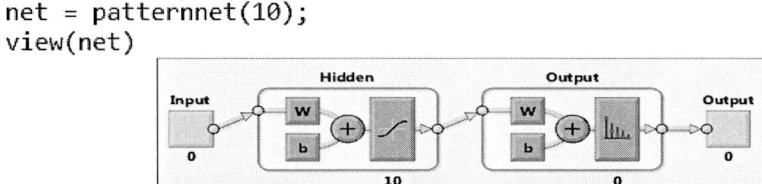

Ahora la red está lista para ser entrenada. Las muestras se dividen automáticamente en conjuntos de entrenamiento, validación y prueba. El conjunto de entrenamiento se utiliza para enseñar a la red. El entrenamiento continúa mientras la red siga mejorando en el conjunto de validación. El conjunto de prueba proporciona una medida completamente independiente de la precisión de la red.

```
[net,tr] = train(net,x,t);
Nntraintool
```

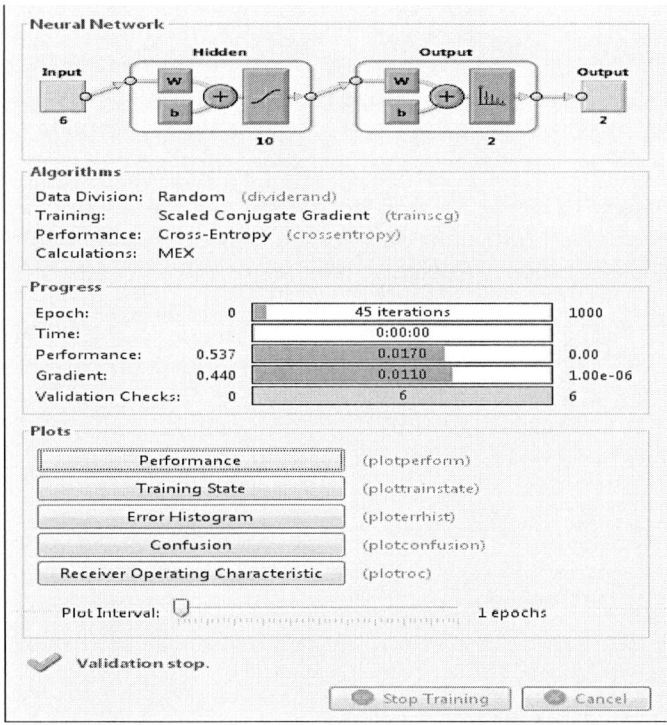

Para ver cómo mejoró el rendimiento de la red durante el entrenamiento, haz clic en el botón "Rendimiento" de la herramienta de entrenamiento o llama a PLOTPERFORM.

El rendimiento se mide en términos de error cuadrático medio, y se muestra en escala logarítmica. Disminuyó rápidamente a medida que se entrenaba la red.

Se muestra el rendimiento para cada uno de los conjuntos de entrenamiento, validación y prueba. La versión de la red que obtuvo mejores resultados en el conjunto de validación es la que se muestra después del entrenamiento.

```
plotperform(tr)
```

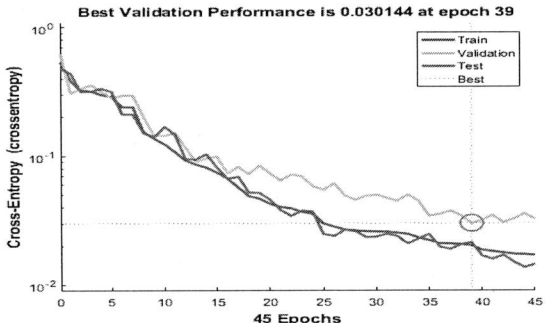

11.1.4 Probar el clasificador

La red neuronal entrenada puede probarse ahora con las muestras de prueba Esto nos dará una idea de lo bien que funcionará la red cuando se aplique a datos del mundo real.

Las salidas de la red estarán en el intervalo de 0 a 1, por lo que podemos utilizar la función **vec2ind** para obtener los índices de clase como la posición del elemento más alto de cada vector de salida.

```
testX = x(:,tr.testInd);
testT = t(:,tr.testInd);

testY = net(testX);
testIndices = vec2ind(testY)
testIndices =

  Columns 1 through 13

    2    2    2    1    2    2    2    1    2    2    2    2    1

  Columns 14 through 26

    1    2    2    2    1    2    2    1    2    1    1    1    1

  Columns 27 through 30

    1    2    2    1
```

Una medida de lo bien que la red neuronal se ha ajustado a los datos es el gráfico de confusión. Aquí se representa la matriz de confusión en todas las muestras.

La matriz de confusión muestra los porcentajes de clasificaciones correctas e incorrectas. Las clasificaciones correctas son los cuadrados verdes de la diagonal de la matriz. Las clasificaciones incorrectas forman los cuadrados rojos.

Si la red ha aprendido a clasificar correctamente, los porcentajes de los cuadrados rojos deberían ser muy pequeños, lo que indica pocas clasificaciones erróneas.

Si no es así, sería aconsejable seguir entrenando, o entrenar una red con más neuronas ocultas.

```
plotconfusion(testT,testY)
```

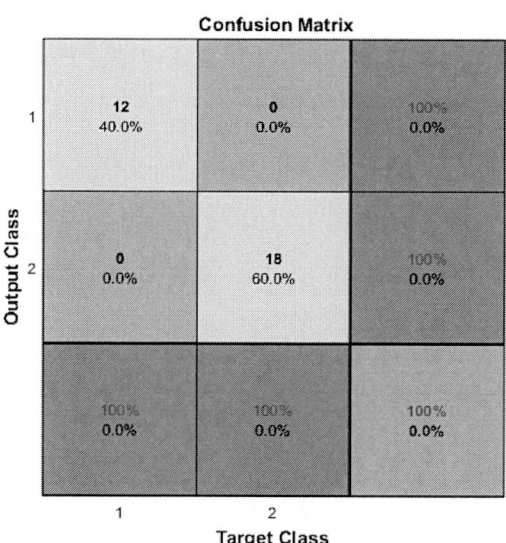

He aquí los porcentajes globales de clasificación correcta e incorrecta.

```
[c,cm] = confusion(testT,testY)

fprintf('Percentage Correct Classification   : %f%%\n', 100*(1-c));
fprintf('Percentage Incorrect Classification : %f%%\n', 100*c);
c =
    0.0333
cm =

    12     1
     0    17
```

```
Percentage Correct Classification    : 96.666667%
Percentage Incorrect Classification : 3.333333%
```

Otra medida de lo bien que la red neuronal se ha ajustado a los datos es el gráfico de la característica operativa del receptor. Esto muestra cómo se relacionan las tasas de falsos positivos y verdaderos positivos a medida que el umbral de las salidas varía de 0 a 1.

Cuanto más a la izquierda y más arriba esté la línea, menos falsos positivos habrá que aceptar para obtener una tasa alta de verdaderos positivos. Los mejores clasificadores tendrán una línea que vaya de la esquina inferior izquierda, a la esquina superior izquierda, a la esquina superior derecha, o cerca de ellas.

```
plotroc(testT,testY)
```

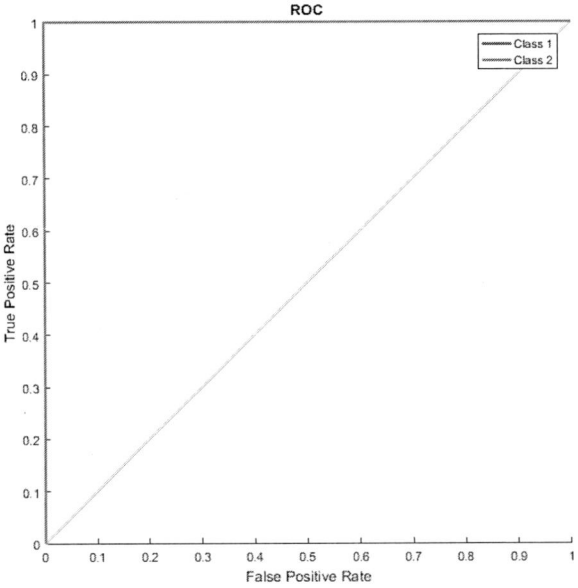

Este ejemplo ilustra el uso de una red neuronal para clasificar cangrejos.

11.2 CLASIFICACIÓN DE LOS VINOS

Este ejemplo ilustra cómo una red neuronal de reconocimiento de patrones puede clasificar los vinos por bodegas basándose en sus características químicas.

11.2.1 El problema: clasificar los vinos

En este ejemplo intentamos construir una red neuronal que pueda clasificar vinos de tres bodegas según trece atributos:

- Alcohol
- Ácido málico
- Ceniza
- Alcalinidad de la ceniza
- Magnesio
- Fenoles totales
- Flavanoides
- Fenoles no flavanoides
- Proantocianinas
- Intensidad del color
- Hue
- OD280/OD315 de los vinos diluidos
- Proline

Éste es un ejemplo de un problema de reconocimiento de patrones, en el que las entradas están asociadas a distintas clases, y nos gustaría crear una red neuronal que no sólo clasifique correctamente los vinos conocidos, sino que pueda generalizar para clasificar con precisión vinos que no se utilizaron para diseñar la solución.

11.2.2 ¿Por qué redes neuronales?

Las redes neuronales son muy buenas en problemas de reconocimiento de patrones. Una red neuronal con suficientes elementos (llamados neuronas) puede clasificar cualquier dato con una precisión arbitraria. Son especialmente adecuadas para problemas de límites de decisión complejos sobre muchas variables. Por tanto, las redes neuronales son un buen candidato para resolver el problema de clasificación del vino.

Los trece atributos de vecindad actuarán como entradas de una red neuronal, y el objetivo respectivo de cada uno será un vector de clase de 3 elementos con un 1 en la posición de la bodega asociada, nº 1, nº 2 o nº 3.

La red se diseñará utilizando los atributos de los barrios para entrenar a la red a producir las clases objetivo correctas.

11.2.3 Preparación de los datos

Los datos para los problemas de clasificación se configuran para una red neuronal organizando los datos en dos matrices, la matriz de entrada X y la matriz objetivo T.

Cada i-ésima columna de la matriz de entrada tendrá trece elementos que representan un vino cuya bodega ya se conoce.

Cada columna correspondiente de la matriz objetivo tendrá tres elementos, formados por dos ceros y un 1 en la ubicación de la bodega asociada.

Aquí se carga un conjunto de datos de este tipo.

```
[x,t] = wine_dataset;
```

Podemos ver los tamaños de las entradas X y los objetivos T.

Observa que tanto X como T tienen 178 columnas. Representan 178 atributos de muestras de vino (entradas) y vectores de clase de bodega asociados (objetivos).

La matriz de entrada X tiene trece filas, para los trece atributos. La matriz objetivo T tiene tres filas, ya que para cada ejemplo tenemos tres bodegas posibles.

```
size(x)
size(t)

ans =

    13   178


ans =

     3   178
```

11.2.4 Reconocimiento de patrones con una red neuronal

El siguiente paso es crear una red neuronal que aprenda a clasificar los vinos.

Como la red neuronal comienza con pesos iniciales aleatorios, los resultados de este ejemplo diferirán ligeramente cada vez que se ejecute. La semilla aleatoria está ajustada para evitar esta aleatoriedad. Sin embargo, esto no es necesario para tus propias aplicaciones.

```
setdemorandstream(391418381)
```

Las redes neuronales de alimentación directa de dos capas (es decir, de una capa oculta) pueden aprender cualquier relación entrada-salida si hay suficientes neuronas en la capa oculta. Las capas que no son de salida se llaman capas ocultas.

Probaremos con una sola capa oculta de 10 neuronas para este ejemplo. En general, los problemas más difíciles requieren más neuronas, y quizá más capas. Los problemas más sencillos requieren menos neuronas.

La entrada y la salida tienen tamaños de 0 porque la red aún no se ha configurado para que coincida con nuestros datos de entrada y de destino. Esto ocurrirá cuando se entrene la red.

```
net = patternnet(10);
view(net)
```

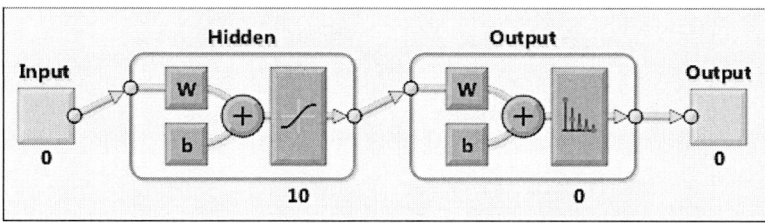

Ahora la red está lista para ser entrenada. Las muestras se dividen automáticamente en conjuntos de entrenamiento, validación y prueba. El conjunto de entrenamiento se utiliza para enseñar a la red. El entrenamiento continúa mientras la red siga mejorando en el conjunto de validación. El conjunto de prueba proporciona una medida completamente independiente de la precisión de la red.

La Herramienta de Entrenamiento NN muestra la red que se está entrenando y los algoritmos utilizados para entrenarla. También muestra el estado del entrenamiento durante el mismo y los criterios que detuvieron el entrenamiento se resaltarán en verde.

Los botones de la parte inferior abren gráficos útiles que se pueden abrir durante y después del entrenamiento. Los enlaces situados junto a los nombres de los algoritmos y los botones de los gráficos abren documentación sobre esos temas.

```
[net,tr] = train(net,x,t);
nntraintool
```

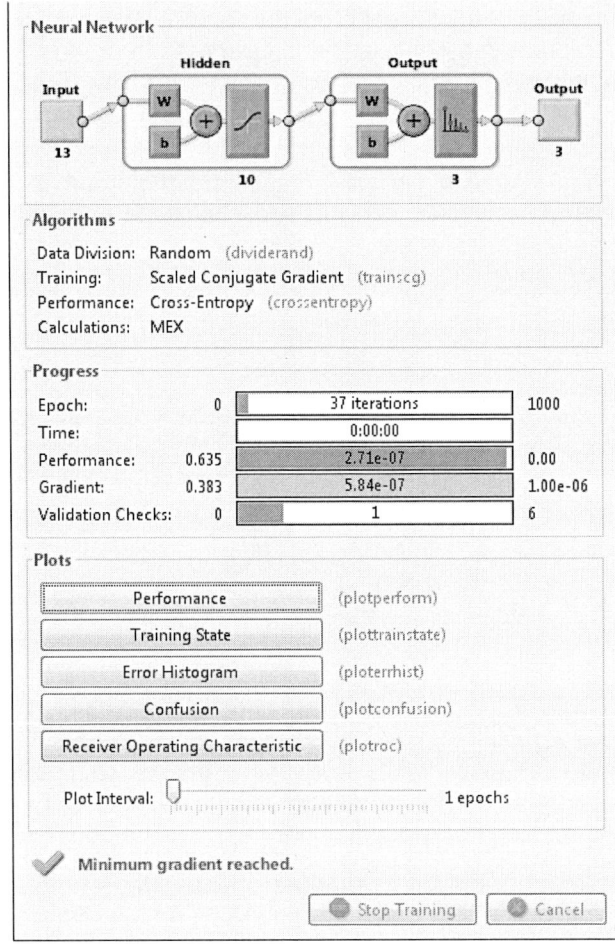

Para ver cómo mejoró el rendimiento de la red durante el entrenamiento, haz clic en el botón "Rendimiento" de la herramienta de entrenamiento o llama a PLOTPERFORM.

El rendimiento se mide en términos de error cuadrático medio, y se muestra en escala logarítmica. Disminuyó rápidamente a medida que se entrenaba la red.

Se muestra el rendimiento para cada uno de los conjuntos de entrenamiento, validación y prueba. La versión de la red que obtuvo mejores resultados en el conjunto de validación es la que se muestra después del entrenamiento.

```
plotperform(tr)
```

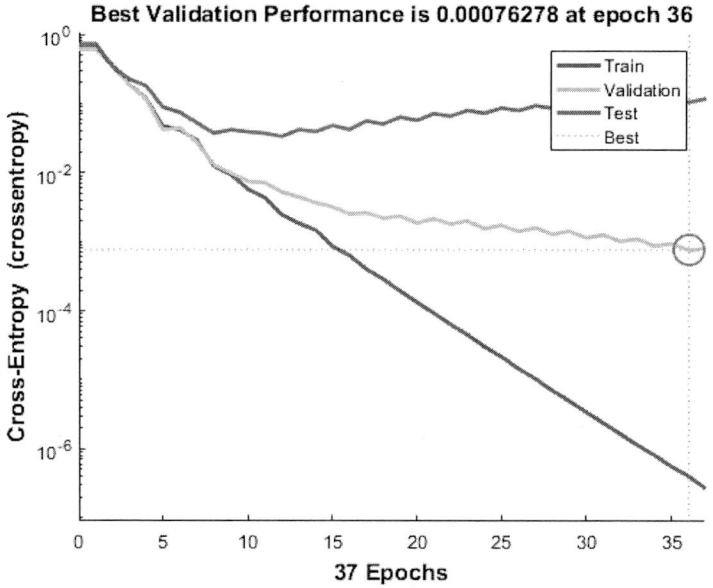

11.2.5 Probar la red neuronal

Ahora se puede medir el error cuadrático medio de la red neuronal entrenada con respecto a las muestras de prueba. Esto nos dará una idea de lo bien que funcionará la red cuando se aplique a datos del mundo real.

Las salidas de la red estarán en el intervalo de 0 a 1, por lo que podemos utilizar la función **vec2ind** para obtener los índices de clase como la posición del elemento más alto de cada vector de salida.

```
testX = x(:,tr.testInd);
testT = t(:,tr.testInd);

testY = net(testX);
testIndices = vec2ind(testY)

testIndices =

  Columns 1 through 13

    1    1    1    2    1    1    1    1    1    1    1    2    2

  Columns 14 through 26

    2    2    2    2    2    2    3    2    3    3    3    3    3

  Column 27

    3
```

Otra medida de lo bien que la red neuronal se ha ajustado a los datos es el gráfico de confusión. Aquí se representa la matriz de confusión en todas las muestras.

La matriz de confusión muestra los porcentajes de clasificaciones correctas e incorrectas. Las clasificaciones correctas son los cuadrados verdes de la diagonal de la matriz. Las clasificaciones incorrectas forman los cuadrados rojos.

Si la red ha aprendido a clasificar correctamente, los porcentajes de los cuadrados rojos deberían ser muy pequeños, lo que indica pocas clasificaciones erróneas.

Si no es así, sería aconsejable seguir entrenando, o entrenar una red con más neuronas ocultas.

```
trazarconfusión(pruebaT,pruebaY)
```

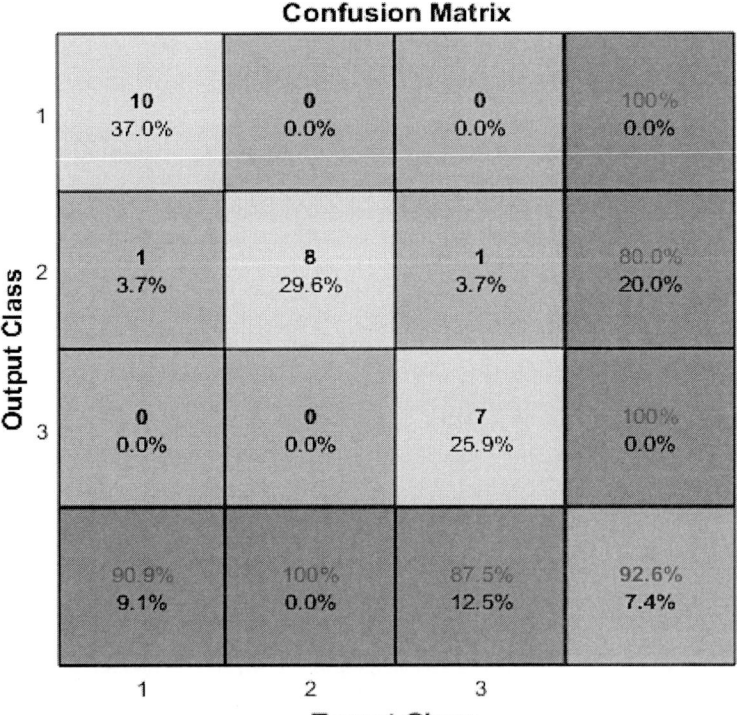

He aquí los porcentajes globales de clasificación correcta e incorrecta.

```
[c,cm] = confusion(testT,testY)

fprintf('Percentage Correct Classification   : %f%%\n', 100*(1-c));
fprintf('Percentage Incorrect Classification : %f%%\n', 100*c);

c =

   0.0741
   cm =

      10    1    0
       0    8    0
       0    1    7


Percentage Correct Classification   : 92.592593%
Percentage Incorrect Classification : 7.407407%
```

Una tercera medida de lo bien que la red neuronal se ha ajustado a los datos es el gráfico de la característica operativa del receptor. Esto muestra cómo se relacionan las tasas de falsos positivos y verdaderos positivos a medida que el umbral de las salidas varía de 0 a 1.

Cuanto más a la izquierda y más arriba esté la línea, menos falsos positivos habrá que aceptar para obtener una tasa alta de verdaderos positivos. Los mejores clasificadores tendrán una línea que vaya de la esquina inferior izquierda, a la esquina superior izquierda, a la esquina superior derecha, o cerca de ellas.

```
plotroc(testT,testY)
```

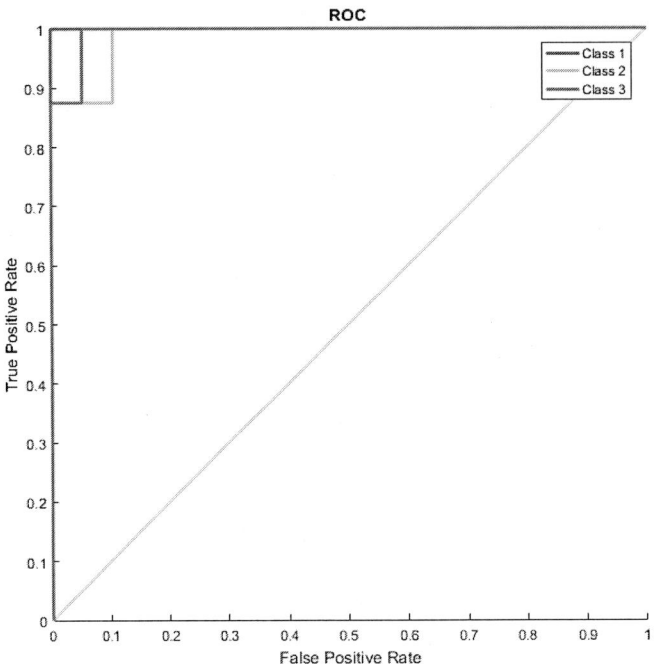

11.3 DETECCIÓN DEL CÁNCER

Este ejemplo demuestra el uso de una red neuronal para detectar el cáncer a partir de datos de espectrometría de masas sobre perfiles proteicos.

Los diagnósticos de patrones proteómicos séricos pueden utilizarse para diferenciar muestras de pacientes con y sin enfermedad. Los patrones de perfil se generan mediante espectrometría de masas de proteínas por desorción e ionización láser mejorada en superficie (SELDI). Esta tecnología tiene potencial para mejorar las pruebas de diagnóstico clínico de las patologías cancerosas.

El objetivo es construir un clasificador que pueda distinguir entre pacientes con cáncer y de control a partir de los datos de espectrometría de masas.

La metodología seguida en este ejemplo consiste en seleccionar un conjunto reducido de medidas o "características" que puedan utilizarse para distinguir entre pacientes con cáncer y pacientes de control mediante un clasificador.

Estos rasgos serán niveles de intensidad iónica en valores específicos de masa/carga.

11.3.1 Formatear los datos

Los datos de este ejemplo proceden del Banco de Datos del Programa de Proteómica Clínica FDA-NCI:
http://home.ccr.cancer.gov/ncifdaproteomics/ppatterns.asp

Para recrear los datos de **ovarian_dataset.mat** utilizados en este ejemplo, descarga y descomprime los datos brutos de espectrometría de masas del sitio web de la FDA-NCI. Crea el archivo de datos **OvarianCancerQAQCdataset**.mat ejecutando el script **msseqprocessing** en Bioinformatics Toolbox (TM) o siguiendo los pasos del ejemplo **biodistcompdemo** (Procesamiento por lotes con cálculo paralelo). El nuevo archivo contiene las variables Y, MZ y grp.

Cada columna de Y representa medidas tomadas a una paciente. Hay 216 columnas en Y que representan a 216 pacientes, de las cuales 121 son pacientes con cáncer de ovario y 95 son pacientes normales.

Cada fila de Y representa el nivel de intensidad iónica en un valor concreto de carga másica indicado en MZ. Hay 15000 valores de carga másica en MZ y cada fila de Y representa los niveles de intensidad iónica de los pacientes en ese valor de carga másica concreto.

La variable grp contiene la información índice sobre cuáles de estas muestras representan a pacientes con cáncer y cuáles a pacientes normales.

Puedes encontrar una amplia descripción de este conjunto de datos y una excelente introducción a esta prometedora tecnología en [1] y [2].

11.3.2 Clasificación. Características principales

Se trata de un problema típico de clasificación en el que el número de características es mucho mayor que el número de observaciones, pero en el que ninguna característica consigue por sí sola una clasificación correcta, por lo que necesitamos encontrar un clasificador que aprenda adecuadamente a ponderar múltiples características y, al mismo tiempo, produzca un mapeo generalizado que no esté sobreajustado.

Un método sencillo para encontrar características significativas es suponer que cada valor M/Z es independiente y calcular una prueba t de dos vías. **rankfeatures** devuelve un índice de los valores M/Z más significativos, por ejemplo 100 índices ordenados por el valor absoluto de la estadística de la prueba.

Para terminar de recrear los datos de **ovarian_dataset.mat**, carga **OvarianCancerQAQCdataset.mat** y **rankfeatures** de Bioinformatics Toolbox para elegir las 100 mediciones mejor clasificadas como entradas x.

```
ind = rankfeatures(Y,grp,'CRITERION','ttest','NUMBER',100);

x = Y(ind,:);
```

Define los objetivos t para las dos clases como sigue:

```
t = double(strcmp('Cancer',grp));

t = [t; 1-t];
```

Los pasos de preprocesamiento del script y .el ejemplo enumerados anteriormente pretenden demostrar un conjunto representativo de posibles procedimientos de preprocesamiento y selección de características. El uso de pasos o parámetros distintos puede conducir a resultados diferentes y posiblemente mejorados de este ejemplo.

```
[x,t] = ovarian_dataset;
whos
  Name         Size              Bytes  Class     Attributes

  t            2x216              3456  double
  x            100x216          172800  double
```

Cada columna de x representa a uno de 216 pacientes diferentes.

Cada fila de x representa el nivel de intensidad iónica en uno de los 100 valores específicos de carga másica para cada paciente.

La variable t tiene 2 filas de 216 valores, cada una de las cuales es [1;0], lo que indica un paciente con cáncer, o [0;1] para un paciente normal.

11.3.3 Clasificación con una red neuronal Feed Forward

Ahora que has identificado algunos rasgos significativos, puedes utilizar esta información para clasificar las muestras cancerosas y las normales.

Como la red neuronal se inicializa con pesos iniciales aleatorios, los resultados tras el entrenamiento de la red varían ligeramente cada vez que se ejecuta el ejemplo. Para evitar esta aleatoriedad, la semilla aleatoria se ajusta para reproducir siempre los mismos resultados. Sin embargo, esto no es necesario para tus propias aplicaciones.

```
setdemorandstream(672880951)
```
Se crea y entrena una red neuronal feed forward de 1 capa oculta con 5 neuronas de capa oculta. Las muestras de entrada y de destino se dividen automáticamente en conjuntos de entrenamiento, validación y prueba. El conjunto de entrenamiento se utiliza para enseñar a la red. El entrenamiento continúa mientras la red siga mejorando en el conjunto de validación. El conjunto de prueba proporciona una medida completamente independiente de la precisión de la red.

La entrada y la salida tienen tamaños de 0 porque la red aún no se ha configurado para que coincida con nuestros datos de entrada y de destino. Esto ocurrirá cuando se entrene la red.

```
net = patternnet(5);
view(net)
```

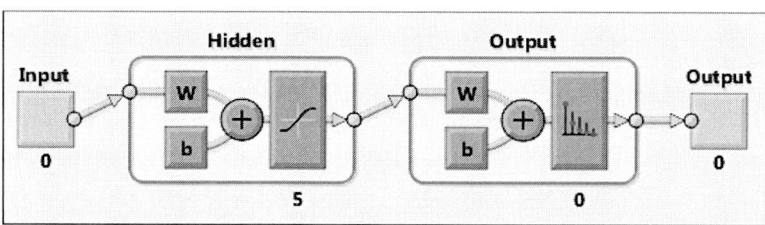

Ahora la red está lista para ser entrenada. Las muestras se dividen automáticamente en conjuntos de entrenamiento, validación y prueba. El conjunto de entrenamiento se utiliza para enseñar a la red. El entrenamiento continúa mientras la red siga mejorando en el conjunto de validación. El conjunto de prueba proporciona una medida completamente independiente de la precisión de la red.

La Herramienta de Entrenamiento NN muestra la red que se está entrenando y los algoritmos utilizados para entrenarla. También muestra el estado del entrenamiento durante el mismo y los criterios que detuvieron el entrenamiento se resaltarán en verde.

Los botones de la parte inferior abren gráficos útiles que se pueden abrir durante y después del entrenamiento. Los enlaces situados junto a los nombres de los algoritmos y los botones de los gráficos abren documentación sobre esos temas.

```
[net,tr] = train(net,x,t);
```

Para ver cómo mejoró el rendimiento de la red durante el entrenamiento, haz clic en el botón "Rendimiento" de la herramienta de entrenamiento o llama a PLOTPERFORM.

El rendimiento se mide en términos de error cuadrático medio, y se muestra en escala logarítmica. Disminuyó rápidamente a medida que se entrenaba la red.

Se muestra el rendimiento para cada uno de los conjuntos de entrenamiento, validación y prueba. La versión de la red que obtuvo mejores resultados en el conjunto de validación es la que se muestra después del entrenamiento.

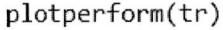

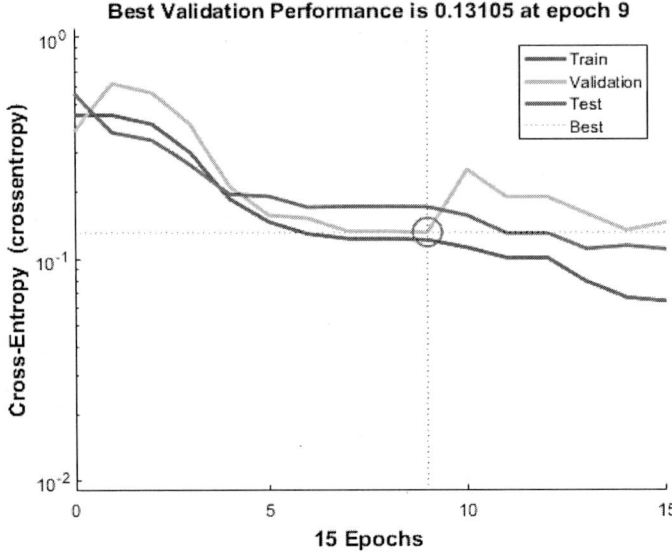

La red neuronal entrenada puede probarse ahora con las muestras de prueba que dividimos del conjunto de datos principal. Los datos de prueba no se utilizaron en el entrenamiento de ninguna manera y, por tanto, proporcionan un conjunto de datos "fuera de muestra" para probar la red. Esto nos dará una idea de lo bien que funcionará la red cuando se pruebe con datos del mundo real.

Las salidas de la red estarán en el intervalo de 0 a 1, por lo que las umbralizamos para obtener 1's y 0's que indiquen cáncer o pacientes normales respectivamente.

```
testX = x(:,tr.testInd);
testT = t(:,tr.testInd);

testY = net(testX);
testClasses = testY > 0.5
testClasses =

    2×32 logical array

Columns 1 through 19

    0   1   1   0   1   1   1   1   1   1   1   1   1   1   1   1   1   1   0
    1   0   0   1   0   0   0   0   0   0   0   0   0   0   0   0   0   0   1

Columns 20 through 32

    0   0   0   1   0   0   0   0   0   0   0   0   0
    1   1   1   0   1   1   1   1   1   1   1   1   1
```

Una medida de lo bien que la red neuronal se ha ajustado a los datos es el gráfico de confusión. Aquí se representa la matriz de confusión en todas las muestras.

La matriz de confusión muestra los porcentajes de clasificaciones correctas e incorrectas. Las clasificaciones correctas son los cuadrados verdes de la diagonal de la matriz. Las clasificaciones incorrectas forman los cuadrados rojos.

Si la red ha aprendido a clasificar correctamente, los porcentajes de los cuadrados rojos deberían ser muy pequeños, lo que indica pocas clasificaciones erróneas.

Si no es así, sería aconsejable seguir entrenando, o entrenar una red con más neuronas ocultas.

```
plotconfusion(testT,testY)
```

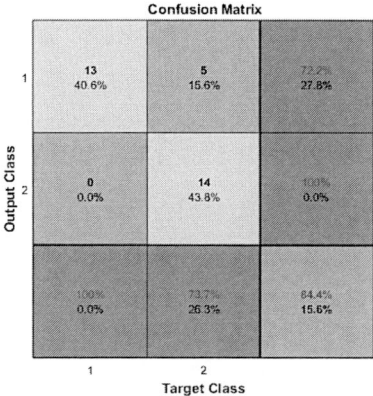

He aquí los porcentajes globales de clasificación correcta e incorrecta.

```
[c,cm] = confusion(testT,testY)

fprintf('Percentage Correct Classification   : %f%%\n', 100*(1-c));
fprintf('Percentage Incorrect Classification : %f%%\n', 100*c);
c =

    0.0938

cm =

    16     2
     1    13


Percentage Correct Classification   : 90.625000%
Percentage Incorrect Classification : 9.375000%
```

Otra medida de lo bien que la red neuronal se ha ajustado a los datos es el gráfico de la característica operativa del receptor. Esto muestra cómo se relacionan las tasas de falsos positivos y verdaderos positivos a medida que el umbral de las salidas varía de 0 a 1.

Cuanto más a la izquierda y más arriba esté la línea, menos falsos positivos habrá que aceptar para obtener una tasa alta de verdaderos positivos. Los mejores clasificadores tendrán una línea que vaya de la esquina inferior izquierda, a la esquina superior izquierda, a la esquina superior derecha, o cerca de ellas.

La clase 1 indica pacientes con cáncer, la clase 2 pacientes normales.

```
plotroc(testT,testY)
```

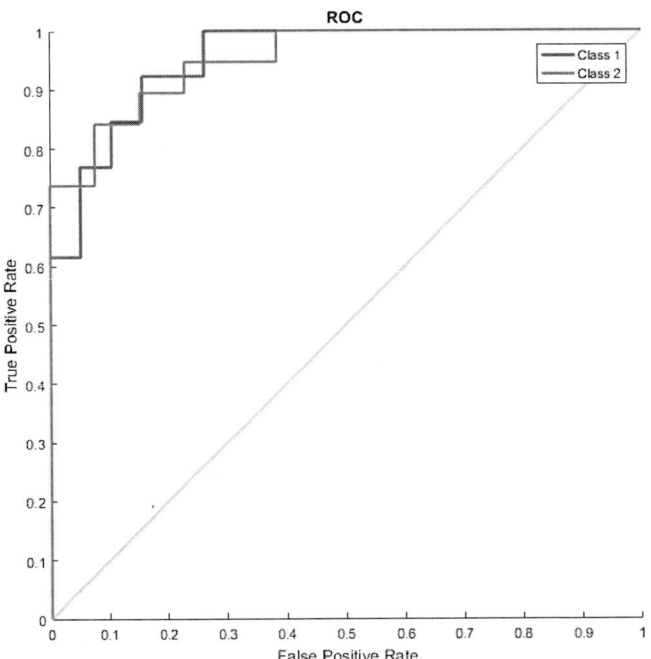

Este ejemplo ilustra cómo pueden utilizarse las redes neuronales como clasificadores para la detección del cáncer. También se puede experimentar utilizando técnicas como el análisis de componentes principales para reducir la dimensionalidad de los datos que se van a utilizar para construir redes neuronales con el fin de mejorar el rendimiento del clasificador.

11.4 RECONOCIMIENTO DE CARACTERES

Este ejemplo ilustra cómo entrenar una red neuronal para que realice un reconocimiento sencillo de caracteres.

El script **prprob** define una matriz X con 26 columnas, una por cada letra del alfabeto. Cada columna tiene 35 valores que pueden ser 1 ó 0. Cada columna de 35 valores define un mapa de bits de 5x7 de una letra.

La matriz T es una matriz identidad de 26x26 que asigna los 26 vectores de entrada a las 26 clases.

```
[X,T] = prprob;
```

Here A, the first letter, is plotted as a bit map.

```
plotchar(X(:,1))
```

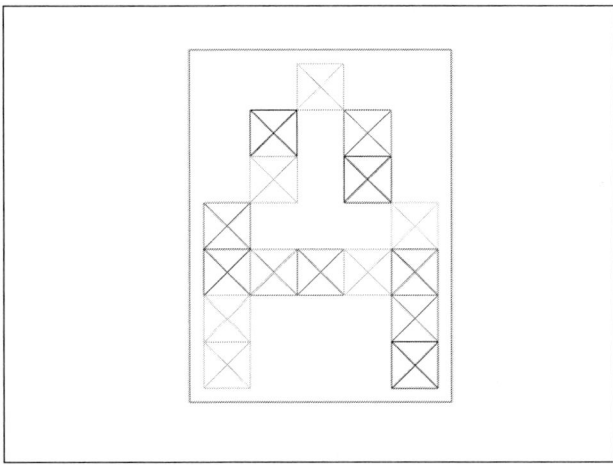

11.4.1 Crear la primera red neuronal

Para resolver este problema utilizaremos una red neuronal feedforward configurada para el reconocimiento de patrones con 25 neuronas ocultas.

Como la red neuronal se inicializa con pesos iniciales aleatorios, los resultados tras el entrenamiento varían ligeramente cada vez que se ejecuta el ejemplo. Para evitar esta aleatoriedad, la semilla aleatoria se ajusta para reproducir siempre los mismos resultados. Esto no es necesario para tus propias aplicaciones.

```
setdemorandstream(pi);

net1 = feedforwardnet(25);
view(net1)
```

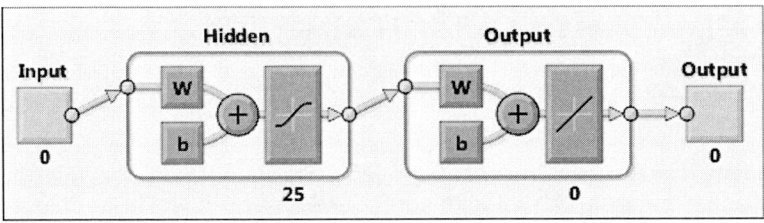

11.4.2 Entrenar la primera red neuronal

La función **entrenar** divide los datos en conjuntos de entrenamiento, validación y prueba. El conjunto de entrenamiento se utiliza para actualizar la red, el conjunto de validación se utiliza para detener la red antes de que sobreajuste los datos de entrenamiento, preservando así una buena generalización. El conjunto de prueba actúa como una medida completamente independiente de lo bien que se puede esperar que lo haga la red con nuevas muestras.

El entrenamiento se detiene cuando ya no es probable que la red mejore en los conjuntos de entrenamiento o validación.

```
net1.divideFcn = '';
net1 = train(net1,X,T,nnMATLAB);
```

```
Computing Resources:
MATLAB on GLNXA64
```

11.4.3 Entrenamiento de la segunda red neuronal

Nos gustaría que la red no sólo reconociera letras perfectamente formadas, sino también versiones ruidosas de las letras. Así que probaremos a entrenar una segunda red con datos ruidosos y compararemos su capacidad de genearlizar con la primera red.

Aquí se crean 30 copias ruidosas de cada letra Xn. Los valores se limitan mediante **mín** y **máx** para que estén comprendidos entre 0 y 1. También se definen los objetivos correspondientes Tn.

```
numNoise = 30;
Xn = min(max(repmat(X,1,numNoise)+randn(35,26*numNoise)*0.2,0),1);
Tn = repmat(T,1,numNoise);
```

Aquí tienes una versión de ruido de A.

```
figure
plotchar(Xn(:,1))
```

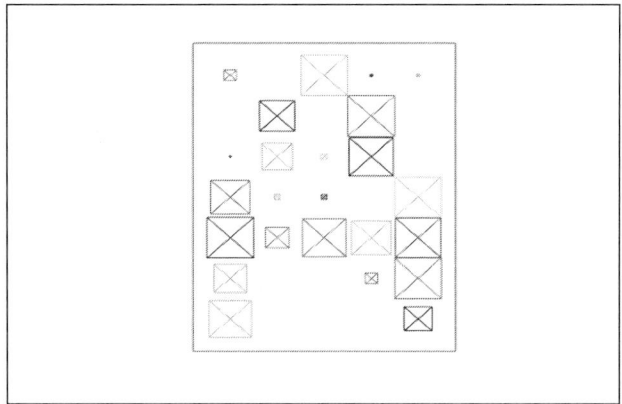

Aquí se crea y entrena la segunda red.

```
net2 = feedforwardnet(25);
net2 = train(net2,Xn,Tn,nnMATLAB);

Computing Resources:
MATLAB on GLNXA64
```

11.4.4 Probar ambas redes neuronales

```
noiseLevels = 0:.05:1;
numLevels = length(noiseLevels);
percError1 = zeros(1,numLevels);
percError2 = zeros(1,numLevels);
for i = 1:numLevels
  Xtest =
min(max(repmat(X,1,numNoise)+randn(35,26*numNoise)*noiseLevels(i),0
),1);
  Y1 = net1(Xtest);
  percError1(i) = sum(sum(abs(Tn-compet(Y1))))/(26*numNoise*2);
  Y2 = net2(Xtest);
  percError2(i) = sum(sum(abs(Tn-compet(Y2))))/(26*numNoise*2);
end

figure
plot(noiseLevels,percError1*100,'--',noiseLevels,percError2*100);
title('Percentage of Recognition Errors');
xlabel('Noise Level');
ylabel('Errors');
legend('Network 1','Network 2','Location','NorthWest')
```

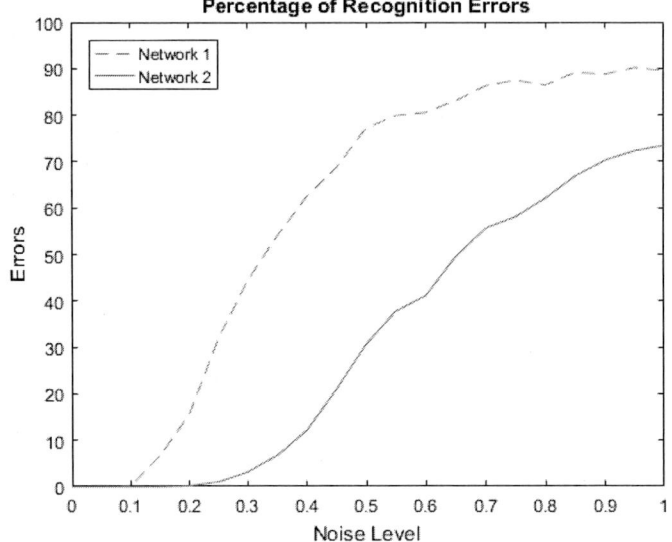

La Red 1, entrenada sin ruido, tiene más errores debidos al ruido que la Red 2, entrenada con ruido.

APRENDIZAJE PROFUNDO. AUTOENCODERS Y CLUSTERING. EJEMPLOS

12.1 ENTRENAR AUTOCODIFICADORES APILADOS PARA LA CLASIFICACIÓN DE IMÁGENES

Este ejemplo muestra cómo utilizar la funcionalidad de autocodificadores de la Caja de Herramientas de Redes Neuronales para entrenar una red neuronal profunda que clasifique imágenes de dígitos.

Las redes neuronales con múltiples capas ocultas pueden ser útiles para resolver problemas de clasificación con datos complejos, como las imágenes. Cada capa puede aprender características a un nivel diferente de abstracción. Sin embargo, entrenar redes neuronales con múltiples capas ocultas puede resultar difícil en la práctica.

Una forma de entrenar eficazmente una red neuronal con múltiples capas es entrenando una capa cada vez. Puedes conseguirlo entrenando un tipo especial de red conocido como autocodificador para cada capa oculta deseada.

Este ejemplo te muestra cómo entrenar una red neuronal con dos capas ocultas para clasificar dígitos en imágenes. Primero entrenas las capas ocultas individualmente de forma no supervisada utilizando autocodificadores. A continuación, entrenas una última capa softmax y unes las capas para formar una red profunda, que entrenas una última vez de forma supervisada.

12.1.1 Conjunto de datos

Este ejemplo utiliza datos sintéticos en todo momento, para el entrenamiento y la prueba. Las imágenes sintéticas se han generado aplicando transformaciones afines aleatorias a imágenes de dígitos creadas con distintos tipos de letra.

Cada imagen de dígitos tiene 28 por 28 píxeles, y hay 5.000 ejemplos de entrenamiento. Puedes cargar los datos de entrenamiento y ver algunas de las imágenes.

```
% Load the training data into memory
[xTrainImages,tTrain] = digitTrainCellArrayData;

% Display some of the training images
clf
for i = 1:20
    subplot(4,5,i);
    imshow(xTrainImages{i});
end
```

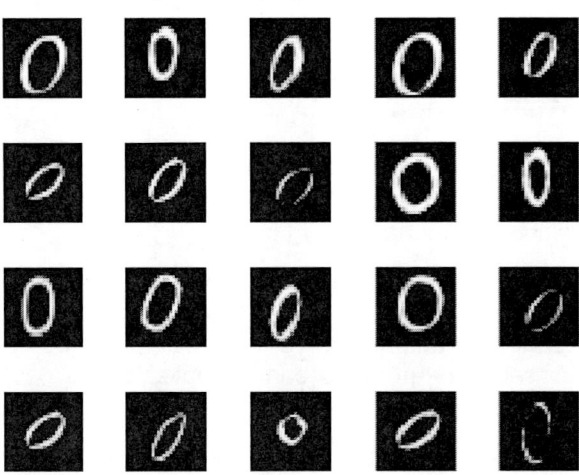

Las etiquetas de las imágenes se almacenan en una matriz de 10 por 5000, donde en cada columna un único elemento será 1 para indicar la clase a la que pertenece el dígito, y todos los demás elementos de la columna serán 0. Hay que tener en cuenta que si el décimo elemento es 1, entonces la imagen del dígito es un cero.

12.1.2 Entrenamiento del primer autoencoder

Empieza entrenando un autoencoder disperso en los datos de entrenamiento sin utilizar las etiquetas.

Un autocodificador es una red neuronal que intenta replicar su entrada en su salida. Así, el tamaño de su entrada será el mismo que el de su salida. Cuando el número de neuronas de la capa oculta es menor que el tamaño de la entrada, el autocodificador aprende una representación comprimida de la entrada.

Las redes neuronales tienen pesos inicializados aleatoriamente antes del entrenamiento. Por lo tanto, los resultados del entrenamiento son diferentes cada vez. Para evitar este comportamiento, establece explícitamente la semilla del generador de números aleatorios.

```
rng('default')
```

Establece el tamaño de la capa oculta del autocodificador. Para el autocodificador que vayas a entrenar, conviene que sea menor que el tamaño de la entrada.

```
hiddenSize1 = 100;
```

El tipo de autocodificador que vas a entrenar es un autocodificador disperso. Este autocodificador utiliza regularizadores para aprender una representación dispersa en la primera capa. Puedes controlar la influencia de estos regularizadores ajustando varios parámetros:

- `L2WeightRegularization` controla el impacto de un regularizador L2 para los pesos de la red (y no los sesgos). Normalmente debería ser bastante pequeño.

- `SparsityRegularization` controla el impacto de un regularizador de sparsity, que intenta imponer una restricción a la sparsity de la salida de la capa oculta. Ten en cuenta que esto es distinto de aplicar un regularizador de dispersión a los pesos.

- `SparsityProportion` es un parámetro del regularizador de sparsity. Controla la dispersión de la salida de la capa oculta. Un valor bajo de `SparsityProportion` suele hacer que cada neurona de la capa oculta se "especialice" dando una salida alta sólo para un pequeño número de ejemplos de entrenamiento. Por ejemplo, si `SparsityProportion` se establece en 0,1, equivale a decir que cada neurona de la capa oculta debe tener una salida media de 0,1 sobre los ejemplos de entrenamiento. Este valor debe estar comprendido entre 0 y 1. El valor ideal varía en función de la naturaleza del problema.

Ahora entrena el autoencoder, especificando los valores para los regularizadores que se han descrito anteriormente.

```
autoenc1 = trainAutoencoder(xTrainImages,hiddenSize1, ...
    'MaxEpochs',400, ...
    'L2WeightRegularization',0.004, ...
    'SparsityRegularization',4, ...
    'SparsityProportion',0.15, ...
    'ScaleData', false);
```

Puedes ver un esquema del autocodificador. El autocodificador se compone de un codificador seguido de un decodificador. El codificador asigna una entrada a una representación oculta, y el decodificador intenta invertir esta asignación para reconstruir la entrada original.

```
view(autoenc1)
```

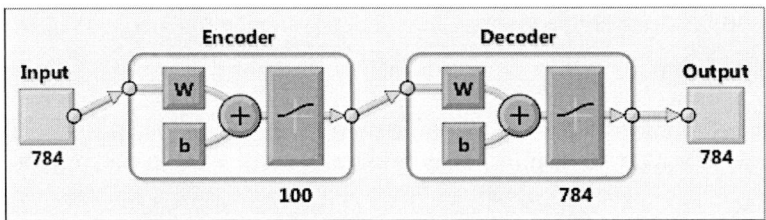

12.1.3 Visualización de los pesos del primer autoencoder

El mapeo aprendido por la parte codificadora de un autocodificador puede ser útil para extraer características de los datos. Cada neurona del codificador tiene asociado un vector de pesos que se ajustará para responder a una característica visual concreta. Puedes ver una representación de estas características.

```
figure()
plotWeights(autoenc1);
```

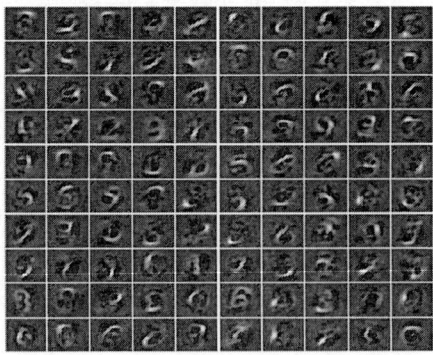

Puedes ver que las características aprendidas por el autocodificador representan patrones de rizos y trazos de las imágenes de los dígitos.

La salida de 100 dimensiones de la capa oculta del autocodificador es una versión comprimida de la entrada, que resume su respuesta a las características visualizadas anteriormente. Entrena el siguiente autocodificador con un conjunto de estos vectores extraídos de los datos de entrenamiento. Primero, debes utilizar el codificador del autocodificador entrenado para generar las características.

```
feat1 = encode(autoenc1,xTrainImages);
```

12.1.4 Entrenamiento del segundo autoencoder

Tras entrenar el primer autocodificador, entrenas el segundo de forma similar. La principal diferencia es que utilizas las características generadas por el primer autocodificador como datos de entrenamiento en el segundo autocodificador. Además, reduces el tamaño de la representación oculta a 50, para que el codificador del segundo autocodificador aprenda una representación aún más pequeña de los datos de entrada.

```
hiddenSize2 = 50;
autoenc2 = trainAutoencoder(feat1,hiddenSize2, ...
    'MaxEpochs',100, ...
    'L2WeightRegularization',0.002, ...
    'SparsityRegularization',4, ...
    'SparsityProportion',0.1, ...
    'ScaleData', false);
```

Una vez más, puedes ver un diagrama del autocodificador con la función ver.

```
view(autoenc2)
```

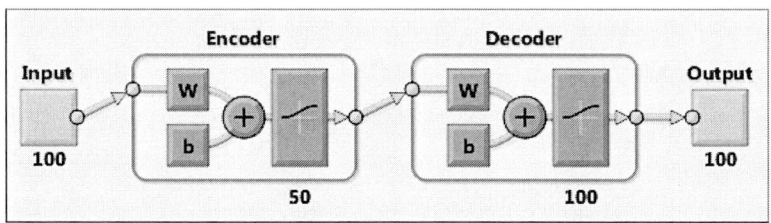

Puedes extraer un segundo conjunto de características pasando el conjunto anterior por el codificador del segundo autocodificador.

```
feat2 = encode(autoenc2,feat1);
```

Los vectores originales de los datos de entrenamiento tenían 784 dimensiones. Tras pasarlos por el primer codificador, se redujeron a 100 dimensiones. Después de utilizar el segundo codificador, se redujeron de nuevo a 50 dimensiones. Ahora puedes entrenar una capa final para clasificar estos vectores de 50 dimensiones en diferentes clases de dígitos.

12.1.5 Entrenamiento de la capa final softmax

Entrena una capa softmax para clasificar los vectores de características de 50 dimensiones. A diferencia de los autocodificadores, entrenas la capa softmax de forma supervisada utilizando etiquetas para los datos de entrenamiento.

```
softnet = trainSoftmaxLayer(feat2,tTrain,'MaxEpochs',400);
```

Puedes ver un diagrama de la capa softmax con la función ver.

```
view(softnet)
```

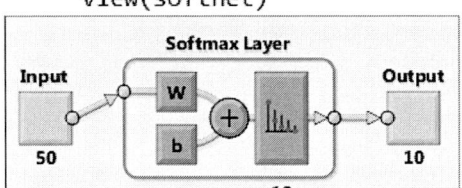

12.1.6 Formar una red neuronal apilada

Has entrenado aisladamente tres componentes distintos de una red neuronal profunda. Llegados a este punto, puede ser útil ver las tres redes neuronales que has entrenado. Son autoenc1, autoenc2 y softnet.

```
view(autoenc1)
view(autoenc2)
view(softnet)
```

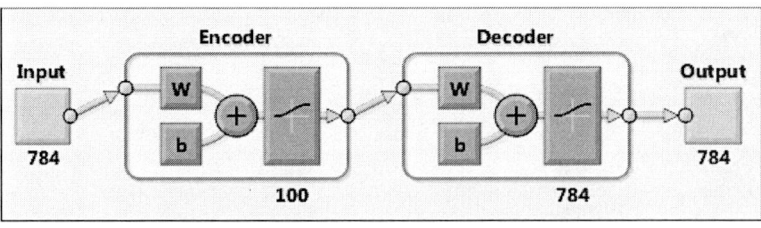

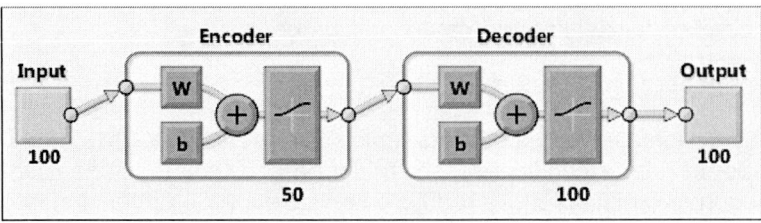

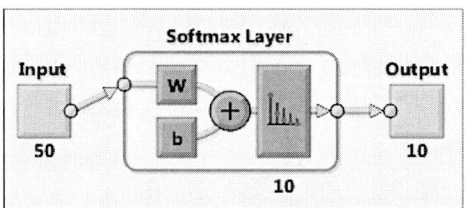

Como se ha explicado, los codificadores de los autocodificadores se han utilizado para extraer características. Puedes apilar los codificadores de los autocodificadores junto con la capa softmax para formar una red profunda.

```
deepnet = stack(autoenc1,autoenc2,softnet);
```

Puedes ver un diagrama de la red apilada con la función ver. La red está formada por los codificadores de los autocodificadores y la capa softmax.

```
ver(deepnet)
```

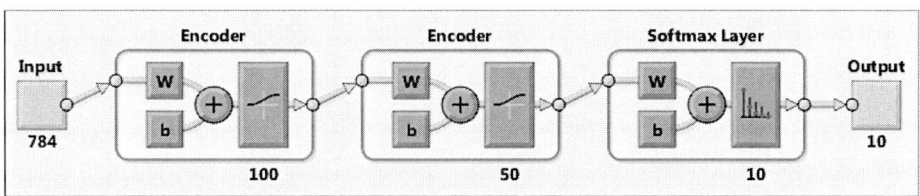

Con la red profunda completa formada, puedes calcular los resultados en el conjunto de prueba. Para utilizar imágenes con la red apilada, tienes que remodelar las imágenes de prueba en una matriz. Puedes hacerlo apilando las columnas de una imagen para formar un vector, y luego formando una matriz a partir de estos vectores.

```
% Get the number of pixels in each image
imageWidth = 28;
imageHeight = 28;
inputSize = imageWidth*imageHeight;

% Load the test images
[xTestImages,tTest] = digitTestCellArrayData;

% Turn the test images into vectors and put them in a matrix
xTest = zeros(inputSize,numel(xTestImages));
for i = 1:numel(xTestImages)
    xTest(:,i) = xTestImages{i}(:);
end
```

Puedes visualizar los resultados con una matriz de confusión. Los números del cuadrado inferior derecho de la matriz dan la precisión global.

```
y = deepnet(xTest);
plotconfusion(tTest,y);
```

Confusion Matrix

Output \ Target	1	2	3	4	5	6	7	8	9	10	
1	448	9	0	1	3	8	14	11	0	3	90.1%
	9.0%	0.2%	0.0%	0.0%	0.1%	0.2%	0.3%	0.2%	0.0%	0.1%	9.9%
2	3	447	14	4	0	0	14	20	6	17	85.1%
	0.1%	8.9%	0.3%	0.1%	0.0%	0.0%	0.3%	0.4%	0.1%	0.3%	14.9%
3	6	21	338	1	49	2	7	41	3	4	71.6%
	0.1%	0.4%	6.8%	0.0%	1.0%	0.0%	0.1%	0.8%	0.1%	0.1%	28.4%
4	7	1	5	472	1	8	0	1	5	1	94.2%
	0.1%	0.0%	0.1%	9.4%	0.0%	0.2%	0.0%	0.0%	0.1%	0.0%	5.8%
5	0	2	61	2	411	26	0	60	1	2	72.7%
	0.0%	0.0%	1.2%	0.0%	8.2%	0.5%	0.0%	1.2%	0.0%	0.0%	27.3%
6	19	0	5	5	6	409	3	34	9	16	80.8%
	0.4%	0.0%	0.1%	0.1%	0.1%	8.2%	0.1%	0.7%	0.2%	0.3%	19.2%
7	30	10	6	2	0	0	450	5	1	2	88.9%
	0.6%	0.2%	0.1%	0.0%	0.0%	0.0%	9.0%	0.1%	0.0%	0.0%	11.1%
8	0	0	42	2	20	19	7	303	5	27	71.3%
	0.0%	0.0%	0.8%	0.0%	0.4%	0.4%	0.1%	6.1%	0.1%	0.5%	28.7%
9	0	1	16	6	6	9	2	16	461	7	88.0%
	0.0%	0.0%	0.3%	0.1%	0.1%	0.2%	0.0%	0.3%	9.2%	0.1%	12.0%
10	0	10	9	0	12	15	2	10	3	415	87.2%
	0.0%	0.2%	0.2%	0.0%	0.2%	0.3%	0.0%	0.2%	0.1%	8.3%	12.8%
	87.3%	89.2%	68.1%	95.4%	80.9%	82.5%	90.2%	60.5%	93.3%	84.0%	83.1%
	12.7%	10.8%	31.9%	4.6%	19.1%	17.5%	9.8%	39.5%	6.7%	16.0%	16.9%

Output Class / Target Class

12.1.7 Ajuste fino de la red neuronal profunda

Los resultados de la red neuronal profunda pueden mejorarse realizando la retropropagación en toda la red multicapa. Este proceso suele denominarse ajuste fino.

Para afinar la red, vuelve a entrenarla con los datos de entrenamiento de forma supervisada. Antes de poder hacerlo, tienes que remodelar las imágenes de entrenamiento en una matriz, como se hizo con las imágenes de prueba.

```
% Turn the training images into vectors and put them in a matrix
xTrain = zeros(inputSize,numel(xTrainImages));
for i = 1:numel(xTrainImages)
    xTrain(:,i) = xTrainImages{i}(:);
end

% Perform fine tuning
deepnet = train(deepnet,xTrain,tTrain);
```

A continuación, visualiza de nuevo los resultados mediante una matriz de confusión.

```
y = deepnet(xTest);
plotconfusion(tTest,y);
```

Confusion Matrix

Output Class \ Target Class	1	2	3	4	5	6	7	8	9	10	
1	511 (10.2%)	0	0	0	0	0	1	1	0	0	99.6% / 0.4%
2	0	501 (10.0%)	0	0	0	0	0	1	0	1	99.6% / 0.4%
3	0	0	496 (9.9%)	0	0	0	0	0	0	0	100% / 0.0%
4	0	0	0	494 (9.9%)	0	0	0	0	0	0	100% / 0.0%
5	0	0	0	0	508 (10.2%)	1	0	3	0	0	99.2% / 0.8%
6	0	0	0	0	0	493 (9.9%)	0	0	0	0	100% / 0.0%
7	2	0	0	1	0	0	498 (10.0%)	0	0	0	99.4% / 0.6%
8	0	0	0	0	0	2	0	496 (9.9%)	0	0	99.6% / 0.4%
9	0	0	0	0	0	0	0	0	494 (9.9%)	0	100% / 0.0%
10	0	0	0	0	0	0	0	0	0	493 (9.9%)	100% / 0.0%
	99.6% / 0.4%	100% / 0.0%	100% / 0.0%	99.8% / 0.2%	100% / 0.0%	99.4% / 0.6%	99.8% / 0.2%	99.0% / 1.0%	100% / 0.0%	99.8% / 0.2%	99.7% / 0.3%

Target Class

12.1.8 Resumen

Este ejemplo muestra cómo entrenar una red neuronal profunda para clasificar dígitos en imágenes utilizando Neural Network Toolbox™. Los pasos que se han esbozado pueden aplicarse a otros problemas similares, como clasificar imágenes de letras, o incluso pequeñas imágenes de objetos de una categoría específica.

12.2 APRENDIZAJE POR TRANSFERENCIA MEDIANTE REDES NEURONALES CONVOLUCIONALES

Afina una red neuronal convolucional preentrenada en imágenes de dígitos para aprender las características de las imágenes de letras. El aprendizaje por transferencia se considera la transferencia de conocimientos de una tarea aprendida a otra nueva en el aprendizaje automático [1]. En el contexto de las redes neuronales, consiste en transferir las características aprendidas de una red preentrenada a un nuevo problema. Entrenar una red neuronal convolucional desde el principio en cada caso no suele ser eficaz cuando no hay suficiente cantidad de datos de entrenamiento. La práctica habitual en el aprendizaje profundo para estos casos es utilizar una red entrenada en un gran conjunto de datos para un nuevo problema. Aunque las capas iniciales de la red preentrenada pueden ser fijas, las últimas capas deben afinarse para aprender las características específicas del nuevo conjunto de datos. El aprendizaje por transferencia suele dar lugar a tiempos de entrenamiento más rápidos que el entrenamiento de una nueva red neuronal convolucional, porque no necesitas estimar todos los parámetros de la nueva red.

NOTA: El entrenamiento de una red neuronal convolucional requiere Parallel Computing Toolbox™ y una GPU NVIDIA® habilitada para CUDA® con capacidad de cálculo 3.0 o superior.

Carga los datos de la muestra como un `ImageDatastore`.

```
digitDatasetPath =
fullfile(matlabroot,'toolbox','nnet','nndemos',...
    'nndatasets','DigitDataset');
digitData = imageDatastore(digitDatasetPath,...
        'IncludeSubfolders',true,'LabelSource','foldernames');
```

El almacén de datos contiene 10000 imágenes sintéticas de los dígitos 0-9. Las imágenes se generan aplicando transformaciones aleatorias a imágenes de dígitos creadas con distintos tipos de letra. Cada imagen de dígitos tiene 28 por 28 píxeles.

Muestra algunas de las imágenes del almacén de datos.

```
for i = 1:20
    subplot(4,5,i);
    imshow(digitData.Files{i});
end
```

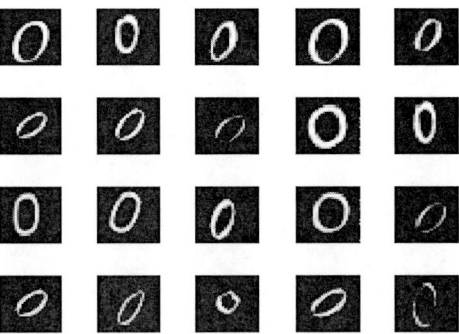

Comprueba el número de imágenes de cada categoría de dígitos.

```
digitData.countEachLabel
```

```
ans =
```

```
Label    Count
_____    _____

  0        988
  1       1026
  2       1003
  3        993
  4        991
  5       1017
  6        992
  7        999
  8       1003
  9        988
```

Los datos contienen un número desigual de imágenes por categoría.

Para equilibrar el número de imágenes de cada dígito en el conjunto de entrenamiento, encuentra primero el número mínimo de imágenes de una categoría.

```
minSetCount = min(digitData.countEachLabel{:,2})
```

```
minSetCount =
```

```
    988
```

Divide el conjunto de datos de modo que cada categoría del conjunto de entrenamiento tenga 494 imágenes y el conjunto de pruebas tenga las imágenes restantes de cada etiqueta.

```
trainingNumFiles = round(minSetCount/2);
rng(1) % For reproducibility
[trainDigitData,testDigitData] = splitEachLabel(digitData,...
                            trainingNumFiles,'randomize');
```

splitEachLabel splits the image files in digitData into two new datastores, trainDigitData and testDigitData.

Create the layers for the convolutional neural network.

```
layers = [imageInputLayer([28 28 1])
          convolution2dLayer(5,20)
          reluLayer()
          maxPooling2dLayer(2,'Stride',2)
          fullyConnectedLayer(10)
          softmaxLayer()
          classificationLayer()];
```

Crea las opciones de entrenamiento. Establece el número máximo de épocas en 20, y comienza el entrenamiento con una tasa de aprendizaje inicial de 0,001.

```
options = trainingOptions('sgdm','MaxEpochs',20,...
              'InitialLearnRate',0.001);
```

Entrena la red utilizando el conjunto de entrenamiento y las opciones que definiste en el paso anterior.

```
convnet = trainNetwork(trainDigitData,layers,options);
```

Epoch	Iteration	Time Elapsed (seconds)	Mini-batch Loss	Mini-batch Accuracy	Base Learning Rate
2	50	0.71	0.2233	92.97%	0.001000
3	100	1.37	0.0182	99.22%	0.001000
4	150	2.02	0.0395	99.22%	0.001000
6	200	2.70	0.0105	99.22%	0.001000
7	250	3.35	0.0026	100.00%	0.001000
8	300	4.00	0.0004	100.00%	0.001000
10	350	4.67	0.0002	100.00%	0.001000
11	400	5.32	0.0001	100.00%	0.001000
12	450	5.95	0.0001	100.00%	0.001000
14	500	6.60	0.0002	100.00%	0.001000
15	550	7.23	0.0001	100.00%	0.001000
16	600	7.87	0.0001	100.00%	0.001000
18	650	8.52	0.0001	100.00%	0.001000
19	700	9.15	0.0001	100.00%	0.001000
20	750	9.79	0.0000	100.00%	0.001000

Prueba la red utilizando el conjunto de pruebas y calcula la precisión.

```
YTest = classify(convnet,testDigitData);
TTest = testDigitData.Labels;
accuracy = sum(YTest == TTest)/numel(YTest)

accuracy =

    0.9976
```

La precisión es la relación entre el número de etiquetas verdaderas de los datos de prueba que coinciden con las clasificaciones de clasificar, y el número de imágenes de los datos de prueba. En este caso, el 99,78% de las estimaciones de dígitos coinciden con los valores de dígitos verdaderos del conjunto de prueba.

Ahora, supongamos que quieres utilizar la red entrenada para predecir clases en un nuevo conjunto de datos. Carga los datos de entrenamiento de las cartas.

```
load lettersTrainSet.mat
```

XTrain contiene 1500 imágenes en escala de grises de 28 por 28 de las letras A, B y C en una matriz 4-D. TTrain contiene la matriz categórica de las etiquetas de las letras.

Muestra algunas de las imágenes de las letras.

```
figure;
for j = 1:20
    subplot(4,5,j);
    selectImage = datasample(XTrain,1,4);
    imshow(selectImage,[]);
end
```

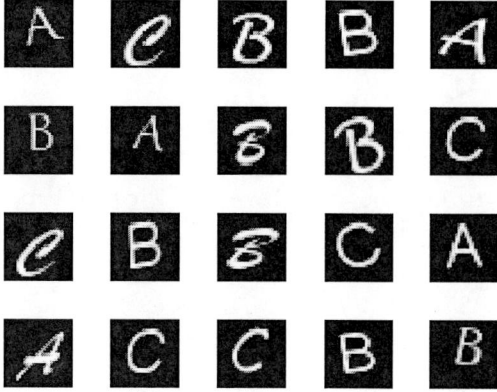

Los valores de los píxeles en XEntrenar están en el intervalo [0 1]. Los datos de los dígitos utilizados en el entrenamiento de la red estaban en [0 255]; escala los datos de las letras entre [0 255].

```
XTrain = XTrain*255;
```

Las tres últimas capas de la red entrenada se ajustan para el conjunto de datos de dígitos, que tiene 10 clases. Las propiedades de estas capas dependen de la tarea de clasificación. Muestra la capa totalmente conectada (fullyConnectedLayer).

```
convnet.Layers(end-2)

ans =

   FullyConnectedLayer with properties:

          Name: 'fc'

     Hyperparameters
       InputSize: 2880
      OutputSize: 10

     Learnable Parameters
         Weights: [10×2880 single]
            Bias: [10×1 single]
```

Use properties method to see a list of all properties.

Display the last layer (classificationLayer).

```
convnet.Layers(end)

ans =
   ClassificationOutputLayer with properties:

            Name: 'classoutput'
       ClassNames: {10×1 cell}
       OutputSize: 10

     Hyperparameters
      LossFunction: 'crossentropyex'
```

Estas tres capas deben afinarse para el nuevo problema de clasificación. Extrae todas las capas menos las tres últimas de la red entrenada, red.

```
layersTransfer = convnet.Layers(1:end-3);
```

El conjunto de datos de las cartas tiene tres clases. Añade una nueva capa totalmente conectada para tres clases, y aumenta la tasa de aprendizaje de esta capa.

```
layersTransfer(end+1) = fullyConnectedLayer(3,...
                'WeightLearnRateFactor',10,...
                   'BiasLearnRateFactor',20);
```

WeightLearnRateFactor y BiasLearnRateFactor son multiplicadores de la tasa de aprendizaje global para la capa totalmente conectada.

Añade una capa softmax y una capa de salida de clasificación.

```
layersTransfer(end+1) = softmaxLayer();
layersTransfer(end+1) = classificationLayer();
```

Crea las opciones para el aprendizaje por transferencia. No es necesario entrenar durante muchas épocas (MaxEpochs puede ser menor que antes). Establece la TasaDeAprendizajeInicial en una tasa inferior a la utilizada para el entrenamiento de la red, para mejorar la convergencia dando pasos más pequeños.

```
optionsTransfer = trainingOptions('sgdm',...
        'MaxEpochs',5,...
        'InitialLearnRate',0.000005,...
        'Verbose',true);
```
Realiza el aprendizaje por transferencia.

```
convnetTransfer = trainNetwork(XTrain,TTrain,...
        layersTransfer,optionsTransfer);
```

```
|=======================================================================|
| Epoch  | Iteration | Time Elapsed | Mini-batch | Mini-batch | Base Learning|
|        |           | (seconds)    |   Loss     |  Accuracy  |   Rate       |
|=======================================================================|
|     5  |      50   |     0.43     |   0.0011   |  100.00%   |  0.000005    |
|=======================================================================|
```

Carga los datos de prueba de letras. De forma similar a los datos de entrenamiento de las letras, escala los datos de prueba entre [0 255], porque los datos de entrenamiento estaban entre ese intervalo.

```
load lettersTestSet.mat
XTest = XTest*255;
```

Comprueba la precisión.

```
YTest = classify(convnetTransfer,XTest);
accuracy = sum(YTest == TTest)/numel(TTest)

accuracy =

    0.9587
```

12.3 AGRUPACIÓN DE IRIS (CLUSTERING)

Este ejemplo ilustra cómo una red neuronal de mapa autoorganizado puede agrupar topológicamente las flores del iris en clases, proporcionando una visión de los tipos de flores y una herramienta útil para análisis posteriores.

En este ejemplo intentamos construir una red neuronal que agrupe las flores del iris en clases naturales, de forma que las clases similares se agrupen juntas. Cada iris se describe mediante cuatro características:

• Longitud del sépalo en cm

- Anchura del sépalo en cm

- Longitud de los pétalos en cm

- Anchura del pétalo en cm

Éste es un ejemplo de un problema de agrupación, en el que nos gustaría agrupar muestras en clases basándonos en la similitud entre las muestras. Nos gustaría crear una red neuronal que no sólo creara definiciones de clase para las entradas conocidas, sino que nos permitiera clasificar las entradas desconocidas en consecuencia.

12.3.1 ¿Por qué redes neuronales de mapas autoorganizativos?

Los mapas autoorganizativos (SOM) son muy buenos creando clasificaciones. Además, las clasificaciones conservan información topológica sobre qué clases son más similares a otras. Los mapas autoorganizativos pueden crearse con cualquier nivel de detalle que se desee. Son especialmente adecuados para agrupar datos de muchas dimensiones y con espacios de características de formas y conexiones complejas. Son muy adecuados para agrupar flores de iris.

Los cuatro atributos de la flor actuarán como entradas del SOM, que los mapeará en una capa bidimensional de neuronas.

12.3.2 Preparación de los datos

Los datos para los problemas de agrupación se configuran para un SOM organizando los datos en una matriz de entrada X.

Cada i-ésima columna de la matriz de entrada tendrá cuatro elementos que representan las cuatro mediciones tomadas en una sola flor.

Aquí se carga un conjunto de datos de este tipo.

```
x = iris_dataset;
```

Podemos ver el tamaño de las entradas X.

Observa que X tiene 150 columnas. Representan 150 conjuntos de atributos de la flor del iris. Tiene cuatro filas, para las cuatro medidas.

```
size(x)
ans =

    4    150
```

12.3.3 Agrupación (clustering) con una red neuronal

El siguiente paso es crear una red neuronal que aprenda a agruparse.

selforgmap crea mapas autoorganizativos para clasificar muestras con tanto detalle cómo se desee, seleccionando el número de neuronas de cada dimensión de la capa.

Para este ejemplo, probaremos con una capa bidimensional de 64 neuronas dispuestas en una rejilla hexagonal de 8x8. En general, se consigue un mayor detalle con más neuronas, y más dimensiones permiten modelar la topología de espacios de rasgos más complejos.

El tamaño de entrada es 0 porque la red aún no se ha configurado para que coincida con nuestros datos de entrada. Esto ocurrirá cuando se entrene la red.

```
net = selforgmap([8 8]);
view(net)
```

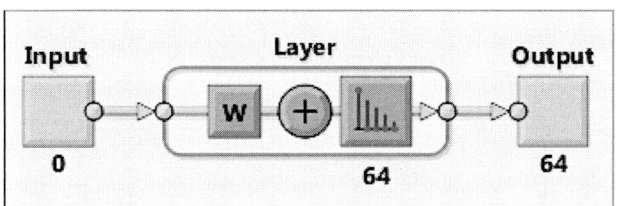

Ahora la red está lista para ser optimizada con el **tren**.

La Herramienta de Entrenamiento NN muestra la red que se está entrenando y los algoritmos utilizados para entrenarla. También muestra el estado del entrenamiento durante el mismo y los criterios que detuvieron el entrenamiento se resaltarán en verde.

Los botones de la parte inferior abren gráficos útiles que se pueden abrir durante y después del entrenamiento. Los enlaces situados junto a los nombres de los algoritmos y los botones de los gráficos abren documentación sobre esos temas.

```
[net,tr] = train(net,x);
nntraintool
```

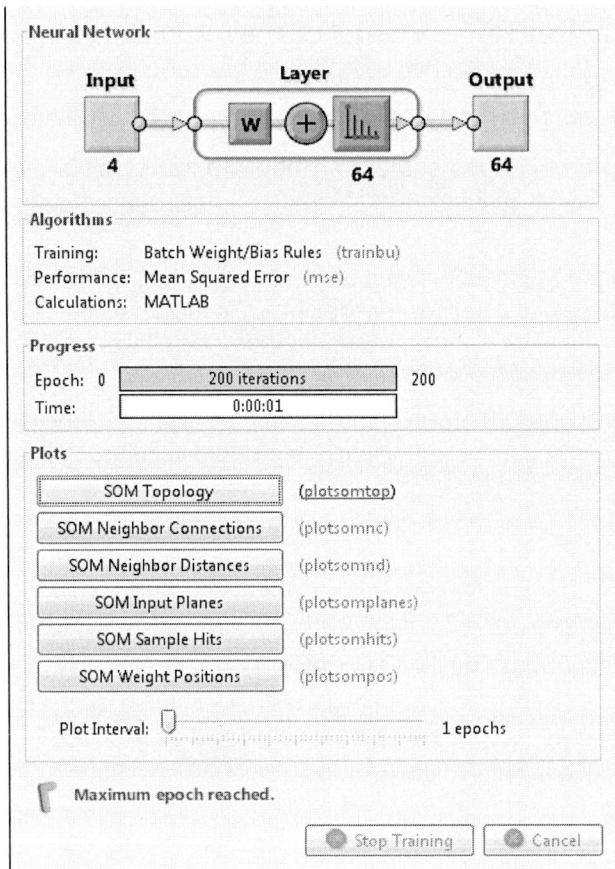

Aquí se utiliza el mapa autoorganizado para calcular los vectores de clase de cada una de las entradas de entrenamiento. Estas clasificaciones cubren el espacio de características poblado por las flores conocidas, y ahora pueden utilizarse para clasificar las nuevas flores en consecuencia. La salida de la red será una matriz de 64x150, en la que cada i-ésima columna representa el j-ésimo cluster para cada i-ésimo vector de entrada con un 1 en su j-ésimo elemento.

La función **vec2ind** devuelve el índice de la neurona con una salida de 1, para cada vector. Los índices oscilarán entre 1 y 64 para los 64 clusters representados por las 64 neuronas.

```
y = net(x);
cluster_index = vec2ind(y);
```

traza la topología de los mapas autoorganizativos de 64 neuronas colocadas en una rejilla hexagonal de 8x8. Cada neurona ha aprendido a representar una clase diferente de flor, y las neuronas adyacentes suelen representar clases similares.

```
plotsomtop(net)
```

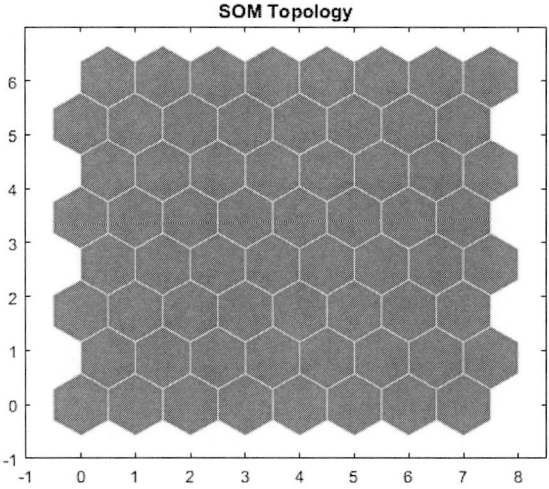

plotsomhits calcula las clases para cada flor y muestra el número de flores en cada clase. Las áreas de neuronas con un gran número de aciertos indican clases que representan regiones similares muy pobladas del espacio de características. Mientras que las zonas con pocos aciertos indican regiones poco pobladas del espacio de características.

```
plotsomhits(net,x)
```

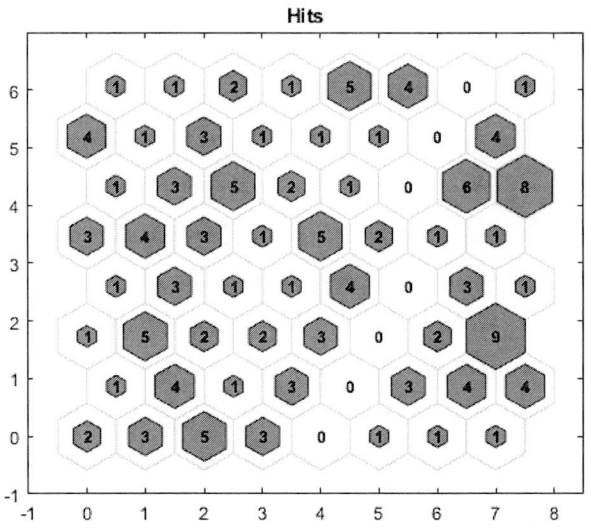

plotsomnc muestra las conexiones neuronales vecinas. Los vecinos suelen clasificar muestras similares.

```
plotsomnc(net)
```

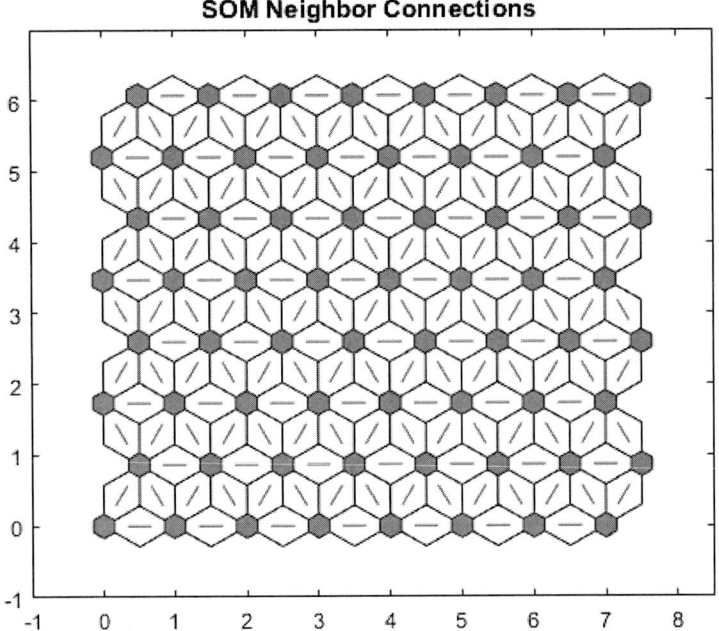

plotsomnd muestra lo distante (en términos de distancia euclidiana) que está la clase de cada neurona de sus vecinas. Las conexiones brillantes indican zonas muy conectadas del espacio de entrada. Mientras que las conexiones oscuras indican clases que representan regiones del espacio de características que están muy alejadas, con pocas o ninguna flor entre ellas.

Los largos bordes de conexiones oscuras que separan grandes regiones del espacio de entrada indican que las clases situadas a ambos lados del borde representan flores con características muy diferentes.

```
plotsomnd(net)
```

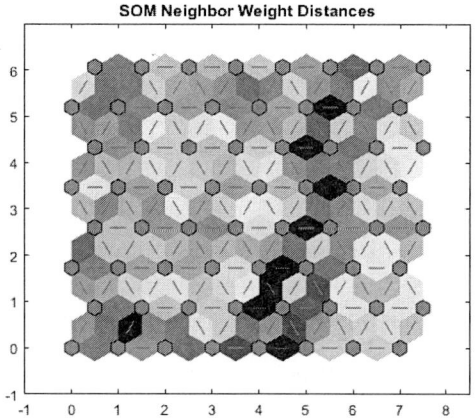

Los plotsomplanos muestran un plano de pesos para cada una de las cuatro características de entrada. Son visualizaciones de los pesos que conectan cada entrada con cada una de las 64 neuronas de la rejilla hexagonal de 8x8. Los colores más oscuros representan pesos mayores. Si dos entradas tienen planos de pesos similares (sus gradientes de color pueden ser iguales o inversos) indica que están altamente correlacionadas.

```
plotsomplanes(net)
```

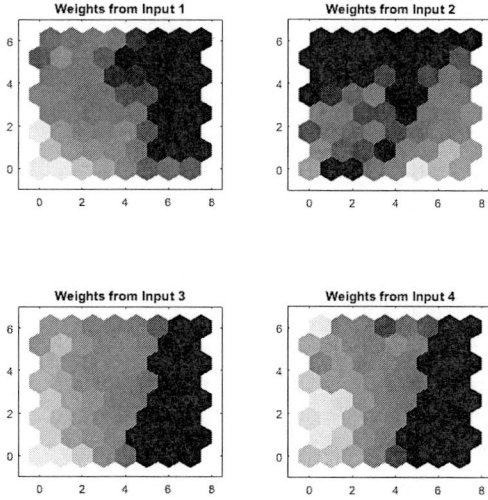

Este ejemplo ilustra cómo diseñar una red neuronal que agrupe las flores del iris basándose en cuatro de sus características.

12.4 ANÁLISIS DE LA EXPRESIÓN GÉNICA

Este ejemplo demuestra la búsqueda de patrones en los perfiles de expresión génica de la levadura de panadería mediante redes neuronales.

12.4.1 El problema: Analizar las expresiones génicas en la levadura del pan (Saccharomyces Cerevisiae)

El objetivo es comprender en cierta medida las expresiones génicas en Saccharomyces cerevisiae, conocida comúnmente como levadura de panadería o levadura de cerveza. Es el hongo que se utiliza para cocer el pan y fermentar el vino de la uva.

Saccharomyces cerevisiae, cuando se introduce en un medio rico en glucosa, puede convertir la glucosa en etanol. Inicialmente, la levadura convierte la glucosa en etanol mediante un proceso metabólico denominado "fermentación". Sin embargo, una vez agotado el suministro de glucosa, la levadura pasa de la fermentación anaeróbica de la glucosa a la respiración aeróbica del etanol. Este proceso se denomina cambio diauxico. Este proceso es de gran interés, ya que va acompañado de cambios importantes en la expresión génica.

El ejemplo utiliza datos de microarrays de ADN para estudiar la expresión génica temporal de casi todos los genes de Saccharomyces cerevisiae durante el cambio diauxico.

Necesitas Bioinformatics Toolbox™ para ejecutar este ejemplo.

```
if ~nnDependency.bioInfoAvailable
  errordlg('This example requires Bioinformatics Toolbox.');
  return;
end
```

12.4.2 Los datos

Este ejemplo utiliza datos de DeRisi, JL, Iyer, VR, Brown, PO. "Exploración del control metabólico y genético de la expresión génica a escala genómica". Science. 1997 Oct 24;278(5338):680-6. PMID: 9381177

El conjunto completo de datos puede descargarse del sitio web Gene Expression Omnibus: http://www.yeastgenome.org

Empieza cargando los datos en MATLAB®.

```
load yeastdata.mat
```

Los niveles de expresión génica se midieron en siete momentos durante el desplazamiento diauxico. La variable `tiempos` contiene los tiempos en los que se midieron los niveles de expresión en el experimento. La variable `genes` contiene los nombres de los genes cuyos niveles de expresión se midieron. La variable `yeastvalues` contiene los datos "VALUE" o LOG_RAT2N_MEAN, o log2 de la relación entre CH2DN_MEAN y CH1DN_MEAN de los siete pasos temporales del experimento.

Para hacerte una idea del tamaño de los datos, puedes utilizar **numel(genes)** para mostrar cuántos genes hay en el conjunto de datos.

```
numel(genes)

ans =


      6400
```

genes es una matriz de celdas con los nombres de los genes. Puedes acceder a las entradas utilizando la indexación de matrices de celdas de MATLAB:

```
genes{15}

ans =

YAL054C
```

Esto indica que la fila 15 de la variable **yeastvalues** contiene los niveles de expresión del ORF YAL054C. Puedes utilizar el comando web para acceder a la información sobre este ORF en la Base de Datos del Genoma Saccharomyces (SGD).

```
url = sprintf(...
        'http://www.yeastgenome.org/cgi-bin/locus.fpl?locus=%s',...
        genes{15});
web(url);
```

12.4.3 Filtrar los genes

El conjunto de datos es bastante grande y gran parte de la información corresponde a genes que no muestran ningún cambio interesante durante el experimento. Para facilitar la búsqueda de los genes interesantes, lo primero que hay que hacer es reducir el tamaño del conjunto de datos eliminando los genes con perfiles de expresión que no muestran nada de interés. Hay 6400 perfiles de expresión. Puedes utilizar varias técnicas para reducirlo a algún subconjunto que contenga los genes más significativos.

Si echas un vistazo a la lista de genes, verás varios puntos marcados como "VACÍOS". Se trata de puntos vacíos en la matriz, y aunque podrían tener datos asociados, a efectos de este ejemplo, puedes considerar estos puntos como ruido.

Estos puntos pueden encontrarse utilizando la función **strcmp** y eliminarse del conjunto de datos con comandos de indexación.

```
emptySpots = strcmp('EMPTY',genes);
yeastvalues(emptySpots,:) = [];
genes(emptySpots) = [];
numel(genes)

ans =

      6314
```

En los datos de yeastvalues también verás varios lugares en los que el nivel de expresión está marcado como NaN. Esto indica que no se recogieron datos para ese lugar en ese paso temporal concreto. Un enfoque para tratar estos valores perdidos sería imputarlos utilizando la media o la mediana de los datos del gen concreto a lo largo del tiempo. En este ejemplo se utiliza un enfoque menos riguroso, consistente en descartar simplemente los datos de los genes en los que no se midió uno o más niveles de expresión.

La función **isnan** se utiliza para identificar los genes con datos ausentes y los comandos de indexación se utilizan para eliminar los genes con datos ausentes.

```
nanIndices = any(isnan(yeastvalues),2);
yeastvalues(nanIndices,:) = [];
genes(nanIndices) = [];
numel(genes)

ans =

      6276
```

Si trazaras los perfiles de expresión de todos los perfiles restantes, verías que la mayoría de los perfiles son planos y no se diferencian significativamente de los demás. Estos datos planos son obviamente útiles, ya que indican que los genes asociados a estos perfiles no se ven afectados significativamente por el desplazamiento diauxico; sin embargo, en este ejemplo, te interesan los genes con grandes cambios de expresión que acompañan al desplazamiento diauxico. Puedes utilizar las funciones de filtrado de la Bioinformatics Toolbox™ para eliminar los genes con diversos tipos de perfiles que no proporcionan información útil sobre los genes afectados por el cambio metabólico.

Puedes utilizar la función **genevarfilter** para filtrar los genes con una varianza pequeña a lo largo del tiempo. La función devuelve una matriz lógica del mismo tamaño que la variable genes con unos correspondientes a las filas de yeastvalues con varianza superior al percentil 10 y ceros correspondientes a las que están por debajo del umbral.

```
mask = genevarfilter(yeastvalues);
% Use the mask as an index into the values to remove the filtered
genes.
yeastvalues = yeastvalues(mask,:);
genes = genes(mask);
numel(genes)

ans =

    5648
```

La función **genelowvalfilter** elimina los genes que tienen valores de expresión absoluta muy bajos. Ten en cuenta que las funciones de filtro de genes también pueden calcular automáticamente los datos y nombres filtrados.

```
[mask, yeastvalues, genes] = ...
    genelowvalfilter(yeastvalues,genes,'absval',log2(3));
numel(genes)

ans =

    822
```

Utiliza **el filtro de entropía de genes** para eliminar los genes cuyos perfiles tengan una entropía baja:

```
[mask, yeastvalues, genes] = ...
    geneentropyfilter(yeastvalues,genes,'prctile',15);
numel(genes)

ans =

    614
```

12.4.4 Análisis de componentes principales

Ahora que tienes una lista manejable de genes, puedes buscar relaciones entre los perfiles.

Normalizar la desviación típica y la media de los datos permite a la red tratar cada entrada como igual de importante en su rango de valores.

El análisis de componentes principales (ACP) es una técnica útil que puede utilizarse para reducir la dimensionalidad de grandes conjuntos de datos, como los procedentes del análisis de micromatrices. Esta técnica aísla los componentes principales del conjunto de datos eliminando aquellos componentes que contribuyen en menor medida a la variación del conjunto de datos.

Las dos variables de configuración pueden utilizarse para aplicar **mapstd** y **processpca** a otros datos de forma coherente cuando la red se aplique a nuevos datos.

```
[x,std_settings] = mapstd(yeastvalues');  % Normalize data
[x,pca_settings] = processpca(x,0.15);    % PCA
```

Los vectores de entrada se normalizan primero, utilizando `mapstd`, para que tengan media cero y varianza unidad. `processpca` es la función que implementa el algoritmo PCA. El segundo argumento que se pasa a `processpca` es 0,15. Esto significa que `processpca` elimina los componentes principales que contribuyen en menos de un 15% a la variación total del conjunto de datos. La variable `pc` contiene ahora los componentes principales de los datos yeastvalues.

Los componentes principales pueden visualizarse mediante la función de **dispersión**.

```
figure
scatter(x(1,:),x(2,:));
xlabel('First Principal Component');
ylabel('Second Principal Component');
title('Principal Component Scatter Plot');
```

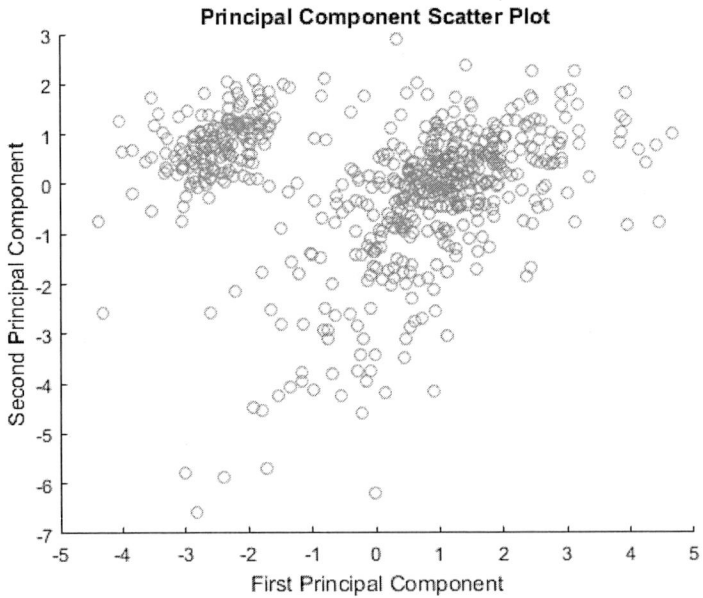

12.4.5 Análisis de conglomerados: Mapas Autoorganizativos

Ahora se pueden agrupar los componentes principales mediante el algoritmo de agrupación del mapa autoorganizado (SOM), disponible en el software Neural Network Toolbox.

La función **selforgmap** crea una red de mapas autoorganizativos que luego se puede entrenar con la función **entrenar**.

El tamaño de entrada es 0 porque la red aún no se ha configurado para que coincida con nuestros datos de entrada. Esto ocurrirá cuando se entrene la red.

```
net = selforgmap([5 3]);
view(net)
```

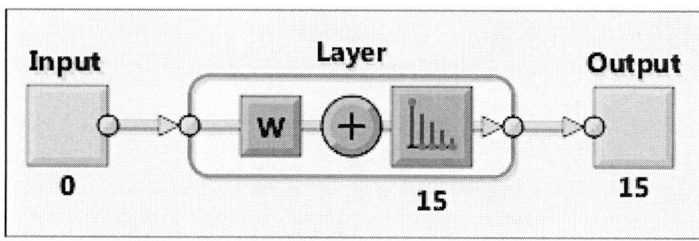

Ahora la red está lista para ser entrenada.

La Herramienta de Entrenamiento NN muestra la red que se está entrenando y los algoritmos utilizados para entrenarla. También muestra el estado del entrenamiento durante el mismo y los criterios que detuvieron el entrenamiento se resaltarán en verde.

Los botones de la parte inferior abren gráficos útiles que se pueden abrir durante y después del entrenamiento. Los enlaces situados junto a los nombres de los algoritmos y los botones de los gráficos abren documentación sobre esos temas.

```
net = train(net,x);
nntraintool
```

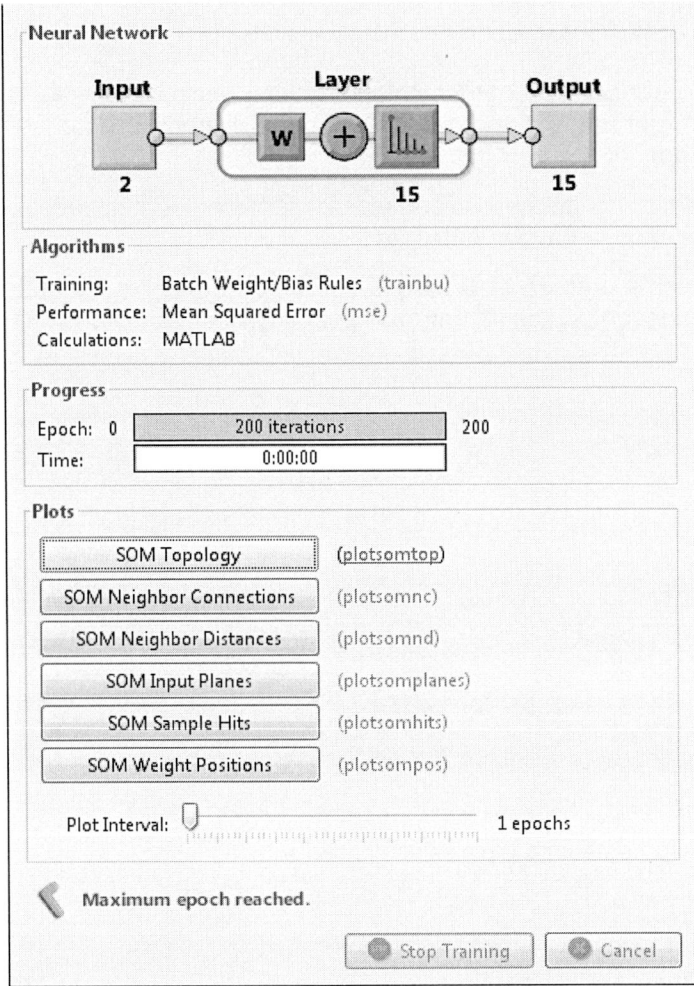

Utiliza **plotsompos** para visualizar la red sobre un diagrama de dispersión de las dos primeras dimensiones de los datos.

```
figure
plotsompos(net,x);
```

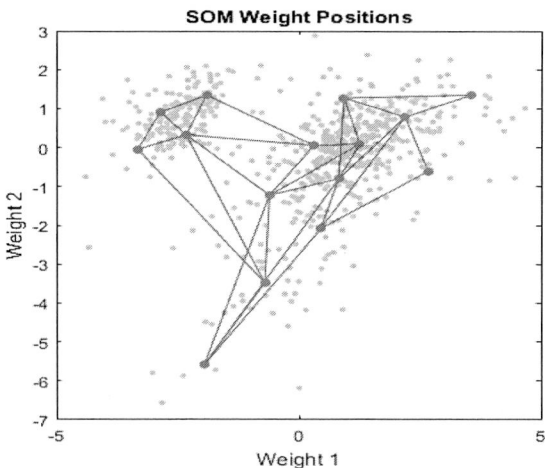

Puedes asignar clusters utilizando el SOM encontrando el nodo más cercano a cada punto del conjunto de datos.

```
y = net(x);
cluster_indices = vec2ind(y);
```

Utiliza **plotsomhits** para ver cuántos vectores se asignan a cada una de las neuronas del mapa.

```
figure
plotsomhits(net,x);
```

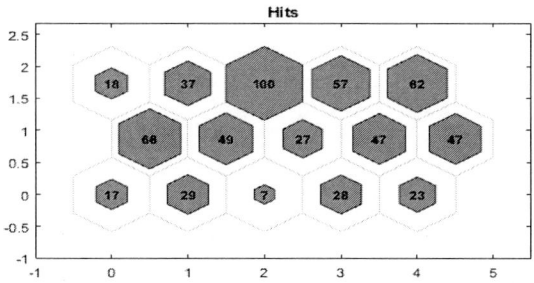

También puedes utilizar otros algoritmos de agrupación, como la agrupación jerárquica y K-means, disponibles en la Caja de Herramientas de Estadística y Aprendizaje Automático™ para el análisis de conglomerados.